A4 한 장으로 완성하는 기획서 작성법

A4 ICHIMAI KYUKYOKU NO KIKAKUSHO
by SHINJI TOMITA
Copyrights ⓒ 2007 by SHINJI TOMITA. All rights reserved.
Original Japanese edition Published by Takarajimasha, Inc, Japan.
Korean translation edition ⓒ 2009 SAMYANG MEDIA, Korea.
Korean translation arranged with Takarajimasha, Inc, Japan.
and SAMYANG MEDIA, Korea. through PLS Agency, Seoul.

이 책의 한국어판 저작권은 PLS를 통한
저작권자와의 독점 계약으로 ㈜삼양미디어에 있습니다.
신저작권법에 의하여 한국어판의 저작권 보호를 받는 서적이므로
무단 전제와 복제를 금합니다.

A4 한 장으로 완성하는 기획서 작성법

토미타 신지 지음
양영철 옮김

(주) 삼양미디어

차 례 CONTENTS

Chapter 01 한 장짜리 기획서의 다섯 가지 기본 패턴

A4 한 장에 모든 것이 담겨 있는 '최고의 기획서' ·········· 12
① 내 아이디어가 통한다! 기획서를 잘 쓰는 사람이 꿈을 이룬다! ·········· 12
② '명쾌한 결론', '시간 단축', '쉬운 보관'이 장점이다 ·········· 13
③ 말하고자 하는 것이 명확한 '간결함'은 한 장짜리 기획서의 생명! ·········· 13
④ 간결한 기획서를 작성하는 방법 ·········· 14

채워넣기만 하면 되는 '기본 패턴'만으로 작성한다 ·········· 15
① 결론을 내린 후 보고하는 두 가지 형태의 '리포트' ·········· 15
② 논리적으로 제안 내용을 전달하는 세 가지 형태의 '기획서' ·········· 15
③ A4 한 장짜리 기획서의 다섯 가지 '기본 패턴' ·········· 16

기획서의 종류별 구상 단계와 작성법 ·········· 18
① '보고 리포트'는 요점을 간추려 명확히 정리한다. ·········· 18
② '제안 리포트'는 제안 부분에 중점을 둔다. ·········· 18
③ '3요소'를 '7단계'로 작성하라. ·········· 19
④ 해결 방안과 내용을 제안하는 '전략 제안서'와 '전술 제안서' ·········· 20
⑤ 제안 항목을 간추려 스피디하게 제안하라. ·········· 21
⑥ 모든 것이 포함된 '토털 기획서' 작성법 ·········· 22

설득력을 높이는 자료를 보여주는 방법과 사용법 ·········· 26
① 설득력 있는 그래프와 차트가 상대의 마음을 움직인다. ·········· 26

Chapter 02 A4 1매 기획서 작성 사례 60

1 내용을 정확히 전달하는 보고 리포트 작성법 ·········· 30

CASE 01 | 이벤트 참가자의 상세한 자료를 정리해 보고한다 ·········· 33
이벤트 참가자 조사 리포트

CASE 02 | 잘 되는 가게의 특징을 찾는다 ·········· 36
쉽게 들어갈 수 있는 가게 조사 리포트

| CASE 03 | 도심의 상업시설 실태를 직접 파악한다 ··· 39
상업시설 견학 출장 보고서

| CASE 04 | 앙케트 결과를 통해 고객 만족도를 체크하라 ······························ 42
앙케트 결과 분석 리포트

| CASE 05 | 사외 활동으로 대상을 수상한 사원의 표창 수여를 신청하라 ············· 45
대상 수상에 따른 표창 신청서

❷ 해결 방법을 제안하는 제안 리포트 작성법 ·· 48

| CASE 06 | 유능한 신입사원이 3년 내에 그만두지 못하게 '유대감'을 만들어라 ········· 51
신입사원 정착 계획 제안서

| CASE 07 | 공정한 평가로 종업원을 붙잡아라 ·· 54
새로운 인사평가 시스템 도입 제안서

| CASE 08 | '30분 안에 결론을 낸다.' 회의 시간 단축을 제안하라 ····················· 57
30분 회의 제안서

| CASE 09 | 잔업 시간을 줄이기 위한 구체적인 대책을 제시하라 ······················ 60
잔업 시간 삭감회의 의사 리포트

| CASE 10 | 고객의 불만을 없애라 ··· 63
'불만 제로 대책' 제안서

❸ 방향을 제안하는 전략 제안서 작성법 ·· 66

| CASE 11 | 트렌디한 카페와의 협력을 통해 제품 등을 PR한다 ······················· 69
'PR용 카페' 협력 기획 제안서

| CASE 12 | 상품 광고 방침을 네트워크 중심으로 바꿔라 ······························ 72
네트워크 중심형 광고 전략 제안서

| CASE 13 | 부문 대책으로 어린이 과자 시장을 확대시켜라 ···························· 75
유아용 과자 시장 신규 참가 제안서

| CASE 14 | 친환경적인 새로운 시장을 확보하라 ··· 78
아동복 보상판매제도 도입 제안서

| CASE 15 | 실버 사업의 목표를 분석·제안하라 ·· 81
실버 사업 전략 제안서

차 례 CONTENTS

| CASE 16 | 타깃 대상층을 명확히 제안하라 ·· 84 |
| | 시니어 건강교실 전략 제안서 |

| CASE 17 | 사업 기회가 되는 독신자 대상 심야 영업 ······································· 87 |
| | 심야 시장 활성화 제안서 |

| CASE 18 | 식품 제조업체의 30주년 기념사업을 성공시켜라 ·························· 90 |
| | 식품 제조업체 창립 기념 이벤트 제안서 |

| CASE 19 | '3C전략'으로 스포츠클럽의 새 회원 확보를 노려라 ······················ 93 |
| | 클럽 가입 회원 확보 전략 제안서 |

| CASE 20 | 구입자의 편의와 환경 대책을 고려해라 ·· 96 |
| | 과자 계량 판매 제안서 |

| CASE 21 | 개인의 요구에 유연하게 대응하라 ·· 99 |
| | 인테리어 가구 판매 전략 제안서 |

| CASE 22 | 친환경 상품 '에코래치' 활용을 제안한다 ·································· 102 |
| | '에코래치' 활용 제안서 |

| CASE 23 | 고급 콜라겐 'S'의 새로운 판매 방법을 제안한다 ·························· 105 |
| | 고급 건강식품 판촉 추진 제안서 |

| CASE 24 | 종합 의류매장 → 전문점 특화로 살아남는다 ································ 108 |
| | 소규모 상점에 대한 방침 개혁 제안서 |

| CASE 25 | '하나의 목소리, 하나의 상품, 하나의 꽃' 운동으로 상가를 활성화하라 ······ 111 |
| | '상가 재생 운동' 제안서 |

| CASE 26 | 인재 파견업의 부가가치를 높여라 ··· 114 |
| | 홈페이지 리뉴얼 제안서 |

| CASE 27 | 신규 고객 확보를 위한 신상품 개발을 촉구하자 ······························ 117 |
| | 태블릿 신상품 개발 제안서 |

4 구체적인 대책을 제안하는 전술 제안서 작성법 ······························ 120

| CASE 28 | 고객을 통한 신규 고객 소개 제도를 성공시켜라 ····························· 123 |
| | '고객 소개 캠페인' 실시 제안서 |

| CASE 29 | 캐릭터를 기용해 인지도를 높이고 시험구매하게 하라 ····················· 126 |
| | 새 미용음료 광고 전술 제안서 |

| CASE 30 | '단순한 선물보다 마음'을 중시하는 시대, 데뷔의 기쁨을 전달하라 ········· 129
'데뷔 기념일' 제안서

| CASE 31 | 사회적 네트워크 서비스(SNS)를 활용하라 ······························ 132
애완동물 가게의 고객 유치 제안서

| CASE 32 | 이용률을 높이는 '레인보우 쿠폰' 제도 ································ 135
새 쿠폰을 이용한 손님끌기 전술 제안서

| CASE 33 | 저가의 '시용(試用) 상품'으로 고객을 유치하라 ····················· 138
건강식품 '시용 상품' 판매 기획서

| CASE 34 | 발길이 뜸한 휴면 고객을 발굴하라 ································ 141
매장 방문을 촉진하는 DM 기획 제안서

| CASE 35 | 새로운 광고매체인 '영수증 광고'를 제안하라 ······················ 144
'영수증 뒷면 광고' 판촉 제안서

| CASE 36 | 안심·안전이 테마인 매장으로 고객을 유치하라 ······················ 147
콘셉트 매장 만들기 제안서

| CASE 37 | '추천 POP'으로 충동구매를 촉진하라 ······························· 150
건강음료 '매장 POP' 판촉 제안서

| CASE 38 | 모니터 제도로 정보 수집 & 팬을 육성하라 ························· 153
'패션 모니터 제도' 제안서

| CASE 39 | 백화점에 선물 시장을 고조시킬 수 있는 제안을 하라 ················ 156
어버이 날 선물 캠페인 제안서

| CASE 40 | 의류회사 + 뮤지션 전략을 통한 브랜드파워를 상승시켜라 ············ 159
의류 + 음악 공동작업 기획서

| CASE 41 | 쇼핑센터로 평일의 고객을 끌어들여라 ······························ 162
휴대전화를 사용한 고객 유치 기획서

| CASE 42 | 상품 발매 전 단기간에 소비자의 동향을 파악하라 ·················· 165
인터넷 리서치 제안서

| CASE 43 | 주부의 생각을 건강식품 개발에 반영하라 ·························· 168
주부의 건강의식 조사 기획서

차례 CONTENTS

CASE 44 | 베이비붐 세대를 대상으로 한 체험교실에서 새 사업수요를 창조하라 ········ 171
활판인쇄 체험교실 제안서

5 모든 것이 담겨 있는 토털 기획서 작성법 ················ 174

CASE 45 | 가족 구성원 중 가장 많은 '독신자'를 노려라 ················ 177
백화점을 대상으로 한 '독신자 공략' 기획서

CASE 46 | 여행회사에 '부유층 대상의 토털서비스'를 제안하라 ················ 180
셀러브리티 컨시어지 도입 제안서

CASE 47 | '실패하지 않는' 건강식품 통신판매 진출을 제안하라 ················ 183
통신판매 사업 진출 제안서

CASE 48 | 가정용 로봇을 원활하게 시장에 도입하라 ················ 186
방범 로봇 발매 판촉 제안서

CASE 49 | CD·DVD를 사용한 새로운 형태의 입체 DM ················ 189
입체 DM 제안서

CASE 50 | 통신교육으로 기획 플래너를 육성하라 ················ 192
기획서 첨삭 강좌 개강 제안서

CASE 51 | 시대의 요구에 맞춘 내용으로 개정하라 ················ 195
'회사 소개서' 개정 제안서

CASE 52 | 3가지 대책으로 순수익 부진을 타개하라 ················ 198
쇼핑몰 홈페이지 개선 제안서

CASE 53 | 과자 제조업체들이 함께 공동 Web 판촉을 하라 ················ 201
Web 프로모션 제안서

CASE 54 | 명확한 차별화로 브랜드 이미지를 확립하라 ················ 204
지역 상품 브랜드 전략 제안서

CASE 55 | 인터넷쇼핑에 익숙하지 않은 사람들을 종이 매체로 끌어들여라 ············ 207
웹 유도형 무료정보지 제안서

CASE 56 | 입욕제 샘플 배포로 인지도를 높여라 ················ 210
신상품 샘플 배포 판매 확대 제안서

CASE 57 | 고객의 실태를 파악해 지속적으로 구매하게 하라 ················ 213
고정 고객 육성 제안서

CASE 58 | 현재 육아 중인 부모가 저출산 대책을 끌어내도록 하라 ·················· 216
저출산 대책 캠페인 제안서

CASE 59 | 정년퇴직한 남성의 새로운 수요를 개척하라 ························· 219
은퇴자 대상 요리교실 기획서

CASE 60 | 친환경적인 '애그리컬처 랠리'로 방문객을 늘려라 ··················· 222
도시 농촌 교류 이벤트 제안서

컬 럼 | 기획력을 향상시키는 4가지 핵심 사항 ···························· 225

Chapter 03 | 실패하는 기획서, 성공하는 기획서

기획서 작성의 실패 사례와 개선 팁 ··· 228

CASE 01 | 설명하기 어려운 제안은 도형으로 효과적으로 전달한다 ·············· 228
CASE 02 | 상대의 시선으로 작성해 설득력을 높인다. ··························· 230
CASE 03 | 지루한 나열 대신 강약을 조절해 인상적으로 만들라················ 232
CASE 04 | 제안 내용의 흐름을 중시하고 정보량을 압축해 명쾌하게 하라 ········ 234

맺음말 ··· 236

⚠ 주의

- 본서의 내용은 기본적으로 'MS 오피스 파워포인트 2007'을 설치한 상태에서 기획서를 작성·설명한 것이다. 컬럼의 '파워포인트 테크닉'도 기본적으로 이와 같은 환경 설정 하에서 해설한 것이다.
- 본서에서 소개하고 있는 기획서는 본서에 게재하기 위해 작성한 것으로 가상의 것이다. 사용한 데이터도 출처가 명시된 데이터 이외의 것은 가상의 것이다.
  실제 기획서를 작성할 때에는 데이터의 출처를 명시하면 신뢰성을 높일 수 있으니 가능한 한 출처를 밝히도록 하자.
- Windows는 미국 마이크로소프트사의 등록상표이다.

01 A4 한 장에 모든 것이 담겨 있는 '최고의 기획서'
02 채워넣기만 하면 되는 '기본 패턴'만으로 작성한다.
03 기획서의 종류별 구상 단계와 작성법
04 설득력을 높이는 자료를 보여주는 방법과 사용법

Chapter 1

한 장짜리 기획서의
다섯 가지 기본 패턴

비즈니스맨이 상대방에게 통하고, 쉽게 전달되는 기획서 작성 능력을 갖추고 있다면 그것은 성공을 향한 첫걸음을 내디딘 것이나 다름없다. 앞으로 제시할 다섯 가지 기본 패턴을 마스터하면 A4 한 장에 핵심적인 내용을 담은 기획서를 쉽게 완성할 수 있을 것이다.
바쁜 상대방의 관심을 끌어내 한 번 읽는 것만으로도 말하고자 하는 바를 바로 전달하는 'A4 1장으로 완성하는 기획서 작성법'을 이 한 권으로 익힐 수 있다.

A4 한 장에 모든 것이 담겨 있는 '최고의 기획서'

기획서를 못 쓰는 비즈니스맨은 통하지 않는다. 그러나 1장의 기획서에 전달하고자 하는 것을 모두 담을 수 있다면 성공을 향한 첫걸음을 명쾌하게 내디딘 것이다.

1 내 아이디어가 통한다! 기획서를 잘 쓰는 사람이 꿈을 이룬다!

일을 취미로 여기는 기술자들도 보고서를 작성할 때는 갑자기 생기를 잃는다. 그 이유는 무엇일까? 기업에서 보고서를 작성하는 사람은 실무 담당자에서 상위 기술자에 이르기까지 어떤 형태로든 현장 업무에 참여했던 작업자이다. 작업자는 작업 결과가 제품 또는 새로운 지식으로 달성되었다면 작업은 완성되었다고 본다. 따라서 관계 부서에는 그냥 구두로만 결과를 전달하고 마무리 짓고 싶어한다.

우리나라의 직장 풍토는 보고서에 대한 관심이 일반적으로 낮고, 보고서를 작성하는 데 들인 작업 시간을 정당하게 인정받기도 어렵다. 좋은 보고서를 쓰려고 시간을 할애해 노력하는 사람보다는 작업 중간에 재빨리 작성한 사람이 칭찬을 받는다.

포인트 — 기획 제안이 필수불가결한 시대, 간결한 기획서를 작성할 수 있다면 유리하다!

```
풍요로운 사회·포화 사회       ⟷     기획 제안이 불가결한 시대
상품이 팔리지 않음
                    ↓
         스피디한 제안이 요구된다.
  1장으로 작성할 수 없으면 상대에게 전달할 수 없다.
     비즈니스맨의 성공에 이르는 꿈을 달성할 수 없다
                    ↓
            한 장으로 된 최고의 기획서
```

2 '명쾌한 결론', '시간 단축', '쉬운 보관'이 장점이다.

한 장짜리 기획서는 세 가지 장점을 가지고 있다.

첫째, 한 장으로 된 기획서는 '명쾌한 결론'을 낼 수 있다. 기획 내용을 한 장에 요약하면 불필요한 내용을 쓰지 않고 말하고자 하는 바를 명확하게 전달할 수 있기 때문이다.

둘째, '시간을 단축'할 수 있다. 내용을 한 장에 정리하는 기술을 습득하면 기획서를 작성하고 설명하는 시간을 크게 단축할 수 있다.

셋째, '보관하기 편리'하다. 두꺼운 기획서는 파일이 금방 가득 차버린다. 그러나 한 장으로 된 기획서라면 A4파일에 깔끔하게 보관할 수 있다.

포인트 | 한 장으로 작성하는 기술을 익히면 많은 도움이 된다.

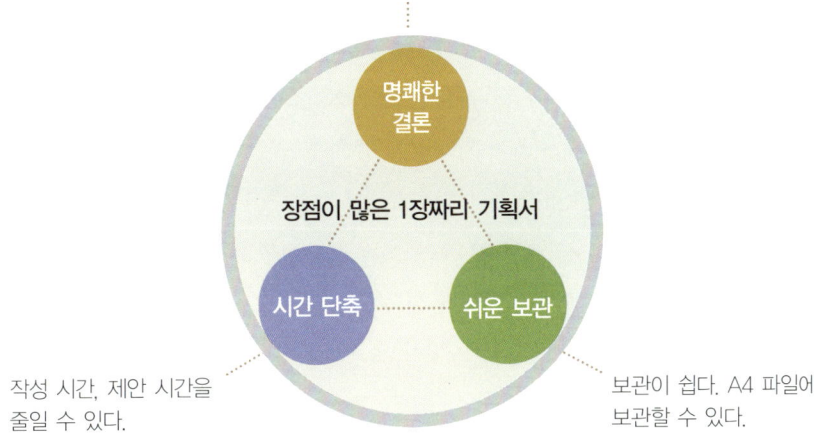

3 말하고자 하는 것이 명확한 '간결함'은 한 장짜리 기획서의 생명!

한 장으로 된 기획서에서 가장 중요한 것은 '제안하고자 하는 것을 명확하게 보여주는 것'이다. 그리고 제안에 타이틀을 붙여 개성 있게 표현하면 설득력이 높은 기획서를 완성할 수 있다.

전체적인 구성은 '기승전결'을 확실히 하고, 그 중에서 제안 부분을 특히 강조한다. 또 기획서에 '일관성, 논리성'을 부여하고 '그래프와 차트' 등의 자료를 효과적으로 활용해 설득력을 높인다. 그리고 논리적인 뒷받침이 부족할 경우에는 보충 자료를 추가하거나 논지에 어긋나는 말을 걸러낸다. 그러기 위해서는 여러 번 반복해서 읽어 '기획서를 다듬는' 것도 잊지 말아야 한다.

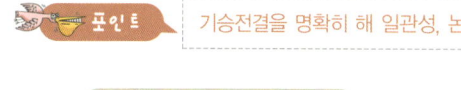
기승전결을 명확히 해 일관성, 논리성을 부여한다.

4 간결한 기획서를 작성하는 방법

간결한 기획서를 작성하기 위해서는 기본 구성이 필요하다. 이것에 대한 힌트는 신문기사에서 얻을 수 있다. 신문기사는 '제목', '요약', '기사'로 구성되어 있는데, 제목은 짧은 글을 통해 기사 내용의 핵심을 정확히 보여준다. 또 요약문을 보면 대략의 기사 내용을 알 수 있고, 자세한 내용을 알고 싶으면 기사를 읽으면 된다. A4 한 장이라는 한정된 공간의 기획서에서도 제목과 개요를 잘 편성하여 작성하는 것이 중요하다.

'제목'은 가능한 한 짧게 동사로 끝내면 설득력을 높일 수 있다. '개요'는 항목별로 쓰는 등 가능한 한 단문으로 쓴다. 그리고 '기사'에 해당하는 상세 내용은 직접 설명하거나 자세한 자료를 사용해 설명한다.

신문기사처럼 제목, 개요, 상세 내용을 잘 편성해 작성한다.

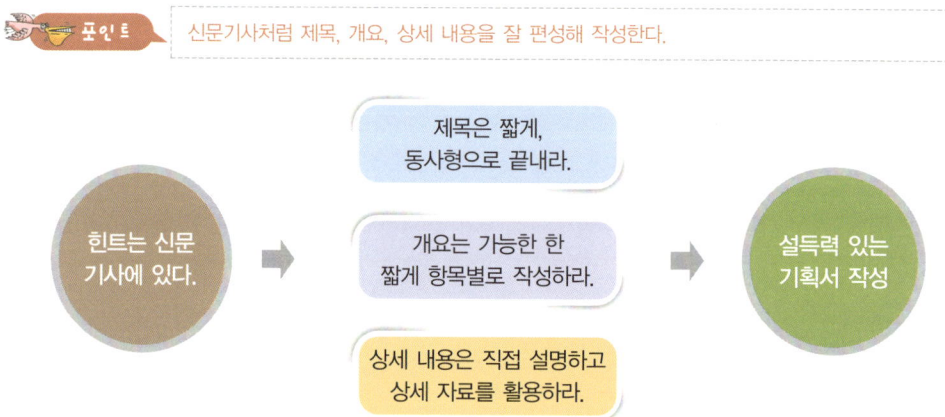

채워넣기만 하면 되는 '기본 패턴'만으로 작성한다.

A4 한 장으로 된 간결한 기획서는 크게 다섯 가지 형태로 나눌 수 있다.
이 다섯 가지 형태의 기본 패턴에 필요한 소재를 채워 넣으면 결론이 명확한 기획서를 작성할 수 있다.

1 결론을 내린 후 보고하는 두 가지 형태의 '리포트'

사내에서 상사에게 제출하는 각종 리포트들도 한 장으로 간결하게 작성해야 한다. 따라서 본서에서는 기획서와 같이 다루고 있다.

우선 본서에서는 명확한 결론을 내린 후 보고하는 것을 '보고 리포트', 그에 반해 이미 내린 결론을 토대로 어떻게 해야 할지를 제안하는 것을 '제안 리포트'라고 부르기로 한다.

'보고 리포트'에는 출장, 앙케트, 취재 조사 등 각종 조사 보고서와 회의 의사록 등이 있다. 반면 '제안 리포트'에는 각각의 결론을 토대로 어떻게 해야 하는지를 제안하는 사내(社內) 리포트가 있다. 이 두 가지를 기본 형태로 대부분의 리포트를 작성할 수 있다.

> **포인트** 사내에서 제출하는 리포트에는 '보고 리포트'와 '제안 리포트'가 있다.

2 논리적으로 제안 내용을 전달하는 세 가지 형태의 '기획서'

제안 내용을 분석하면 기획서는 크게 세 가지 형태로 나눌 수 있다. 현상 분석부터 어떻게 해야 할지 방향을 제시하는 '전략 제안서'와 정해진 전략에 대해 실제로 어떻게 실행할지를 구체적으로 제안하는 '전술 제안서'이다. 비교적 작성하기 쉬워 그냥 제안서라고 부른다. 그리고 이 두 제안서를 하나로 묶어 전체적으로 제안하는 것이 '토털 기획서'이다. '토털 기획서'는 기획 제안에 필요한 모든 요소를 담고 있다. 여러분이 작성하는 기획서는 이 다섯 가지 중 하나에 속한다. 본서에서는 기획서를 이 다섯 가지로 정리·통일해 기획서 작성법과 사례를 소개하고자 한다.

> **포인트** 제안 내용을 전달하는 기획서에는 '전략 제안서', '전술 제안서', '토털 기획서'가 있다.

기획서는 크게 다섯 가지 형태로 분류된다.

대분류		소분류	본서에서의 명칭
사내 리포트		결론 도출식 리포트	① 보고 리포트
		제안식 리포트	② 제안 리포트
기획서	제안서	전략 제안서	③ 전략 제안서
		전술 제안서	④ 전술 제안서
	기획서	종합 기획서	⑤ 토털 기획서

※본서에서는 기획서에 리포트도 포함하고 있다

3 A4 한 장짜리 기획서의 다섯 가지 '기본 패턴'

이 장에서는 앞에서 말한 기획서의 다섯 가지 '기본 패턴'을 소개하고 있다. 앞으로 필요한 요소를 어떻게 배치·전개해 갈지가 기획서의 성패를 좌우한다. 이 '기본 패턴'만 있으면 제안하고자 하는 내용을 채워넣는 것만으로도 A4 한 장으로 된 기획서를 작성할 수 있을 것이다. 또 이 패턴에 맞춰 각 요소를 정리하면 기획하고 난 후 고려해야 할 것들을 찾아낼 수 있을 것이다. 기본 패턴을 바탕으로 제안 내용에 대해 고민하고 변화를 준다면 독자적인 기획서를 작성할 수 있다.

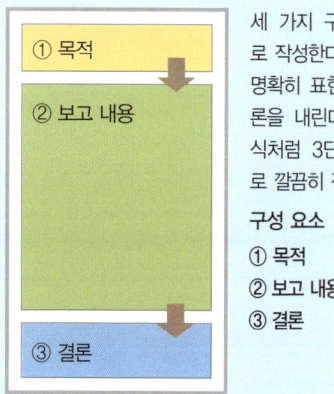

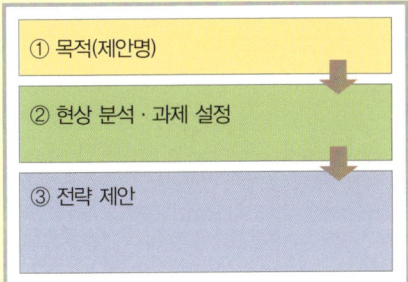

세 가지 구성 요소로 작성한다. 명확한 근거를 바탕으로 한 전략이 중요하다. 이 형식처럼 목적, 현상 분석 부분을 줄여 전략 제안에 중점을 둔다.

구성 요소
① 목적(제안명)
② 현상 분석·과제 설정
③ 전략 제안

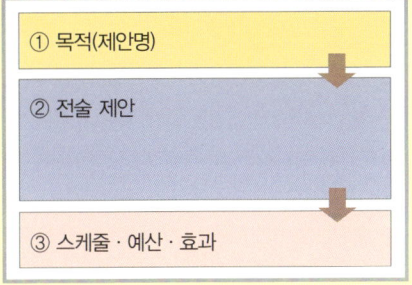

세 가지 구성 요소로 작성한다. 실시 내용을 구체적으로 제안한다. 이 형식처럼 전술 제안에 중점을 둔다.

구성 요소
① 목적(제안명)
② 전술 제안
③ 스케줄·예산·효과

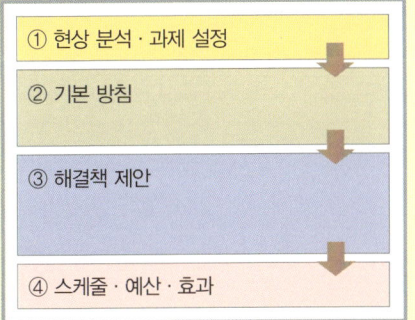

네 가지 구성으로 작성한다. 일관성과 기승전결이 중요하다. 이 형식처럼 구성 요소가 많을 때에는 구조를 명확히 해야 한다.

구성 요소
① 현상 분석·과제 설정
② 기본 방침
③ 해결책 제안
④ 스케줄·예산·효과

기획서의 종류별 구상 단계와 작성법

여기에서는 다섯 가지 기본 기획서에 대한 구상 단계와 작성법을 형태별로 살펴보도록 하자. 기획서에 넣어야 하는 요소와 전개 순서 등을 이해하는 것은 기획서 작성에 많은 도움이 된다.

◉ 사내 리포트 작성법 및 구상 단계

1 보고 리포트 **2** 제안 리포트

1. '보고 리포트'는 요점을 간추려 명확히 정리한다.

회사에서 사용하는 보고 리포트는 사내 리포트이므로 불필요한 말을 빼고 요점을 간추려 주어진 과제를 간결하고 명확하게 설명하는 것이 중요하다. 그러기 위해서 리포트 부분은 항목을 최대한 간결하게 작성해야 한다. 근거 자료는 그래프와 차트, 사진 등을 사용해 명확히 제시한다. 중요한 것은 리포트에서 도출된 결론이다. 따라서 결론 부분은 항목을 간추려 바로 전달될 수 있도록 간결하게 작성한다.

> **포인트** 중요한 것은 결론이며, 이 부분이 명확히 전달되어야 한다.

2. '제안 리포트'는 제안 부분에 중점을 둔다.

제안 리포트도 사내 리포트의 한 종류이다. 보고 리포트와 마찬가지로 제안 리포트도 불필요한 말을 빼고 요점을 간추려 주어진 과제를 간결하고 명확하게 도출해야 한다. 제안 리포트의 핵심은 제안하는 것이므로 결론에서 도출된 제안을 강조해야 한다. 보고 리포트에 제안 내용이 더해졌기 때문에 보고 부분은 되도록 공간을 적게 사용하고 제안 부분에 더 많은 공간을 할애해야 한다.

 보고 부분을 간략하게 정리하고 결론에서 도출한 제안을 강조한다.

보고 리포트와 제안 리포트의 작성법 차이

	① 보고 리포트	② 제안 리포트
요소 사항	• 목적에 맞는 결론 • 결론은 간결하게 작성 • 그래프와 차트, 사진 등으로 근거를 제시	• 결론에서 도출한 제안을 강조 • 리포트 부분은 되도록 짧게 작성
리포트 흐름	① 목적 ② 보고 ③ 결론	① 보고(현상 분석) ② 결론(과제) ③ 제안
작성 포인트	불필요한 말은 빼고 요점을 간추려 주어진 과제를 간결하고 명확하게 작성한다.	

▼ 기획서·제안서 작성법 및 구상 단계

③ 전략 제안서 ④ 전술 제안서 ⑤ 토털 기획서

③ '3요소'를 7단계로 작성하라.

　기획서·제안서는 '과제', '기본 방침', '해결책' 등 '세 가지 요소'로 구성되어 있다. 이 세 가지 요소를 사용해 7단계로 된 기획서·제안서를 작성해 보도록 하자. '토털 기획서'는 이 모든 요소를 포함해 작성하는 데 반해 '전략 제안서'와 '전술 제안서'는 그 중 제안에 필요한 것을 적절히 선택해 작성한다.

요소 1　'과제'를 발견하는 1단계

　먼저 기획서가 '어떤 문제점을 해결하기 위해 작성되었는지'를 밝힌다. 현재 상황을 분석하고 제안처의 문제점을 찾아 과제를 도출한다. 필요한 업무는 '1단계 : 현상 분석', '2단계 : 과제 발견'이다.

요소 2 '기본 방침'을 세우는 2단계

'과제'를 도출하고 무엇을 해결할지 기본 방침을 명확히 세운다. '목적'과 '목표'를 설정하고, 해결책을 '누구'에게, '어떤 주제'를 '어떤 방법'으로 제안할지를 기본 방침으로 삼는다. 이때 필요한 것이 '3단계 : 목적의 명확성', '4단계 : 대상 설정', '5단계 : 해결 방안'이다.

요소 3 '해결책'을 모색하는 3단계

이 단계에서는 기본 방침을 구체적으로 정한다. '어떤 내용과 방법'으로 '언제, 어디서 무엇을 실시할지', 그리고 그것을 실시하기 위해서는 '어느 정도 비용'이 필요하고 '어떤 효과를 기대할 수 있는지' 등을 제안한다. 필요한 것은 '6단계 : 실시 방법', '7단계 : 비용·효과'이다.

4 해결 방안과 내용을 제안하는 '전략 제안서'와 '전술 제안서'

'제안서'란 과제 해결을 직접 설명하는 구상 단계에서 조금 더 나아가 해결 방안과 해결 내용을 제시하는 것이다. 이때 다양한 제안서가 나올 수 있는데, 일반적으로 크게 두 가지로 나눌 수 있다. 첫 번째 제안서는 어떻게 해야 할지 방향을 제시하는 '전략 제안서'이고, 다른 하나는 구체적인 제안을 하는 '전술 제안서'이다.

이 두 가지를 앞의 '3요소, 7단계'로 바꾸면 '전략 제안서'에서는 제1요소인 '과제 발견'부터 제2요소인 '기본 방침 설정'까지 제안하고, '전술 제안서'에서는 제3요소인 '해결책 모색' 중심의 제안을 한다.

포인트 ▶ 3요소, 7단계에서 필요한 것을 선택한다.

'제안서·기획서'의 차이와 작성법(상정 이미지)

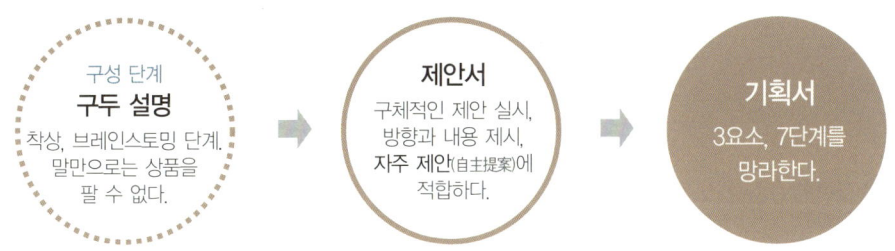

※ 자주 제안: 상대방의 의뢰가 없는데도 작성하는 제안서

5 제안 항목을 간추려 스피디하게 제안하라.

제안서는 제안 내용을 간추려 제안할 수 있으므로 초보자도 쉽게 작성할 수 있다. 또 제안하는 항목이 적어 빨리 제안할 수 있고, 상대로부터 의뢰가 없는 상황에서 제안하는 자주 제안에 적합하다. 최근 의뢰 제안이 감소하면서 자주 제안이 급격히 증가하고 있다. 이렇게 먼저 제안을 할 때에 필요한 것이 제안서이다. 또 시기가 중요한 제안에도 적합하다. 규제 완화와 규제 강화에 대한 제안, 새로운 시책, 급격한 기상 변화에 대한 제안, 촌각을 다투는 제안 등 속도를 중시하는 시대에 적합한 것이 이들 제안서라 할 수 있다.

포인트 ▶ 타이밍이 중요한 제안은 속도가 생명이다. 빠르고 간결하게 작성하는 데 익숙해지도록 하라.

전략 제안서와 전술 제안서

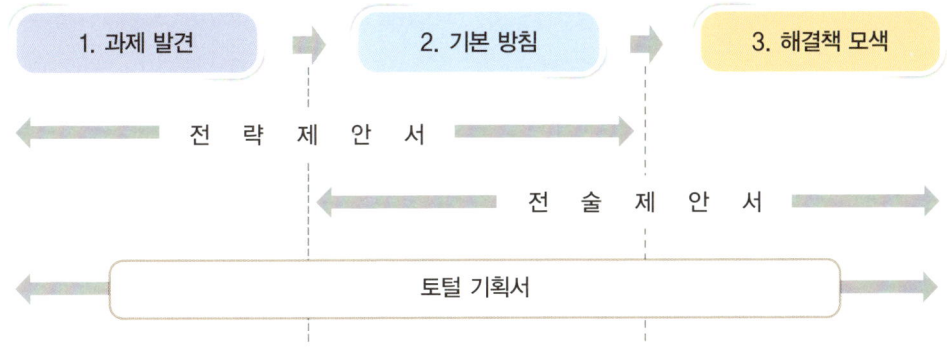

6 모든 것이 포함된 '토털 기획서' 작성법

이제 3요소, 7단계의 모든 것이 포함된 '토털 기획서' 작성법을 살펴보도록 하자.

많은 정보를 A4 한 장이라는 한정된 공간에 담기 위해서는 무엇을 강조하고 어떻게 전개할지 정리하면서 기획서를 작성해야 한다. 특히 토털 기획서는 지금까지 소개한 어떤 기획서보다도 머릿속에서 정보를 잘 정리해 작성하는 것이 중요하다.

요소 1 '과제'를 발견한다.

1단계 | '현재 상황을 분석한다.' 현상 분석에 필요한 네 가지

제안 업무의 기본인 현상 분석을 위해서는 사회에서 발생할 수 있는 일 가운데, 다음의 네 가지 항목에 관한 기획 제안 관련 사항을 되도록 많이 수집하도록 한다.

수집한 많은 정보 중에서는 '전체적인 상황을 볼 수 있는 기본 정보'가 반드시 있는데, 그것을 빨리 찾아내는 것이 중요하다. 그 기본 정보를 중심으로 그 외의 주변 정보를 정리하면 전체적인 내용이 명확해진다. 그런 후 무엇이 문제인지 문제점을 도출한다.

> 1. 사회 환경 – 인구, 경기, 경제, 경영 등 사회 전반에 관한 정보 등
> 2. 시장·소비자 동향 – 제안 관련 상품 동향과 시장 동향, 판로, 소비자 실태 등
> 3. 경쟁 상황 – 제안 관련 기업 간 경쟁 상황 등
> 4. 제안처 상황 – 제안처(사내 제안의 경우에는 자사)의 문제점 등

2단계 | '과제를 발견한다.' 제안서 토대 만들기

정보를 정리하다 보면 많은 문제점이 발생한다. 따라서 그 중에서 해결 가능한 중요한 '문제점'을 선택해 '과제'로 삼는다.

문제점을 뒤집으면 과제가 되는데 문제점뿐만 아니라 다양한 요소도 가미하면 과제를 발견할 수 있다.

과제는 가능한 한 하나로 압축해야 하는데, 그렇게 하면 적절한 해결책을 제안할 수 있다. 여러 개의 과제를 설정할 경우에는 제안하는 해결책이 어떤 과제를 위한 것인지 헷갈리는 일이 발생한다. 현재 많은 기업이 신규 고객 개척, 판로 확대, 새로운 판매 방식, 고객 유치 등의 과제를 안고 있다.

네 가지 정보 내용 수집

1. 사회 환경
▶사회 흐름
특히 본 기획의 제안에 관한 것을 선택. 경우에 따라서는 생략할 수 있다.

2-A. 시장 동향
▶업계의 큰 흐름
상품 동향, 기업 동향, 유통 동향 등

2-B. 소비자 동향
▶상품 관련 동향
사용률, 구입 희망, 사용 실태, 브랜드별 평가 등

3. 경쟁 상황
▶경쟁 기업의 상품력, 특징, 단점, 판매 상황, 광고, 판촉, 유통 시책 등

4. 제안처 상황
▶제안처의 현재 상황과 문제점, 특징, 단점 등

⬇

문제점·과제를 발견한다.

요소 '기본 방침'을 세운다.

3단계 | '목표, 목적을 명확히 한다.' 목표와 목적을 정한다.

과제를 정하고 제안에 대한 기본 방침을 설정한다. 제안의 기본이 되는 목표와 목적을 명확히 한다.

제안 내용에 따라서는 콘셉트와 포지셔닝(상품 마케팅에서의 위치 설정)을 정한다. 기획서에서 기본 방침을 세울 때에는 최대한 이해하기 쉽게 표현해야 한다. 대개 구체적인 말로 표현하는 경우와 목표 수치로 나타내는 경우가 있다.

또 판매 목표와 개선·개혁 목표치 등의 수치로 나타내는 경우도 있다. 제안 시에는 추상적인 단어는 쓰지 말고, 되도록 구체적으로 누구나 이해할 수 있는 명확한 말로 표현하도록 한다.

기본 방침 작성 사례

1. '상품의 내용 이해와 인지도를 상승시킨다.' ⇒ **인지도 목표 35%**
2. '고급 상품으로 이미지를 상승시킨다.' ⇒ **고급스러운 이미지 목표 26%**(전회 대비 15% 상승)
3. '사용을 촉진해 구매로 연결' ⇒ **구입 금액 목표 50억 원**(전년 대비 8% 상승)
4. '새로운 구매 수요 촉진' ⇒ **자사 상품으로의 목표 전환율 16%**
5. '신규 고객 개척' ⇒ **목표 신규 고객 수 13,000명**
6. '매장 방문 촉진' ⇒ **목표 내점 고객 수 40,000명**(전년 대비 6% 상승)

4단계 | '대상을 정한다.' 목표 대상을 명확히 한다.

목표 달성을 위한 '주력 대상'과 '비주력 대상'을 정한다. 특히 소비자를 대상으로 할 경우 특징(성별·연령별, 가족 구성, 기혼·미혼, 지역별 등)뿐 아니라 생활수준(수입, 지출, 저축 등), 취미·기호(독서, 요리, 서예, 다도, 꽃꽂이, 춤, 악기 배우기, 스포츠 등), 라이프 스타일(생활방식, 사고방식, 중요하게 생각하는 것 등), 소유·사용(소유물·사용 상품, 이용 상황 등), 구입 의사(예상 잠재 고객, 예상 현재 고객, 새로 구매할 것으로 보이는 기존 고객 등) 등을 고려해 결정하도록 한다.

소비자의 발상을 활용한다.

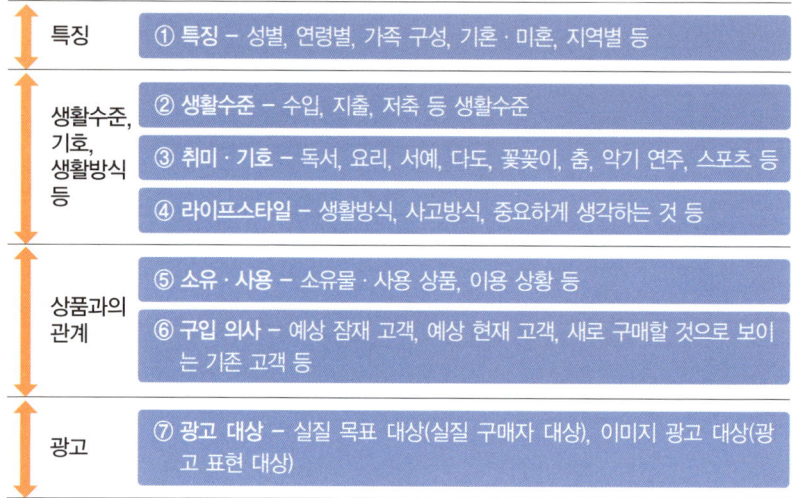

5단계 | '해결 수단을 명확히 한다.' 해결 방안, 타이틀을 정한다.

해결 수단은 제안하는 전문 분야에 따라 달라진다. 따라서 자신의 전문 분야에서 과제를 해결할 수 있는 최적의 방법을 선택해 제안한다.

또 독자적인 제안을 하기 위해 제안에 '적합한 타이틀'을 붙인다. 같은 내용이라도 타이틀에 따라 인상이 크게 달라지므로 제안 타이틀은 상당히 중요하다.

요소 3 '해결책'을 모색한다.

6단계 | '실시 방안을 정한다.' 구체적인 내용 계획을 세운다.

기본 방침으로 세운 해결책이 실시될 수 있도록 해결책은 구체적으로 정리한다. 실시 계획은 항목별로 나누어 정리하고, 처음으로 제안을 받은 사람이 쉽게 이해할 수 있도록 한다.

방법, 내용, 장소 등의 설명은 항목별로 정리해 구체적으로 설명한다. 이때 3~4항목으로 정리하도록 한다.

각 항목에는 간결한 표제어를 덧붙이고 각 항목에 맞춰 보충 설명을 한다. 되도록 표로 정리하면 쉽게 볼 수 있다.

대략적인 일정 작성법 사례

실시 내용	1월	2월	3월	4월	5월	6월
전체 스케줄	준비 기간		홍보 기간			지원 기간
시책 1. 사용 기회 제안			광고			
				매장, 홈페이지		
시책 2. 샘플링			샘플링			
시책 3. 선물 기획				상품 선물		당첨 발표

6단계 | '비용을 명확히 하고 효과를 예측한다.' 채택된 방법, 효과를 명시한다.

비용도 대략적인 비용과 상세 비용으로 나뉘는데, 제안 단계에서는 대략적인 비용을 주로 사용한다. 그러나 소규모 제안이라면 총액 표시만으로도 충분하다. 수익이 동반되는 경우에는 사업기획의 수익 계획, 상품 제안의 경우에는 생산, 판매에 관한 수익 계획이 필요하다.

제안 시에는 어떤 효과가 있을지 예측하는 것이 중요하다. 효과에는 '경제적 효과'와 '심리적 효과'가 포함되는데, 효과는 목표나 목적과 연계되어야 한다. 효과를 예측하는 것은 상당히 어려운 업무이다. 따라서 효과를 예상할 때에는 예상 논거를 명시하고 어디까지나 예상이라는 것을 명기하도록 한다.

대략적인 비용 산출

- 목표 판매촉진 비용: **총매출의 2~3% 정도**
- 적극적으로 실시(투자 포함): **최대 10%**

효과 예상 방법

- 자사에 자료가 있을 경우 그것을 참고한다.
- 업계에 연관 자료가 있을 경우 그것을 참고한다.
- 전문가에게 문의한다.
- 참고 자료가 전혀 없을 경우 시험 마케팅을 실시한다.

설득력을 높이는 자료를 보여주는 방법과 사용법

한 장으로 된 기획서는 글만으로 상대를 설득하는 데 한계가 있다. 근거를 보여주는 자료를 덧붙여 기획서의 설득력을 향상시키도록 하자.

1 설득력 있는 그래프와 차트가 상대의 마음을 움직인다.

글로만 구성된 기획서는 읽는 사람을 질리게 할 수도 있다. 반면 그래프와 차트가 포함되면 설득력이 높아진다.

그래프의 경우, 연도별 비교에는 꺾은선그래프, 다른 항목들을 비교할 때에는 막대그래프, 점유율을 비교할 때에는 띠그래프나 원그래프가 적합하다.

차트의 경우, 평가 등을 수치로 표시할 때에는 레이더차트와 두 가지로 비교해 나타낼 수 있는 포지셔닝맵을 사용하고, 계층을 나타낼 경우에는 계층도, 대립도, 성장도, 시계열도 등을 사용해 목적에 맞춰 적절히 사용한다. 더욱이 사진과 그림을 넣으면 시각적인 효과로 인해 호소력을 더욱 높일 수 있다. 또한 색채는 따뜻한 계열 색, 차가운 계열 색 등을 적절히 사용하면 균형을 잘 맞출 수 있다.

글꼴 사용법도 중요하므로 글꼴을 내용에 맞게 효과적으로 적절히 사용하도록 하자.

 색은 기획서를 작성할 때 매우 중요한 요소이다.

설득력이 상승하는 차트

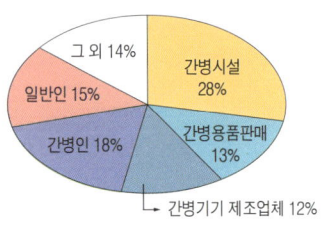

원그래프

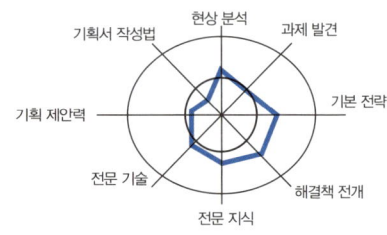

레이더차트

막대그래프

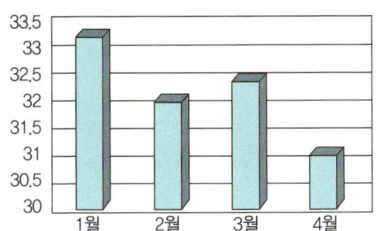

계층도

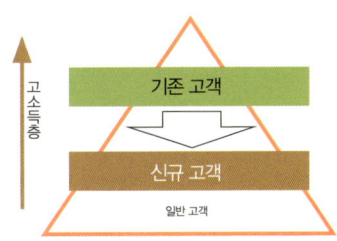

좌표축도

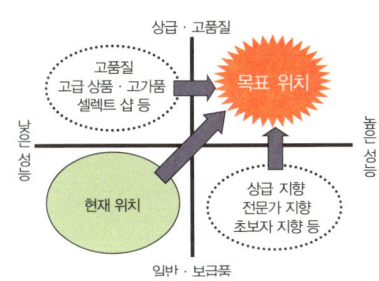

꺾은선 그래프

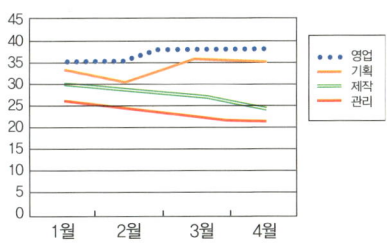

차트나 도해는 목적에 맞게 사용해야 설득력을 높일 수 있다.

- 01 내용을 정확히 전달하는 보고 리포트 작성법
- 02 해결 방법을 제안하는 제안 리포트 작성법
- 03 방향을 제안하는 전략 제안서 작성법
- 04 구체적인 대책을 제안하는 전술 제안서 작성법
- 05 모든 것이 담겨 있는 토털 기획서 작성법

Chapter 2

A4 1매 기획서 작성 사례 60

이 장에서는 기획서의 달인이 만든 A4 한 장으로 된 기획서 사례 60을 소개하고자 한다. 즉, 다양한 분야의 기획서 사례들을 제1장에서 익힌 다섯 가지 패턴으로 나누고, 즉시 사용할 수 있는 기획서들만을 모아 작성해 놓았다.
만일 자신과 다른 업종에 대한 기획서라도 잘 응용하면 자신에게 맞는 기획서를 작성하는 데 참고할 수 있을 것이다. 마음에 드는 기획서를 훑어보고 오늘부터 당장 활용해 보도록 하자.

1 내용을 정확히 전달하는 보고 리포트 작성법

보고 내용을 명확하게 전달하는 보고 리포트는 세 가지 구성 요소, 즉 목적 – 보고 내용 – 결론으로 이루어져 있다. 이때 도표와 사진을 효과적으로 사용하면 상대를 납득시킬 수 있는 보고서가 완성된다.

구성 요소 : ① 목적 ② 보고 내용 ③ 결론

● 기본 패턴

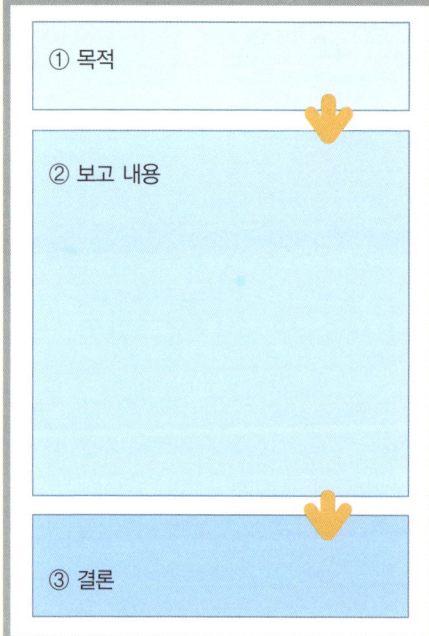

● 응용 패턴 A

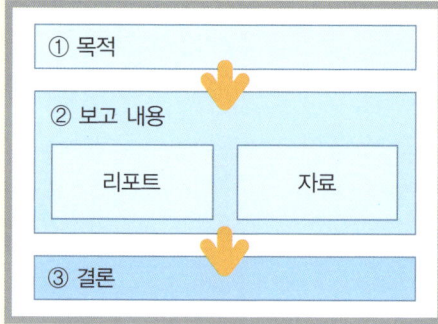

보고 내용을 두 부분으로 나누어 보다 정확한 보고 내용을 작성할 수 있다. 리포트와 자료 부분(그래프, 차트 등) 등으로 나누어 정리한다.

● 응용 패턴 B

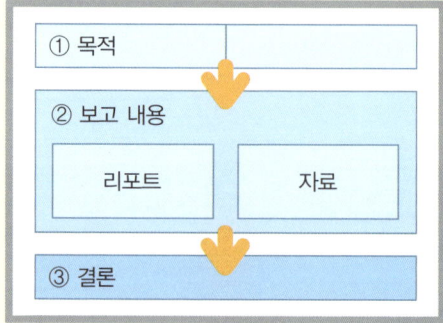

내용을 두 부분으로 나누고 목적 부분도 양분한다. 목적 부분을 양분해 보충자료(조사 계획 등 상세 사항) 등을 추가한다.

※ 이제부터 소개할 60개의 기획서는 본서에 싣기 위해 작성한 것으로 가상 기획서임을 염두에 두기 바란다. 사용한 자료도 출처가 명시된 자료 외에는 모두 임의로 만든 것이다. 실제 기획서 작성 시에는 자료의 출처를 명시하면 신뢰성이 높아지므로 가능한 한 출처를 분명히 밝히도록 하자.

1 보고 내용을 정확하게 표현한다.

보고 리포트에서 중요한 것은 보고 내용을 정확하게 표현하는 것이다. 보고 리포트에서 가장 먼저 나오는 '목적'에서는 언제 실시된 것인지, 어떤 내용인지 등을 분명하게 제시하여 무엇을 정리한 리포트인지 정확히 표현하도록 하자.

조사 리포트일 경우 이 부분은 '조사 계획'에 해당된다. '조사 계획'은 조사 일시, 조사 목적, 조사 대상, 조사 샘플, 조사 방법, 조사 내용 등을 말한다. '조사 내용'에서는 보고해야 할 내용을 보기 좋게 작성한다.

보고 항목은 중요한 내용에 초점을 맞추도록 하자. 작성 순서는 전체적인 내용에서 부분적인 내용 순으로 보고 내용을 작성하면 전체적인 내용을 쉽게 이해할 수 있다. 목차에는 번호를 붙이고 요약 내용을 적고, 내용에는 보충설명을 적는다. 보충설명은 장문을 피하고, 되도록 항목별로 작성하면 내용을 쉽게 전달할 수 있다. 또 사내 리포트의 경우 서론 등의 불필요한 말은 가능한 한 생략하고, '업계 용어'와 '사내 용어'를 사용해 간결하게 정리한다.

마지막 부분은 '결론'으로 마무리 짓는다.

2 결론을 명확히 낸다.

보고 리포트에서 중요한 것은 '결론'이다. 리포트 내용 중 가장 중요한 사항은 마지막 부분의 '결론'으로 표시한다. '결론' 작성법은 내용을 '하나로 요약'해 보충 문장을 쓰는 방법과 결론을 '2~3항목으로 작성하는' 방법이 있다.

'결론'은 누구라도 이해할 수 있도록 애매한 표현을 피하고 명확한 문장으로 적는다. 또 '결론'에서 중요한 것은 일관성과 논리성을 갖추는 것이다.

따라서 담당자가 임의로 리포트에 적혀 있지 않는 내용을 갑자기 결론으로 도출해서는 안 된다. 그리고 '결론'이 목적에 맞는지도 검증해야 한다.

3 도표와 사진을 효과적으로 사용한다.

보고 리포트를 작성할 때에는 내용을 납득할 수 있는지 여부가 중요하다. 그래서 조사 결과 리포트에서는 조사 자료를 표현하는 데 중점을 두어야 한다. 알기 쉬운 그래프와 차트를 사용하는 것도 효과적이다.

그래프 등을 적절하게 사용하기 위해서는 각 그래프의 의미와 역할을 확실히 이해하고 있어야 한다. 따라서 어려운 그래프와 차트를 무리하게 사용하지 말고 핵심내용을 명확히 표현하는데 집중해야 한다.

공간이 좁고 적절한 그래프를 사용하기 어려울 때에는 조사 결과 자료를 그대로 표시하기도 한다. 그러나 단순한 나열만으로는 특징을 파악할 수 없다. 그럴 경우에는 전체에서 차지하는 비율이 높은 자료를 사용하거나 수치를 이용해 눈에 띄게 할 수도 있다. 또 특징적인 부분에 사진을 사용하면 이미지를 쉽게 전달할 수 있을 것이다.

4 자주 작성해야 하는 리포트는 기본 서식을 만들어 놓는다.

사내용 보고 리포트는 사용빈도가 높은 것들이 많다. 자주 사용하는 리포트는 서식을 만들어 놓으면 다음에 사용할 때 작성 시간을 크게 단축시킬 수 있다. 또 공통적인 서식을 만들어 놓고 활용하면 같은 종류의 리포트는 같은 서식으로 쉽게 비교하여 볼 수 있다.

회사에서는 신청서, 품의서, 결재서류 등의 사무용 서류가 정형화되어 있는데, 여기에 리포트 류를 추가하면 사내 업무를 보다 간소화할 수 있을 것이다.

CASE 01

••• 이벤트 참가자의 상세한 자료를 정리해 보고한다

이벤트 참가자 조사 리포트

우리는 주변에서 기업들이 상업 이벤트를 실시하는 것을 자주 볼 수 있다. 이러한 이벤트의 목적은 참가자의 정보를 수집해 고객과의 접점을 확보하는 것이다. 정보 수집 방법은 주로 앙케트 조사를 하여 그 결과를 보고 리포트로 작성한다.

① 목적   ② 내용

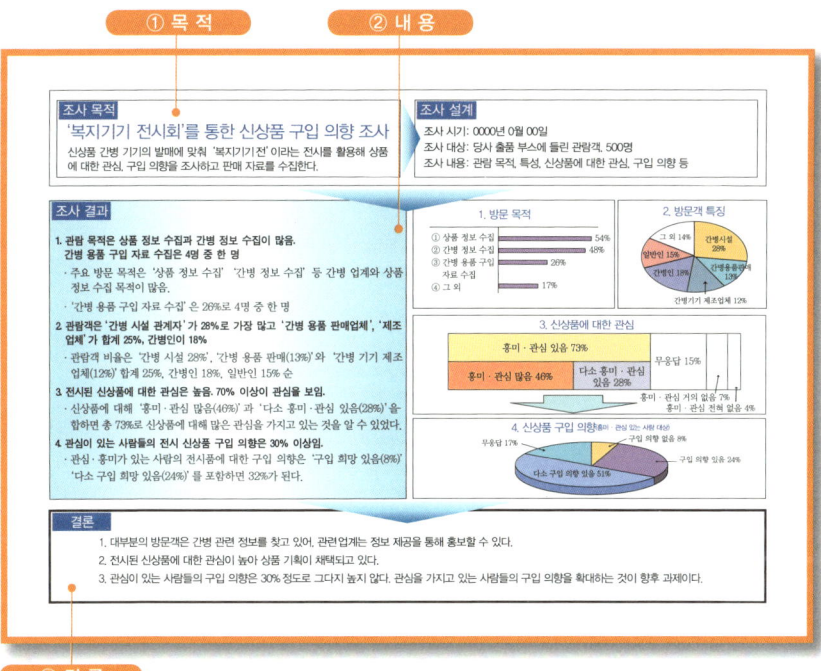

 ③ 결론

파워포인트 테크닉 ★★★ 조사결과를 나타낼 때에는 목적에 맞는 그래프를 사용한다.

파워포인트로 그래프를 작성할 때에는 기본 툴바의 '차트 삽입' 단추를 클릭하거나 '삽입' 메뉴의 '차트'를 선택한다. 나타나는 차트 대화상자에서 원하는 차트를 선택하여 작업 창에 표시하면 데이터시트(엑셀)창이 나타난다. 데이터를 입력한 후 차트 모양과 색 등을 수정·편집하면 된다.

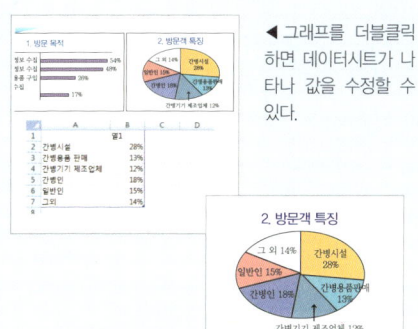

◀ 그래프를 더블클릭하면 데이터시트가 나타나 값을 수정할 수 있다.

1 기획 개요

▶ 앙케트의 주제·목적·결론을 알기 쉽게 전달한다.

기업은 각종 전시회에서 '신상품에 대한 느낌을 조사한다'는 목적을 가지고 있다. 전시회에는 일반 소비자, 유통업자, 업계 관계자 등이 참가하는데, 이는 다양하고 많은 정보를 단기간에 수집할 수 있는 최적의 장소이기 때문이다. 보고서에는 우선 그 장점을 이용해 리포트가 가지고 있는 의의를 부각시켜 결과를 알기 쉽고 보기 쉽게 소개하도록 한다.

이 조사는 '복지 기기(機器) 전시회'에 자사의 신상품을 출품한 기업이 참가자의 구입 의향을 조사한 결과 보고이다. 현장에서는 '방문 목적', '방문객 특성(직업 등)', '신상품에 대한 관심', '신상품 구입 의향' 등의 앙케트를 실시했다. 그리고 그 결과 중에서 중요한 것을 선별해서 보는 사람이 쉽게 이해할 수 있도록 작성했다.

▶ 간단하게 응답할 수 있는 앙케트를 준비한다.

이벤트장에서 앙케트를 실시할 경우에는 응답을 받는 데에 시간적 제약이 있다. 따라서 최대한 조사항목 수를 줄이고 ○표를 그려 체크하게 하는 등 간단하게 응답할 수 있는 앙케트 용지를 만들어야 한다.

▶ 결론은 짧게 세 가지로 작성한다.

앙케트 조사 결과의 결론은 '3개'로 압축해 각각 1줄로 정리한다. 요점을 알기 쉽게 전달하기 위해서는 '짧고 간단하게' 쓰고 요점이 흐려지지 않도록 3~5개 정도의 결론을 도출하도록 한다.

반면 결론이 너무 적으면 호소력을 잃기 쉽다. 각 결론은 짧고 간결하게 작성하고 문체는 '명확한 말로 표현하고 확실히 전달하면' 설득력이 상승한다.

② 작성 포인트

▶ 내용을 한눈에 알 수 있는 그래프를 사용한다.

앙케트 결과처럼 보고서에서 숫자를 비교할 경우에는 그래프를 사용하는 것이 효과적이다.

보고서에서는 방문 목적은 막대그래프, 방문객 특징은 원그래프, 신상품에 대한 관심은 띠그래프, 전시품에 대한 구입 의욕은 원그래프를 사용하는 등 한눈에 비교 결과를 알 수 있도록 그래프를 사용하였다. 같은 그래프가 여러 번 쓰일 경우에는 평면적인 원그래프와 입체적인 원그래프를 적절히 함께 사용하도록 한다.

▶ 조사 결과를 중시한 3단 구성으로 작성한다.

보고서는 상단이 '조사 목적', '조사 설계', 중간 부분이 '조사 결과', 하단이 '결론'인 3단 구성으로 되어 있다. 이 세 가지를 리포트의 흐름으로 보여주기 위해 그러데이션 화살표를 사용해 나타내었다.

표제어 부분은 어디에 무엇을 쓰고 있는지를 명확히 보여주기 위해 청색 바탕에 흰 글자로 적는 등 눈에 띄게 한다. 문장도 조사 주제와 조사 결과를 요약한 것은 큰 글자를 써서 눈에 띄게 한다. 중간 부분의 '조사 결과'는 네 가지로 요약했는데 큰 글자로 된 표제어와 상세한 본문 내용을 쓴 작은 글자로 구성되어 있다. 이렇게 함으로써 바쁜 상사가 표제어만 보고도 요점을 파악하고, 흥미로운 결과는 자세히 읽을 수 있게 했다.

중요한 조사 결과 부분은 푸른색으로 된 그러데이션 배경을 사용해 여타 부분과 다른 디자인으로 강조했다.

••• 잘 되는 가게의 특징을 찾는다

CASE 02 쉽게 들어갈 수 있는 가게 조사 리포트

고객을 유치할 때 가장 중요한 것은 사람들을 가게 안으로 끌어들이는 것이다. 그렇다면 사람들은 어떤 가게에 흥미를 가지고 있을까? 쉽게 들어갈 수 있는 가게에는 어떤 공통점이 있을까? 고객의 입장에서 실시한 조사와 스냅 촬영을 통해 결론을 도출한 것이 이 리포트이다.

'쉽게 들어갈 수 있는 가게' 조사 리포트

조사 목적 가게 리모델링에 앞서 들어가기 쉬운 가게란 어떤 매장인지 실태를 조사하고 그 특징을 분석한다. 여러 판매점, 카페 등의 가게부터 조사한다.

- 조사 실시 기간 : 2007년 4월
- 조사 실시 장소 : 서울시 종로구
- 조사 방법 : 쉽게 들어갈 수 있는 가게 사진촬영
- 조사자 : ○○○

① 목 적

조사 결과

쉽게 들어갈 수 있는 가게의 특징

② 보고 내용

① **입구가 넓다**
- 입구가 넓으면 들어가기 쉽다.
- 반면 입구가 좁거나 입구에 장애물이 있으면 들어가기 어렵다.
- 입구가 좁으면 심리적인 압박감을 느낀다.

입구가 넓은 가게

② **입구가 열려 있다**
- 젊은 여성에게 인기 있는 오픈카페는 입구가 열려 있어 쉽게 들어갈 수 있다.
- 입구를 찾기 어려운 가게는 특정고객에게는 좋지만 일반고객은 쉽게 들어갈 수 없다.

입구 주변에 소품을 진열해 놓은 가게

③ **투명하고 내부가 보인다**
- 처음 가는 가게일 경우 내부가 보이지 않으면 불안하다.
- 투명유리 등으로 내부가 들여다보이게 하면 안심하고 들어갈 수 있다.

입구가 열려 있는 가게

④ **가게 내부가 밝다**
- 가게 내부의 밝기가 중요한 조건이 된다. 내부가 어두우면 불안하다.
- 밝은 가게는 활기차 보여 쉽게 들어갈 수 있다.

⑤ **입구에 고객 유인 상품이 있다**
- 가게 입구 앞 상품의 진열도 매장 출입을 유도한다.
- 소품 전시, 미니이벤트도 고객으로 하여금 쉽게 들어올 수 있게 한다.

투명하고 내부가 보이는 가게

내부가 밝은 가게

결론 '넓고 밝고 내부가 들여다보이며 입구가 열려 있고 고객 유인 상품이 있는 가게'

쉽게 들어갈 수 있는 가게에는 공통적인 특징이 있다.
리모델링을 계획 중인 가게는 이 특징들을 활용해 가게를 설계하는 것이 바람직할 것이다.

③ 결 론

1 기획 개요

▶ **고객의 관점에서 찍은 스냅 사진을 통해 동향을 파악한다.**

고객의 동향을 알기 위해서는 고객의 관점에서 보아야 한다. 그래서 이번에는 가게 앞을 지나가는 통행객의 시점에서 가게가 어떻게 보이는지 디지털 카메라로 촬영한 사진을 이용하여 제안해 보았다.

리포트에서는 유동인구가 많은 곳에 위치한 가게 중에서도 특히 쉽게 들어갈 수 있는 가게의 사례를 몇 개 들었다. 통행량이 많은 곳에 위치한 가게는 고객을 쉽게 유치할 수 있다. 특히 그 중에서도 몇몇 가게는 고객 유인 조건을 비교할 수 있어 매장 리모델링 시에 무엇을 고려해야 할지 확인할 수 있다. 이 사진들은 조사원이 일반 고객의 입장에서 '조사' 해 작성한 것이다.

▶ **몇몇 가게 사진에서 결론을 도출한다.**

여러 가게의 사진과 직접 조사한 고객 출입 상황 등을 통해 어떤 가게가 쉽게 들어갈 만한 가게인지 알 수 있다. 조사 결과, 쉽게 들어갈 수 있는 가게는 '입구가 넓다', '입구가 열려 있다', '투명하고 내부가 보인다', '매장 내부가 밝다', '입구에 유인 상품이 있다' 라는 5가지 특징을 지녔음을 알 수 있었다.

반면 외부에서는 어떤 가게인지 알 수 없는 가게도 있었다. 그런 가게에는 쉽게 들어갈 수 없었다. 이렇게 도출한 결론을 사진을 중심으로 간결하게 작성했다.

> **기획제안 힌트** 마음 편히 쇼핑할 수 있는 '휴식 공간'을 가게 안에 마련한다.
>
> 가게 안에서 휴식을 위해 꽃가게 주인이 '피아노 연주'를 하는 멋진 가게가 있다. 자기도 모르게 비싼 꽃을 구입해버릴 만큼 상당히 우아한 기분으로 쇼핑을 할 수 있다. 또 어느 백화점에서는 '마사지 의자', '관엽식물', '미네랄워터' 등이 갖추어져 있는 휴식의 방이라는 이름을 가진 매장이 생겼다. 구두 구입 고객에게 '마사지 서비스'를 해준 사례도 있다. 또 기다리는 시간이나 쇼핑 순서 대기 시간 등에 사용할 수 있는 마사지기가 갖추어져 있는 곳까지 등장했다. 고객이 가게 안에서 보내는 시간을 어떻게 바꾸고 얼마나 편안하게 만들어 줄 수 있는지에 따라 매출도 달라질 수 있을 것이다.

2 작성 포인트

▶ 사진을 설득용 자료로 사용한다.

'백문이 불여일견'이라는 속담처럼 이런 리포트에서는 사진으로 좋은 예시를 보여주는 것이 효과적이다. 사진이 설득력을 더욱 높여주기 때문에 설명도 간단히 끝난다. 이번 조사처럼 외부 촬영으로 현 상황을 파악·비교할 수 있는 경우에는 비교적 간단한 고객의 입장에서 실시하는 조사와 스냅 촬영을 적극적으로 사용하도록 하자. 외관 등의 사진은 컬러 사진이 느낌을 잘 전달할 수 있으므로 리포트도 컬러로 작성하는 것이 좋다. 또 사진이 상대방을 설득하는 자료이므로 되도록 좋은 사례와 사진을 사용하는 것이 중요하다.

▶ 기획 취지에 맞춰 밝은 이미지의 리포트를 작성한다.

기획 취지가 '쉽게 들어갈 수 있는 가게'이므로 거기에서 연상되는 '밝고 안심할 수 있는' 이미지의 보고서로 만드는 것도 중요하다. 그러기 위해서는 색을 사용할 때 주의를 기울여야 한다.

보고서에는 밝은 매장이라는 인상을 부각시키기 위해 밝은 세피아 계열의 색을 사용했다. 또 색상을 통일시켜 '안정감'을 주었다.

리포트의 인상은 선택하는 색에 따라 달라지므로 색의 특성을 고려해 두는 것도 중요하다. 가령 세피아 계열은 '차분하고 안정적인' 이미지를 주고 오렌지 계열은 '따뜻하고 활기차고 건강한' 느낌을, 붉은 계열의 색은 '열정과 흥분', 푸른 계열은 '차갑고 날카롭고 지성적인' 느낌을 주며 녹색은 '자연과 안전과 신선함'을, 검정색은 '공포와 위엄과 중후함과 정형적인' 느낌을 준다. 이런 색의 특성과 이미지를 전략적으로 잘 활용하는 것도 설득력 향상에 도움이 된다.

CASE 03

••• 도심의 상업시설 실태를 직접 파악한다

상업시설 견학 출장 보고서

도심의 재개발로 상업시설이 잇따라 개점하면서 고객을 끄는 다양한 시설들이 많은 주목을 받고 있다. 이 기획서는 입지 조건에 따라 고객층이 어떻게 변화하는지를 답사하고 담당자가 직접 보고 느낀 것을 알기 쉽게 보고한 것이다.

② 보고 내용   ① 목 적

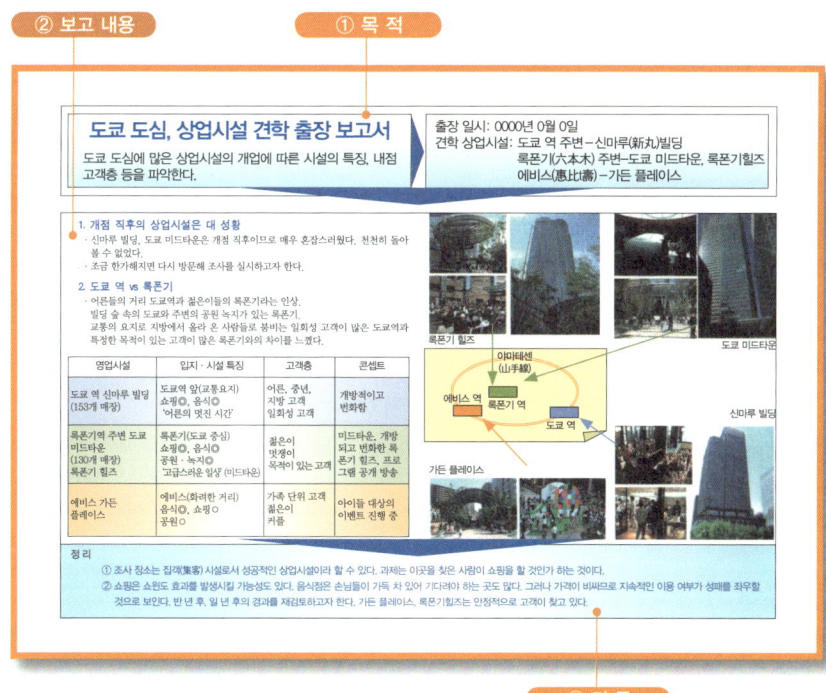

③ 결 론

 미리 정해진 크기로 기획서 안에 사진을 넣는다.

기획서에 사진을 사용할 때에는 그리기 툴바의 '그림 삽입'을 클릭하면 사진을 삽입할 수 있다. 그러나 사진이 클 경우에는 축소해야 한다. 따라서 미리 사진 크기에 제한이 없는 도형을 선택해 거기에 사진을 첨부하는 것이 편리하다. 사진을 첨부하려면 [삽입]-[그림]에서 [그림 또는 질감 채우기]를 선택하고, [파일]을 눌러 원하는 그림을 선택한다.

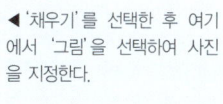
◀ '채우기'를 선택한 후 여기에서 '그림'을 선택하여 사진을 지정한다.

▶ 도형을 그려놓고 그림을 삽입하면 사진이 들어갈 공간을 미리 결정해 둘 수 있으므로 사진을 쉽게 배치할 수 있다.

1 기획 개요

▶ 재개발로 달라진 거리와 상업시설을 직접 확인한다.

도심 재개발로 많은 상업시설이 생겨났다. 하루가 다르게 여기저기 빌딩과 상가가 세워진다. 도심 밖에서도 역세권 재개발 계획이 많이 진행되고 있다. 이처럼 여러 곳에서 많은 재개발 붐이 일고 있지만 모두가 성공을 거둘 것이라 확신할 수는 없다. 그래서 담당자가 직접 보고 작성한 상업시설 견황 답사 보고가 중요한 자료가 되고 있다.

이 리포트는 새로 개장한 시설과 경쟁하는 기존 시설 중 세 지역의 네 곳을 담당자가 취재해 시설의 특징을 보고한 것이다. 디지털 카메라로 촬영하고 특징을 일람표로 만들어 알기 쉽게 정리한 것이 특징이다.

상업시설뿐 아니라 해외 시찰, 공장 견학 등과 시설 견학 리포트 작성 시에도 참고할 수 있는 사례라 할 수 있다.

▶ 개장 때뿐만 아니라 정기적인 추적 리포트도 중요하다.

이번 조사에서는 번화가와 역 주변 시설에서 보여지는 고객들의 차이점에 주안점을 두었다.

지역별로 번화가에는 젊은 층이 많고 역 부근에는 어른들이 많다는 것 등이 특징이다. 또 유동적인 고객이 많은 역에 비해 번화가는 특정 목적을 가진 고객들이 모이는 등 '입지 차이'를 뚜렷하게 느낄 수 있었다. 이 리포트에서는 표를 이용해 비교를 함으로써 그 차이를 한눈에 알아볼 수 있도록 했다.

상업시설의 경우 처음 개점했을 때에는 독특한 시설로 인해 많은 사람이 찾지만 신선함이 사라지면 고객이 감소하는 일도 적지 않다. 또 고객이 많아도 쇼핑과 식사를 하지 않는다면 사업이 원활하게 진행되지 않을 것이라는 염려도 있다. 반 년 후, 일 년 후 재검사를 주기적으로 해야 할 것이다.

❷ 작성 포인트

▶ 지도·사진·표를 색을 사용해 시각적으로 보여준다.

상업시설의 모습을 생생하게 전달하기 위해서는 디지털 카메라로 촬영한 사진을 많이 사용해 시각에 호소하는 리포트를 만든다. 사진과 지도를 조합시키면 입지 장소를 한눈에 알아볼 수 있지만 지도는 파워포인트 기능만으로는 충분하지 않을 수도 있다. 따라서 다른 관련 프리웨어를 활용해도 좋을 것이다.

또 지역별로 지도와 사진을 연결하는 화살표의 색과 역의 색상을 같게 사용해 연관성을 주면 한눈에 들어올 수 있다. 이와 같이 상대의 흥미를 끄는 법을 다양하게 고민해 보아야 한다.

▶ 읽기에 지장을 주지 않는 색을 사용한다.

리포트는 '목적', '보고 내용', '결론'이라는 삼단 구성으로 간결하게 작성했다. 시설의 차이점은 각각 다른 색을 사용해 분류하여 읽기 쉽고 알기 쉽게 했다. 삽입된 표와 같이 글자의 배경에 색을 넣는 경우에는 옅은 색을 사용한다.

또 그러데이션 효과 등을 사용해 글자의 뒷부분이 하얗게 되도록 하면 쉽게 글을 읽을 수 있다.

CASE 04

••• 앙케트 결과를 통해 고객 만족도를 체크하라

앙케트 결과 분석 리포트

유행에 맞춘 사업을 하기 위해서는 고객 동향을 항상 파악해 두어야 한다. 이런 고객 동향 파악에 효과적인 것 중의 하나가 고객 만족도 조사이다. 고객 앙케트를 통해 향후 경영 방침을 생각해 볼 수 있다.

'P' 레스토랑에 식사하러 온 고객이 응답한 '고객 앙케트' 결과를 분석한 리포트이다.
- 내점 시기: 2007년 1월~3월
- 응답자 수: 458명
- 앙케트 항목: 만족도(맛, 서비스), 재방문 의향, 내점 동기

① 목 적

앙케트 결과 리포트

Q1: '내점 동기'는 '지인의 소개로' '평을 듣고'
'지인의 소개로'가 36%로 가장 많고 다음으로 '평가를 듣고'가 26%로 매장 인기도를 보여주고 있다.
'광고를 보고'가 21%로 광고 효과도 조금씩 나타나고 있다.
'지나가다 들렀다'는 15%에 머물러 매장 홍보에 더 힘써야 한다는 것을 느낄 수 있었다.

항목	%
지인의 권유로	36%
평가를 듣고	26%
광고를 보고	21%
지나가다	15%

Q2: '음식 만족도'의 '맛'은 70%가 만족, '제공 속도'는 향후 과제
음식 만족도는 '맛'에 대해서는 만족한다가 72%로 70% 정도의 사람이 평가했다. 이에 비해 '음식 제공 속도' 만족도는 44%로 조금 낮아 음식 제공 속도를 높여야 한다는 것을 알 수 있었다. 가격 관련 만족도는 10% 정도로 낮고 조금 비싸다는 인상을 주었다. 그러나 보통이라는 대답도 65%이므로 가격 문제는 그리 심각하지 않다고 생각된다.

항목	만족	보통	불만
맛	72%	15%	13%
속도	44%	52%	4%
가격	10%	65%	25%

② 보고 내용

Q3: '서비스 만족도'는 '고객 응대 태도'는 65%가 만족, '좌석 넓이'는 향후 과제로
'고객 응대 태도'에 대해서는 65%의 사람이 만족한다고 응답해 '맛' 다음으로 가장 높은 만족도를 보였다. '청결함'도 54%로 다소 높은 편이었다.
이에 반해 '좌석 넓이'에 대한 만족도는 보통 48%, 불만 30%로 만족도가 낮은 것이 염려된다.

항목	만족	보통	불만
고객응대태도	65%	28%	7%
청결함	54%	37%	9%
좌석 넓이	21%	48%	30%

Q4: '재방문 의향'은 65%, 재방문 의향이 없는 10%에 대한 대책 필요
'재방문 의향'은 '꼭 다시 오고 싶다' '기회가 되면 오고 싶다'가 총 65%로 3분의 2가 재방문 의향을 밝혔다.
재방문 의향이 없는 고객이 10%였다. 많은 수치는 아니지만 10명 중 1명이 다시 찾고 싶지 않다고 응답한 것은 개선의 여지가 있다.

항목	%
꼭 다시 오고 싶다	21%
기회가 되면 오고 싶다	44%
모르겠다	25%
다시 오고 싶지 않다.	10%

결과 요약

만족도는 '전반적으로 양호', 개선점은 '음식 제공 속도'와 '좁은 공간 극복하기'
가게에 대한 평가는 전반적으로 양호하다. 이는 음식에 대한 높은 만족도와 고객 응대 태도 만족도, 그리고 내점 동기인 소개와 좋은 평을 보았다는 응답을 통해 알 수 있다. 그러나 만족도를 높이기 위해서는 음식 제공 속도를 높이고 협소한 좌석 개선에 힘써야 한다.

③ 결 론

1. 기획 개요

▶ 고객 만족도 조사는 마케팅의 기본이다.

많은 기업이 높은 고객 만족도를 목표로 하고 있다. 그래서 의존하게 되는 것이 고객 만족도 조사이다. 이 조사는 외부 조사기관 등이 실제 고객에게 앙케트를 실시해 만족도를 수치화한 것이다.

이 분석 리포트는 한 레스토랑이 가게를 찾은 고객을 대상으로 '내점 동기', '식사 만족도', '서비스 만족도', '재방문 의향' 등에 대한 고객 만족도를 조사해 그 결과를 작성한 것이다.

상단에는 주제와 조사 개요를 명기했다. 중간 부분의 결과 리포트는 충분한 공간을 할당하여 작성했고 결론은 아랫부분에 작성했다. 만족도에 대해서는 '대체로 양호', 개선점은 '음식 제공 속도'와 '좁은 공간 극복' 등 한 문장으로 간결하게 정리했다.

▶ 조사를 반복해 쉽게 확인하고 비교할 수 있게 작성한다.

이런 분석 리포트를 작성할 때에는 그 목적을 확실히 인지하는 것이 가장 중요하다.

고객의 요구는 항상 변화하고 있다. 따라서 이런 고객 만족도 조사는 정기적이고 지속적으로 실시해 조사 시의 변화, 과제, 개선점 등을 보기 쉽게 정리해야 한다. 조사 결과를 근거로 대응책을 확실히 찾아 다음 조사에서 그것이 개선되었는지 확인해야 하기 때문이다. 따라서 확인, 비교와 같은 본래 목적이 쉽게 달성될 수 있도록 작성해야 한다.

고객 만족도를 높여 재구매를 촉진하는 '보수', '점검', '보상판매'

사용 중인 상품을 점검해 아직 쓸 수 있는지, 수리를 해야 할지 등의 진단 서비스 실시로 고객 만족도를 높여 재구매 수요를 확보할 수 있다. 사용하고 있는 상품의 진단과 점검은 다음 상품을 권할 때에 많은 도움이 된다. 또 고객에게는 지금 사용하고 있는 상품으로도 괜찮을까라는 불안에 대한 답을 줄 수 있으므로 판매자와 고객 모두에게 이득이 된다. 따라서 정기적으로 실시하면 고객 만족도를 향상시킬 수 있다. 그리고 제품 수명이 다한 상품의 재구매 시기와 고기능성 기종 발매 시기 등에 맞춰 실시하면 높은 효과를 기대할 수 있다.

리포트에서는 앙케트 질문에 따라 네 가지 항목을 소개한다. 앙케트 결과의 대략적인 내용은 표제어에 넣고 주요 부분을 색으로 표시해 조사 직후뿐 아니라 나중에 다시 보았을 때에도 눈에 쉽게 띄도록 했다.

2 작성 포인트

▶ 중요한 수치는 빨간색으로 표시해 눈에 띄게 한다.

리포트에 너무 많은 내용을 넣으면 읽기가 힘들어진다. 그러므로 A4지 한 장으로 간결하게 작성하는 것이 바람직하다. 이 리포트도 공간이 한정되어 있으므로 조사 결과를 그래프로 나타내기가 어려웠다. 그래서 가운데 단락 오른쪽에 수치를 보여주는 표를 넣었다.

수치로 표시할 경우 단순히 숫자를 나열하는 것만으로는 호소력이 떨어진다. 그러므로 우선 표를 정리한 뒤 중요한 수치를 선택해 굵은 글자를 사용하거나 빨간색으로 표시하는 등의 방법을 사용한다.

강조할 숫자가 여러 개일 경우에는 가장 중요한 숫자를 빨간색으로 표시하고, 다음으로 중요한 숫자와 참고할 필요가 있는 숫자는 파란색으로 표시하는 등 여러 가지 색깔을 사용하는 것도 효과적이다.

리포트 본문에서도 이와 같이 주목해야 할 부분은 색을 사용해 눈이 가도록 한다.

▶ 조사 항목별로 다른 색을 사용해 내용을 이해시킨다.

조사 보고서 종류는 내용이 딱딱하기 때문에 재미없어 보이기 쉽다. 그러나 이 리포트에서는 조사 결과 수치를 항목마다 다른 색을 사용해 부드럽게 만들었다.

또 가장 중요한 글자와 숫자를 읽는 데 지장이 없는 옅은 배경색을 선택하고 하단의 '결과 요약'에서는 읽기 쉽게 만들기 위해 그러데이션 효과를 사용했다.

CASE 05

••• 사외 활동으로 대상을 수상한 사원의 표창 수여를 신청하라

대상 수상에 따른 표창 신청서

사원이 사외 활동으로 표창받는 사례가 증가하고 있다. 대부분은 인사위원회와 같은 조직에서 논의하고 직속 상사에게 물어 결정되는데, 복잡하게 진행되는 그 과정과 상세한 사항을 한 장으로 된 리포트로 알기 쉽게 작성했다.

마케팅 대상 수상에 따른 표창 신청 리포트

1. 목적: 마케팅 대상 수상에 따른 회사 표창 안건
2. 표창 내용과 수상 내용

대상자 소속	소속-마케팅부, 직위-대리, 성명 ○○○ 28세
수상명	금강사 주최 '마케팅 대상' 마케팅 우수상 수상
수상 시기	0000년 0월 0일
표창 제안자명	소속-마케팅부, 직위-부장, 성명-요시다 지로(吉田 二郎)
수상내용	개인 자격으로 응모, 자택에서 학습, 금강사 주최 '마케팅 대상'에 응모, 전체 응모 건수 1,234건 중 위에서 세 번째 상에 해당. 상금 500만 원, 수령 완료. 응모 작품은 '○○' 잡지 ○월호에 실릴 예정.
상의 사회적 위상	전문 분야에서는 최고 수준으로 평가받는 대상, 25년 역사.
회사에 대한 공헌	회사의 사회적 지위 향상에 공헌. 단골 거래처 문의 총 23건, 강연 의뢰도 몇 건 들어오고 있음.

★ 인사위원회 개최일, 출석자수, 출석자명
개최일: 0000년 0월 0일
출석자수: 00명(전원 참석), 출석자명: ○○○, ○○○, ○○○, ○○○, ○○○

3. 인사위원회 검토 내용 및 결론(회사의 표창 내용)

취업 규칙에 의한 규정 → 인사위원회 결론: 사장상 표창과 금일봉(100만 원) ← 과거 표창 사례

취업 규칙 제0장, 제0조, 제0항 규정에 해당한다.

취업규정 및 과거 표창사례에 근거해 상기 표창이 가장 적합하다는 인사위원회의 최종 결론이 지난 번 회의에서 만장일치로 결정됨. [사장상]

과거 표창 사례
1. 0000년 0월
   성명: ○○○
   표창 내용: ○○○○○○
2. 0000년 0월
   성명: ○○○
   표창 내용: ○○○○○○
3. 0000년 0월
   성명: ○○○
   표창 내용: ○○○○○○

4. 이사회 결재와 향후 일정

인사위원회 결정을 차기 이사회 회의 안건으로 제안, 결의를 얻어 표창하고 전 사원에게 고지한다.
고지 방법: 사내 풍지.
  사내보 '○○○', 0월호 지면 게재, 단골 거래처에 홍보 예정.
사내 강연회도 검토: 희망자를 모집해 개최한다.

★ 일정
1. 이사회 개최: 0월 0일
2. 표창식: 0월 0일
3. 사내풍지: 0월 0일
4. 사내보 고지: 0월호
5. 단골 거래처로 PR, 사내 강연회: 00월 예정.

① 목적
② 보고 내용
③ 결론

기획제안 힌트

자격을 갖춘 전문가가 접객에 적합하다.

풍요로운 시대의 판매 비법으로 접객 기술을 꼽는 가게가 늘고 있다. 고객 만족도 조사 결과 접객이 중요하다고 판단하고 접객 능력을 향상시키려는 가게도 있다. 그 노력 중 하나가 매장 상품에 대한 지식 등 전문적인 자격을 갖춘 전문적인 판매원을 배치해 고객의 요구에 대응하는 것이다. 실제로 매장에 '채소 소믈리에'를, 식품 슈퍼마켓의 메뉴 제안 코너에는 '영양사'를, 또 고령자와 장애인용 간호용품 매장에 '서비스 서포터'와 '개인 도우미' 자격을 가지고 있는 종업원을 배치하는 등의 사례가 있다.

1 기획 개요

▶ 표창 내용과 수상 내용 등 이유를 명확히 보고한다.

표창을 신청하는 리포트에는 누가 어떤 활동으로 어떤 표창을 받았는지, 또 어디에서 주관했고, 수상자에게 무엇이 수여되었는지 등을 반드시 기록해야 한다. 여기에서는 사원이 마케팅 대상을 수상하여 그에 대한 표창을 신청하는 리포트를 사례로 채택했다.

핵심 사항은 일어난 사실을 정확하고 알기 쉽게 보고하는 것이다. '표창 내용과 수상 내용'란은 직원이 수상한 상에 대한 내용과 그로 인한 결과를 파악할 수 있도록 작성해야 한다. '상의 사회적 위치'란에는 마케팅 대상이라는 상이 어떤 상인지 그 상의 사회적 역할 등을 명기한다. 또 수상으로 인한 홍보 효과 등 회사에 대한 공헌도 명시하도록 한다.

▶ 결론의 논거를 명확히 명시한다.

중간 부분에 배치한 '인사위원회 검토 내용 및 결론'란에서는 취업 규칙과 과거 표창 사례를 근거로 이번 표창 내용이 적절하다는 결론을 도출해낸다.

이 리포트에서는 결과가 중요하므로 '사장상 표창과 금일봉'은 중앙에 배치한다. 그리고 양 옆에 취업 규칙과 과거 표창 사례를 배치하면 각 내용이 중앙에 있는 결론을 뒷받침하고 있는 것처럼 보이게 할 수 있다.

▶ 향후 일정까지 공개한다.

인사위원회가 내린 결정을 차기 이사회의 안건으로 결의를 얻어 표창하고 그 결과를 전 사원에게 고지하는 내용의 향후 일정을 마지막으로 제시하여 이 보고서에 대한 신뢰를 더욱 높였다. 뿐만 아니라 이 보고서는 사내 강연회는 물론 단골 거래처까지 PR하는 일정까지 포함하고 있다.

❷ 작성 포인트

▶ 결론은 눈에 띄도록 중앙에 배치한다.

이 리포트는 3단 구성으로 작성되었다. 가장 중요한 결론 부분은 가운데 부분 중앙에 배치하는데, 블록 화살표 속의 두 가지 논거가 결론을 뒷받침하고 있다. 화살표는 수상하기까지의 과정을 명확히 하기 위해 고안한 것이다.

아랫부분의 '이사회의 결재와 향후 일정'에서는 사원들에 대한 고지, 사내 강연회 개최, 단골 거래처로의 홍보 등 마케팅 대상 수상을 적극적으로 사내외에 알리는 계획도 포함시켰다. 이런 일은 기업을 홍보할 수 있고 기업 이미지를 향상시킬 수 있는 절호의 기회이기도 하다. 회사에 어떤 영향을 미치고 있는지도 공간을 할애해 충분히 알리도록 하자.

▶ 색은 되도록 적게 사용한다.

좋은 일에 관한 리포트는 색 사용을 자제해 차분한 이미지로 표현하는 것이 중요하다. 윗부분의 '표창 내용과 경위'란에는 색을 사용하지 않았고, '인사위원회 검토 내용 및 결론'에서는 배경에 연두색을 사용했다. 박스 안을 빈틈없이 칠할 경우 글을 읽기 어려우므로 그러데이션을 사용했다.

마찬가지로 '이사회의 결재와 향후 일정'은 옅은 파란색의 그러데이션을 사용했다. 가장 눈에 띄게 해야 할 사장상 부분은 파워포인트에서 일러스트 기법을 사용했는데 차분한 이미지를 잃지 않도록 주의해야 한다.

2 해결 방법을 제안하는 제안 리포트 작성법

어떻게 해야 할지를 사내에 제안하는 제안 리포트는 세 가지 구성 요소로 작성할 수 있는데, 보고 내용(현상 분석), 결론(과제)을 근거로 적절한 제안을 하는 것이 중요하다. 이때 근거 자료가 제안 내용을 확실히 뒷받침해 문제가 해결될 수 있도록 해야 한다.

● 구성 요소 : ① 보고 내용 ② 결론 ③ 제안

● 기본 패턴

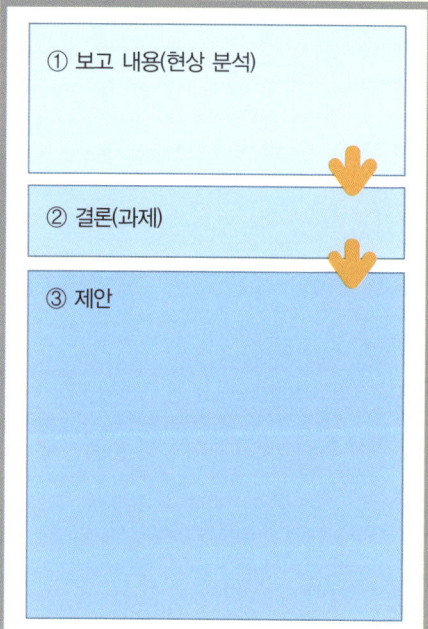

● 응용 패턴 A

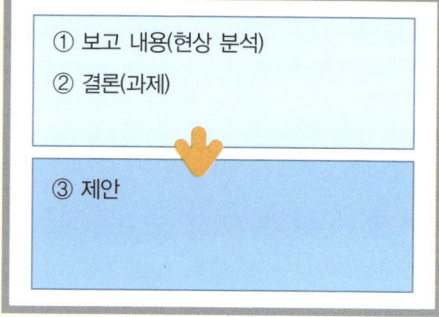

두 가지로 요약한다. '보고 내용(현상 분석)·결론(과제)'과 '제안'으로 깔끔하게 완성할 수 있다.

● 응용 패턴 B

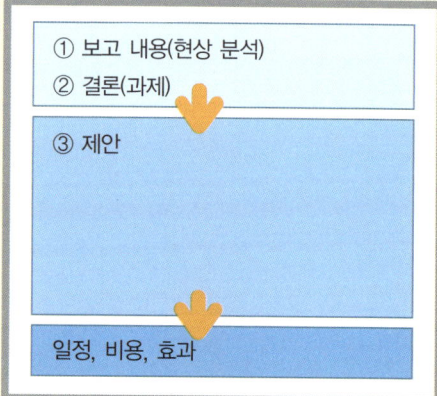

제안 내용을 보다 구체적으로 해주는 일정, 비용, 효과까지 구체적인 내용을 추가하는 제안 리포트도 있다.

1 세 가지 구성 요소를 활용해 작성한다.

제안 리포트는 여러 보고서에서 도출된 결론을 근거로 어떻게 해야 할지를 정리해 회사에 제안하는 리포트로, 앞서 설명한 결론을 도출하는 리포트에 제안이 추가된 형태이다. 다만 제안 리포트의 목적은 제안의 결론 부분에 해당하기 때문에 제안 리포트는 '보고 내용(현상 분석)', '결론(과제)', '제안'이라는 세 항목으로 이루어져 있다. 제안 리포트는 포함시킬 요소가 증가하므로 작성 공간을 잘 활용해 작성하는 것이 중요하다.

작성 공간은 '제안' 부분에 많이 할애하고 '보고 내용(현상 분석)', '결론(과제)'을 하나로 묶는 경우도 있다. 또 제안 내용을 더욱 상세히 작성한 일정, 비용, 효과 등 구체적인 내용을 추가해도 좋을 것이다.

2 보고 내용과 결론에 근거한 제안이 중요하다.

제안 리포트에서 가장 중요한 부분은 '보고 내용(현상 분석)과 결론(과제)'을 바탕으로 한 '제안'으로, '보고 내용(현상 분석)과 결론(과제)'을 잘 분석해 그에 대한 해결책을 '제안'한다.

각 회사마다 해결해야 할 과제 중에서는 상당히 어려운 것도 많아 간단한 방법으로는 해결할 수 없는 경우도 있을 것이다. 그럴 경우에는 동종업체도 같은 고민을 안고 있다는 것을 충분히 예상할 수 있다. 따라서 동종업계의 타사와 다른 업계의 반응 등에서 힌트를 얻어 해결책을 찾아야 한다.

그러나 회사에 앉아 있기만 해서는 정보를 얻을 수 없다. 그러므로 해결책을 찾기 위해서는 적극적으로 사외 스터디 모임에 참여해 정보를 수집해야 한다.

3 제안 리포트는 전략 제안서를 간소화한 것과 비슷한 형태이다.

'제안 리포트'는 다음 항목에서 설명할 전략 제안서와 구조적으로 비슷하다. 제안 리포트의 '보고 내용(현상 분석)과 결론(과제)'은 전략 제안서의 현상 분석과 과제에 해당하고, 제안 리포트의 '제안'은 전략 제안서의 '전략 제안'에 해당한다.

그러나 전략 제안서의 현상 분석은 다방면에서 자료를 수집하고 분석해 전략 방향을 제시하는 데 비해, '보고 내용(현상 분석)'은 제안 리포트의 근거가 된다. '보고 내용(현상 분석)'과 '결론(과제)'을 확실히 밝혀 그것을 해결하는 방법을 제안하는 것이다. 즉, 제안 리포트는 전략 제안서를 간소화한 형태인 것이다. 물론 제안 리포트의 경우에도 보고 내용뿐 아니라 현상 분석 폭을 확대해 보다 구체적인 제안을 할 수 있다.

4 제안 내용을 확실히 추진한다.

제안 리포트는 단골 거래처에 대한 제안과는 달리 기본적으로 사내용 제안으로 사용하는 것이다. 단골 거래처의 경우에는 여러 사정이 있을 경우 제안이 추진력을 얻지 못할 때가 많지만 사내 제안의 경우에는 그런 문제가 없다. 제안한 내용에 대한 평가와 결재가 빨리 진행될 수 있기 때문이다.

제안 리포트를 아무 성과도 없이 끝내지 않기 위해서는 스스로 확실한 근거자료를 제시하고 추진하는 것이 중요하다. 제안 리포트를 제출하는 것은 회사에 문제점이 있기 때문이다. 그 문제점을 해결하지 않으면 회사는 잘 운영될 수 없다.

몇몇 사정으로 제출한 제안이 채택되지 않았을 때에는 어떤 부분이 문제인지 이유를 알아내어 새로 제안서를 수정해 문제를 해결해야 한다. 제안이 채택되면 실행 단계로 넘어간다.

CASE 06

••• 유능한 신입사원이 3년 내에 그만두지 못하게 '유대감'을 만들어라

신입사원 정착 계획 제안서

신입사원의 정착률 감소로 입사 후 3년 내에 30%나 회사를 그만둔다는 통계가 있다. 많은 기업들이 신입사원을 붙잡을 수 있는 대책을 마련하는 것이 중요한 과제가 되고 있다. 그런 대책을 위해 작성한 것이 이 제안서이다.

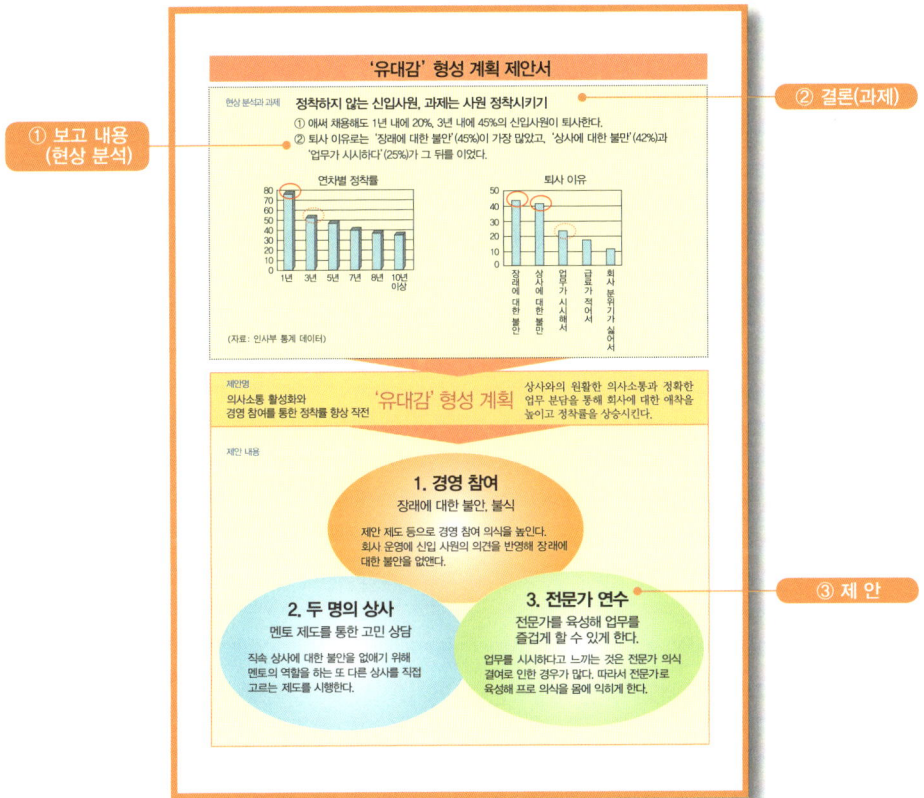

① 보고 내용 (현상 분석)
② 결론(과제)
③ 제 안

기획제안 힌트 — 위험·위기에 대응하는 사업 기회

세상이 점점 각박해지고 있다. 흉악범죄가 증가하고 가족간의 고소·고발이 증가하는 흉흉한 시대가 되고 있는 것이다. 보이스피싱, 인터넷 사기, 스키밍(카드에서 정보를 빼내어 가는 범죄) 등 인터넷, 휴대전화, 카드 등 문명의 이기를 사용한 사기가 곳곳에서 발생하고 있다. 시골에서도 수확시기에 농작물이 도난당하는 일이 증가하고 있다. 그러나 이런 위험·위기가 증가하는 현상은 좋은 사업 기회로 활용할 수 있다. 기획적인 관점에서 이런 상황은 방범 상품, 방범 로봇, 전지역 방범 대책, 방범 시스템, 방범 교육 등 다양한 사업 가능성을 가지고 있다.

1 기획 개요

▶ 신입사원의 퇴사 이유를 철저히 조사한다.

신입사원이 입사 후 얼마 지나지 않아 퇴사하는 것을 염려하는 회사가 증가하고 있다. 이런 고민을 해결하기 위해 작성한 것이 앞의 제안 리포트이다. 이런 문제는 원인을 철저히 분석하지 않으면 해결책을 찾을 수 없다. 그래서 제안서에서는 상단에서 '현상 분석'을 하고 '과제'를 도출한 후 하단에 '제안 내용'을 썼다.

이 회사에서는 1년 내에 22%, 3년 내에 45%의 신입사원이 퇴사하고 있다. 그래서 원인 조사를 위해 회사가 보유한 자료를 바탕으로 연차별 정착률을 분석하고, 실제 퇴사자들에게 퇴사한 이유를 물어 '현상 분석' 표를 만들었다.

퇴사 이유로 주목해야 할 '장래에 대한 불안', '상사에 대한 불만', '시시한 업무'와 같은 항목을 강조했다.

▶ 과제를 해결하는 세 가지 방안을 제안한다.

제안서에서는 문제점을 분석한 후 세 가지 대책을 제시했다.

첫 번째 대책인 '경영 참여'는 장래에 대한 불안을 없애기 위한 제안으로 경영방침을 모르는 사원을 대상으로 한 것이다. 이 대응책은 제안 제도 등을 통해 경영 참여 의식을 높인다.

두 번째 대책인 '두 명의 상사' 제도는 상사에 대한 불만을 해결하기 위한 제안이다. 이 제안은 멘토(신뢰할 수 있는 조언자) 제도를 도입해 직속상사 이외에 사원의 고민을 상담해줄 수 있는 멘토라는 또 한 명의 상사를 사원이 직접 선택하게 한다.

세 번째 대책인 '전문가 연수' 제도는 신입사원이 업무에 흥미를 잃지 않도록 전문가로 육성하는 것으로, 신입사원의 업무 의욕을 불러일으킬 수 있다.

제안서에서는 이 세 가지 대응책을 '유대감 형성 계획'이라고 이름붙이고 제안서 전체의 주제와 타이틀로 삼았다.

타이틀은 기획서 작성 시 중요한 것 중 하나이다. 기획서에 독자성을 불어넣는 동시에 제안 내용을 하나로 정리하는 키워드로서의 역할도 갖고 있기 때문이다.

② 작성 포인트

▶ '유대감'을 느낄 수 있는 따뜻한 계열의 색을 사용한다.

이 제안서에서는 제안서 중앙 뒤쪽에 오렌지 계열의 색을 사용해 '유대감'을 느낄 수 있게 했다. 오렌지색은 '따뜻하고 건강한' 느낌을 줘 정착률이 상승하는 이미지를 주기 때문이다.

타이틀 배경에는 따뜻한 느낌의 짙은 색을 사용하고 분석 부분과 제안 부분에는 옅은 색을 배경으로 사용해 글자·그래프·표를 보기 쉽게 만들었다.

그래프에서 비율이 높은 부분은 붉은색 타원으로 표시했다. 또 수치가 높은 부분은 실선으로 표시하고 수치가 다소 높은 부분은 점선으로 표시해 강조했다.

▶ 세 가지 제안을 세 가지 색으로 강조한다.

하단의 해결책은 이 제안서의 핵심으로 강조하고자 하는 부분이다. 그래서 세 가지 제안을 각각 오렌지, 파란색, 연두색 타원으로 표시했다.

타원 안의 색은 그러데이션 효과를 사용해 제안의 주요 내용을 읽기 쉽게 했다. 또 글꼴은 각 제안 내용과 같이 강조하고자 하는 부분은 큰 고딕체를 사용해 안정적으로 보이게 했다.

CASE 07 ···공정한 평가로 종업원을 붙잡아라

새로운 인사평가 시스템 도입 제안서

인사평가에 대한 불만이 고조되고 있다. 애매한 평가와 상사의 일방적인 평가에 대한 불만도 있다. 그에 대한 대책으로 최근 주목받고 있는 것이 다면평가제(360도 평가)이다. 이 제안서에서도 다면평가제 도입을 주장하고 있다.

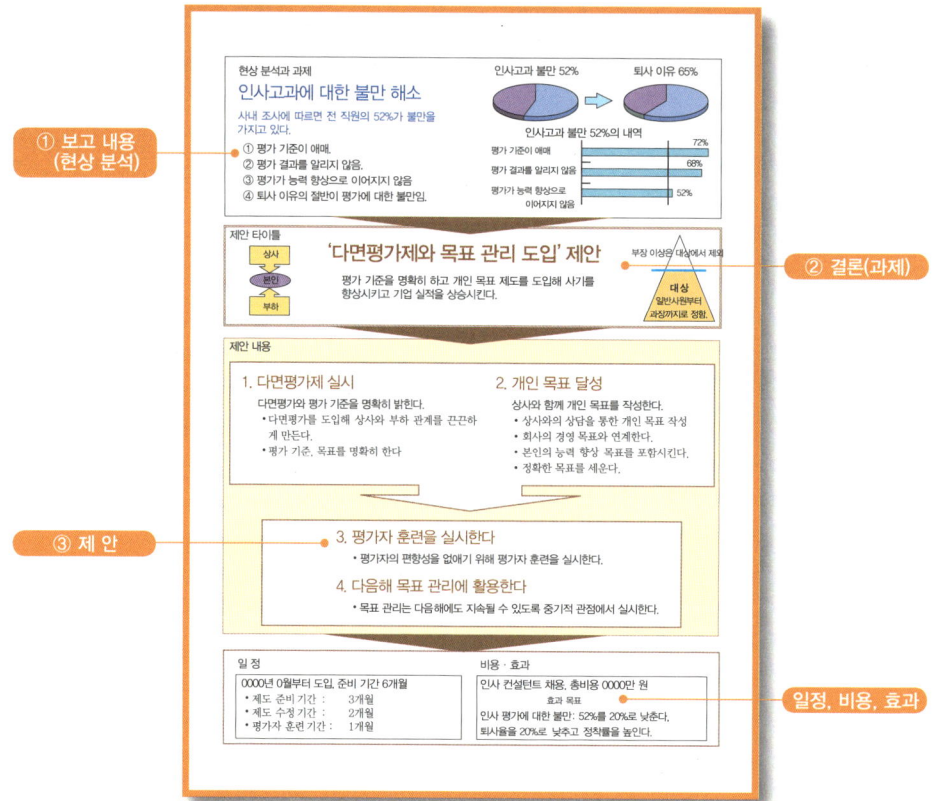

> **힌트 ─ 심각해지고 있는 지진과 기후에 대한 불안에 대응한다.**
>
> 지구 온난화로 이상기후 현상이 나타나고 있다. 지구의 온도는 100년 동안 2~3℃ 상승했는데 이런 지구 온난화로 한반도가 아열대 기후로 바뀌고 있다. 더욱이 엘니뇨 현상, 라니냐 현상 등 지금까지 없었던 이상 기온 현상이 곳곳에서 일어나고 있고 한편에서는 대형 태풍의 영향, 폭우로 인한 대규모 피해도 발생하고 있다. 대형 지진도 언제 발생할지 예측할 수 없는 상황이다. '유비무환'이라는 말처럼 기획적인 측면에서도 소비자가 안심할 수 있는 대책이 필요하다.

1 기획 개요

▶ 평가 제도 재검토를 제안한다.

비즈니스맨의 최대 관심사 중 하나는 급여에 영향을 미치는 인사평가이다. 그러나 애매한 평가와 상사의 독단적인 평가는 사원의 사기를 저하시키기도 한다. 그래서 이 제안서에서는 평가 제도 재검토를 제안하고 있다.

이러한 유형의 제안에서는 정확한 자료를 근거로 삼아야 한다. 현상 분석에서는 인사고과 평가에 대한 불만과 퇴사 이유 두 가지를 근거자료로 삼았다. 불만 의견이 많았던 '평가 기준이 애매한 것', '평가 결과를 알리지 않는 것', '평가가 능력 향상으로 이어지지 않는 것'은 그래프로 작성했다.

▶ 두 가지 새 제도의 진행 과정을 보여준다.

이번 제안은 '다면평가'와 '목표 관리 도입'의 동시 실시에 대한 것이다. 다면평가는 상사뿐 아니라 부하에게서도 평가받는 방법이다. 이 방법은 정확한 평가를 기대할 수 있으므로 명확한 평가 기준을 세워야 한다.

개인 목표 설정은 상사와 상담을 하고 개인 목표를 작성하는 방법으로, 회사 경영 목표와 연계해 직원의 능력을 향상시키는 것이 목적이다. 이 방법을 도입하면 상사가 부하와 의견을 나눈 후 개인 목표를 설정하게 된다. 제안자는 이를 통해 사원의 능력을 향상시킬 수 있을 것으로 보고 있다.

이 두 가지를 도입하기 위해서는 평가자 훈련을 실시해 부서 간 평가차가 발생하지 않도록 해야 한다. 또 다음해 목표 관리에 활용하는 등 지속적으로 실시할 수 있도록 해야 한다.

② 작성 포인트

▶ 4단 구성의 알기 쉬운 순서로 작성한다.

리포트는 4단 구성으로 '현상 분석', '제안 타이틀', '실시 내용', '일정과 비용·효과'의 순서로 작성하였다. 전체적인 흐름은 알기 쉽게 화살표를 사용해 명확히 보여주었다.

각 항목은 윤곽선으로 감싸 빈틈없는 인상을 주고 있다.

세 번째 단락의 '실시 내용'은 배경에 아이보리색 바탕을 사용했고, 두 가지 실시 항목은 블록 화살표에 써넣었다. 또 그 뒤로 이어지는 하단의 두 개 항목은 흰 바탕의 사각형 박스에 채워넣는 등 전체적으로 실시 항목이 눈에 띄도록 배치했다.

▶ 블록 화살표를 효과적으로 사용한다.

이 제안 리포트는 평가로 고민하는 기업의 평가 방법을 재검토할 것을 제안한 것이다. 새 인사고과가 정착하는 데에는 사원들이 익숙해질 때까지 어느 정도 시간이 필요하다. 따라서 적절한 평가가 직원의 능력 향상과 실적 상승으로 이어지는 '연관성'이 있음을 보여주는 것이 중요하다.

위에서 아래로 이어지는 흐름을 확실히 느끼게 해주는 화살표는 세 개 모두 갈색으로 표시하고, 중간 단락의 실시 내용은 블록 화살표를 써서 강조하고 있다.

제안 타이틀 좌우에는 두 개의 도표를 파워포인트로 작성했다. 이 제안 리포트에서는 그래프와 도표를 사용해 설득력을 높이고 있다.

CASE 08

••• '30분 안에 결론을 낸다.' 회의 시간 단축을 제안하라

30분 회의 제안서

많은 사원이 참여하고 많은 시간이 걸려도 결론이 나지 않는 회의가 있다. 이런 상황에 대한 문제점을 지적하고 논리적인 해결을 유도하는 제안서를 작성했다.

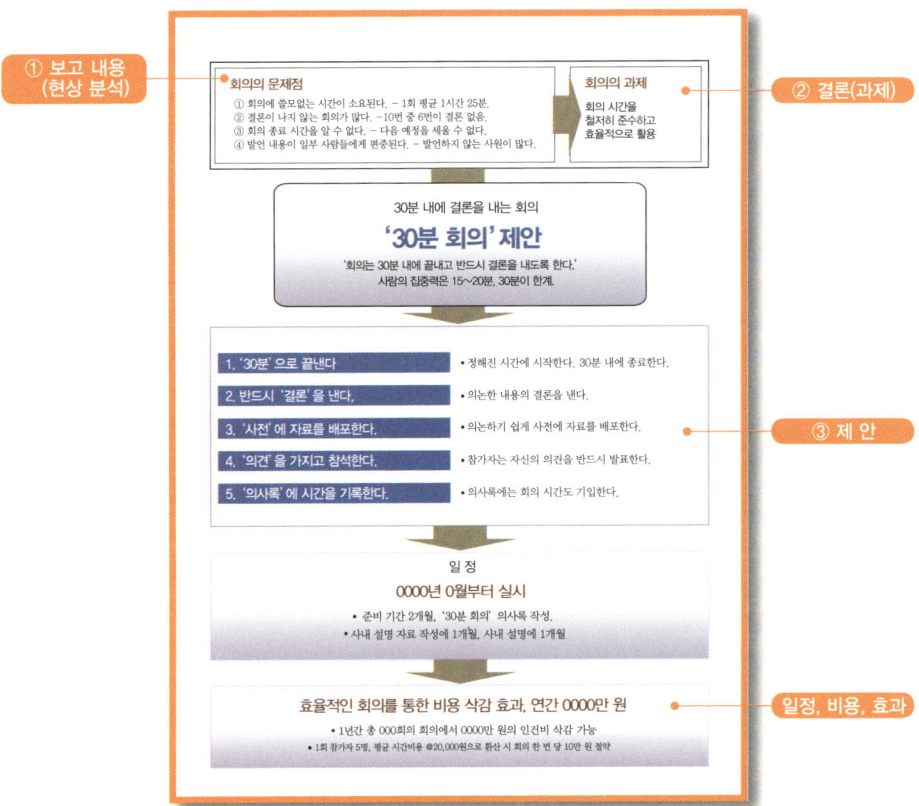

관련 상품 판매로 매출이 증가하는 '교차 판매(크로스 셀링)'

최근에는 '고객이 구매한 상품과 관련된 상품'을 권하는 '교차 판매'가 중요해지고 있다. 교차 판매란 정장을 구입한 고객에게 와이셔츠, 넥타이, 액세서리 등 관련 상품을 권하는 것과 컴퓨터 구매 고객에게 프린터, 디지털카메라, 스캐너 등을 권해 판매하는 방법이다. TV광고에서 화제가 된 맥주와 맛있는 안주를 함께 권하는 방법도 '크로스 셀링'이다. 그러나 판매자가 상품의 특징을 잘 이해하고 있지 못하면 구매를 제안할 수 없다. 반면 구입을 권유하는 사람이 그 상품이 어떻게 사용되는지 어떤 문제가 있는지를 파악하고 있으면 설득력을 높일 수 있다.

기획 개요

▶ **회의가 목표가 되어 버린 회사의 문제점을 제시한다.**

무턱대고 회의를 하는 기업이 많다. 회의를 하는 것이 목표가 되어 버린 회사도 있다. 그래서 이런 회의의 문제점을 찾아 그에 대한 해결책을 제시하고 있는 것이 이 제안서이다.

이 제안서에는 제안서의 기본 패턴인 '현상 분석', '과제 추출', '해결책 제안', '기대 가능한 효과' 등이 포함되어 있으며, 시간 절약으로 비용을 절감할 수 있다는 것을 보여준다. 가장 먼저 현재 회의의 문제점을 파악하는 것부터 실시했다. 그러자 '쓸모없이 시간이 소요되고, 결론이 나지 않는 회의가 많으며, 종료 시간을 알 수 없고, 발언 내용이 일부 사람에게 편중된다는' 사실을 알 수 있었다.

제안서에서는 '시간'이라는 점에 착안해 '철저한 회의 시간 준수와 효율적인 활용'이라는 주제를 제시했다.

▶ **실행하기 쉬운 구체적인 대책을 제시한다.**

제안서의 좋고 나쁨은 제안 내용 타이틀을 통해 알 수 있다. 이 제안서에서는 30분 내에 결론을 낸다는 주제를 '30분 회의'로 이름지었다.

제안 내용은 다섯 가지로 최종 목적인 '30분 내에 회의를 종료하기' 위해 필요한 것을 다루고 있다.

각 제안 내용에는 종료 시간을 30분으로 정하고 결론을 낼 것, 그리고 사전 준비로 자료와 의견을 각각 준비하고, 30분 회의의 효과를 쉽게 볼 수 있도록 '의사록에 시간을 기입하는 것' 등이 포함되어 있다.

② 작성 포인트

▶ 여백을 남겨 간결하게 작성한다.

읽기 쉬운 제안서는 여백의 양에 비례한다. 그러므로 전체 글자 수를 줄이고 적절한 여백을 남기면 간결하고 읽기 쉬운 제안서를 작성할 수 있다.

이 제안서는 모두 5단 구성으로 하여 충분한 내용을 담고 있다. 그러면서도 각 항목의 글자 수가 적어 복잡한 제안이라는 인상을 주지 않는다.

'30분 회의' 라는 키워드를 강조하기 위해 이 제안서에서는 약간 옅은 보라색 그러데이션을 배경으로 사용했다.

부제인 '30분 내에 결론을 낸다' 와 같은 의견은, 사람이 집중할 수 있는 시간이 15분에서 20분 또는 최대 30분이라는 사실에 근거해 도출해낸 것이다. 이렇게 수치적인 근거를 중앙에 배치함으로써 제안서의 설득력을 높이고 있다.

▶ 다섯 가지 제안 내용을 강조한다.

제안에서는 강한 인상을 주는 것도 중요하지만 무엇보다 필요한 것이 내용이다. 여기에서는 다섯 가지 항목을 청색 바탕에 흰색 글자를 사용하여 강조하고 돋보이게 했다. 이때 중요한 것은 '다섯 가지 중요 제안을 짧은 말로 표현하는 것', '내용을 쉽게 이해할 수 있도록 보조 설명을 덧붙이는 것' 이다.

핵심사항은 과제 달성을 위해 구체적으로 '무엇을 할 것인가' 이다. 이 다섯 가지를 보기 쉽고 알기 쉽게 배치하면 '30분 회의' 의 장점을 보다 확실히 전달할 수 있다.

••• 잔업 시간을 줄이기 위한 구체적인 대책을 제시하라

CASE 09   잔업 시간 삭감회의 의사 리포트

인건비는 기업에게 중요한 경비인 한편 많은 부분을 차지하는 비용이다. 그래서 잔업 수당 삭감만으로도 충분한 경비 삭감 효과를 거둘 수 있다. 이 제안은 잔업을 줄이기 위해 부문별로 무엇을 하면 좋을지 관리자급 회의에서 검토한 대응책을 제안한 것이다.

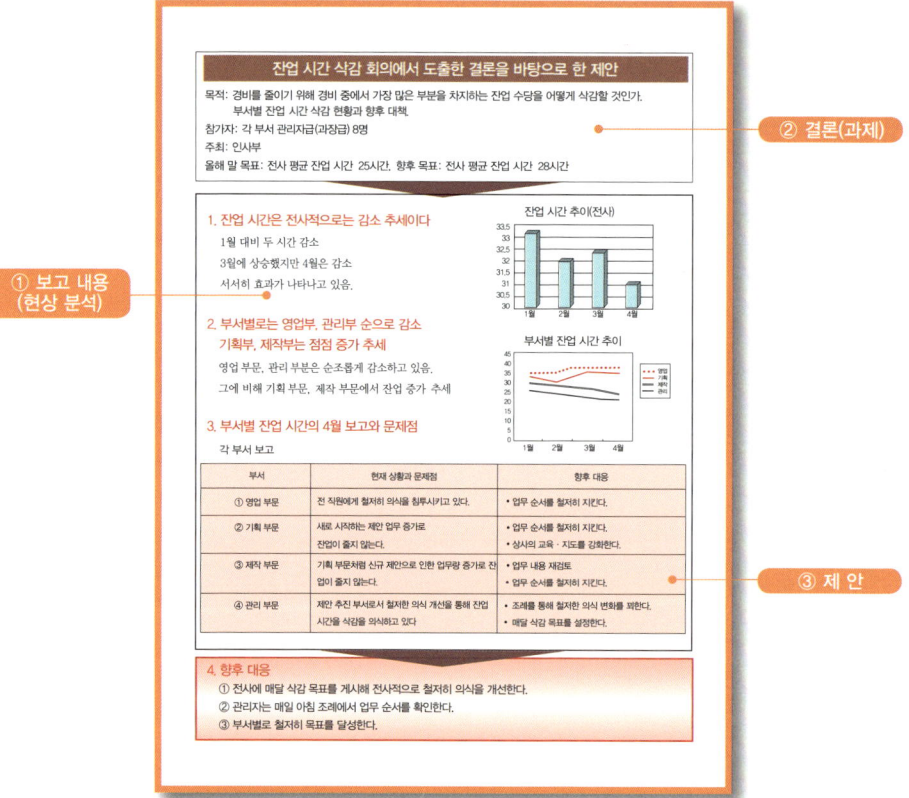

성공적인 쿨비즈, 웜비즈 제안

큰 성공을 거둔 쿨비즈, 웜비즈를 제안한 매장은 더 이상 특이한 매장이 아니다. 쿨비즈는 간편한 여름용 비즈니스 복장의 애칭이다. 즉, 사내 냉방 온도를 28°C로 유지한 상태에서 시원하게 일할 수 있는 복장으로 넥타이를 매지 않고 재킷을 입지 않는 스타일을 말한다. 도입 후 3년째인 쿨비즈를 도입한 기업은 과반수 정도로, 여름이 되기 전부터 쿨비즈 제안이 활발하게 진행되고 있다. 겨울의 웜비즈도 쿨비즈와 마찬가지로 적극적으로 추진되고 있다. 모두 국가가 앞장서서 성공시킨 좋은 사례라 할 수 있다.

 기획 개요

▶ 회사와 각 부서로 나누어 분석한다.

잔업은 기업의 심각한 경영 과제가 되고 있다. 사무직에 자율노동시간 제도(White-collar Exemption, 노동시간 규제적용면제 제도)가 도입되면 잔업 문제를 해결할 수 있지만 지금과 같은 상황에서는 경영에 많은 영향을 미칠 수 있다. 그래서 이 리포트에서는 잔업 시간 삭감 회의를 열고 그 결과와 향후 대응책에 대해 작성했다.

리포트를 작성할 때에는 먼저 실태를 파악하고 현재 잔업 상황을 자료로 제시해야 한다. 또 전반적인 동향을 파악한 후에는 각 부서의 동향을 조사한다.

조사 결과, 회사 전체의 잔업 시간은 감소하고 있지만 특정 부서에는 잔업이 편중되어 있는 경향이 보임을 알 수 있었다. 이런 업무 분담과 편중 현상을 해소할 수 있는 근본적인 해결책을 찾아야 한다고 보고 있다.

▶ 부서별 대응책을 생각해 실행한다.

부서별 잔업 문제를 해결하기 위해 우선 각 부서에서 '현상과 문제점'을 보고하게 했다. 그 결과 잔업이 증가하는 부서에서는 신규 개척 제안 업무가 증가하고 있음을 알 수 있었다.

제작 부문도 같은 문제를 안고 있었다. 다음으로 이 문제들을 파악한 후 구체적인 '향후 대응'을 보고하게 했다. 그 결과 기획 부문은 '철저한 업무 진행과 상사의 교육·지도를 강화하는 것', 제작 부문에서는 '업무 내용의 재검토와 철저한 업무 진행'을 대응책으로 내놓았다.

기업은 여러 부서가 섞여 있는 조직이므로 때로는 상향식 방법으로 해결책을 마련한다. 이를 바탕으로 회사의 전반적인 대응을 위해 작성한 계획서가 하단의 '향후 대응'이다.

2 작성 포인트

▶ 리포트와 자료를 연계해서 보여준다.

리포트 내용을 그래프로 나타낼 경우 리포트와 그래프를 따로 배치하면 제안서의 내용을 전달하기 어려워진다.

이 리포트에서는 왼쪽에 리포트 내용, 오른쪽에 그래프를 배치해 리포트와 그래프에 일체감을 주었다. 꺾은선그래프에서는 잔업에 문제가 있는 두 부서를 빨간색으로 표시하고 잔업이 감소하고 있는 부서를 검정색 그래프로 표시했다. 그래프는 두 가지 색을 사용함으로써 문제가 있는 부서의 상황을 명확히 알 수 있게 작성했다.

또 각 부서의 보고표도 '현상과 문제점', '향후 대응'을 연계시켜 각 부서의 부원이 스스로 어떻게 대처해야 할지 알 수 있도록 알기 쉽게 작성했다.

▶ 강조하고 싶은 부분은 붉은색을 사용해 강조한다.

이 제안서에서는 중요한 부분을 붉은색을 사용해 강조했다. 붉은색을 사용한 부분은 보고 내용의 세 가지 타이틀과 막대그래프 내의 문제점 있는 부서의 꺾은선그래프이다. 또 '각 부서 보고'에도 배경으로 옅은 붉은색을 사용했다. 하단의 '향후 대응'도 두꺼운 붉은색 윤곽선으로 감쌌다. 또 배경으로는 붉은색 그러데이션을 사용해 강조했다.

CASE 10 ••• 고객의 불만을 없애라
'불만 제로 대책' 제안서

상품이 팔려도 그것이 불만의 원인이 된다면 판매에 들인 노력이 수포로 돌아가버린다. 또 조금만 대응을 잘못하면 애써 유치한 고객도 달아나버린다. '어떻게 고객 불만에 대응할지' 가 이 제안서의 주제이다.

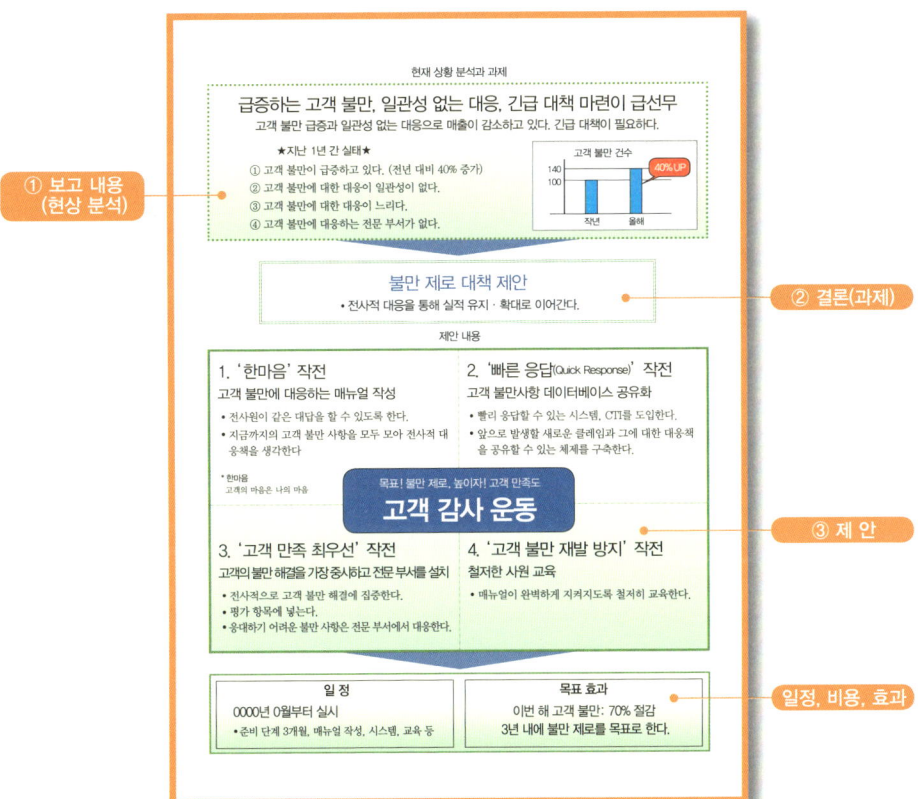

기획제안 힌트 — 안심하고 상품을 구입하기 위한 각종 보증 제도

'보증 제도'가 있으면 구입할 때에나 구입 후 고객이 안심할 수 있어 상품을 선택할 때 고려하는 요인 중 하나가 되고 있다. 보증 제도에는 구입 시 보증과 구입 후 보증이 있다. 구입 시 보증은 '품절 보증'(판매상품이 없어졌을 때 판매를 보증하는 것), '반품 보증' 등이다. 또 구입 후 보증은 '가격 보증'(구입 후의 가격 상승과 하락을 보증하는 것), '매입 보증'(구입한 상품을 판매할 경우 매입을 보증하는 것), '사고 보증', '장기 수리 보증' 등이 있다. 보증 제도는 고객을 안심할 수 있게 하므로 고객 충성도도 높일 수 있다.

1 기획 개요

▶ 고객 불만을 사라지게 하기 위한 4가지 작전을 세운다.

고객의 불만사항은 발생한 원인을 파악하는 것도 중요하지만 어떻게 대응하는지도 중요하다. 불만사항을 적절히 대응하지 못하면 불만이 점점 증가하게 된다. 이 회사의 고객 불만 건수는 1년간 40%나 증가했다.

그 원인을 지난 1년간의 실태를 통해 분석하자 '고객 불만에 대한 대응에 일관성이 없다', '불만사항을 처리하는 전문부서가 없다'는 것이 문제로 떠올랐다. 그래서 제안한 것이 '불만 제로 대책'이다.

제안 내용은 4가지 작전으로 이루어져 있다. 그 작전은 불만사항에 대해 전사원이 같은 대답을 할 수 있도록 하는 '한마음' 작전, 고객의 불만사항을 데이터베이스로 만들어 전사원이 공유하는 '빠른 응답(Quick Response)' 작전, 불만사항을 처리하는 전문부서를 설치하는 '클레임 최우선' 작전, 그리고 사원 교육을 철저히 하는 '고객 불만 재발 방지' 작전이다.

그 작전들을 종합적으로 실시하는 것이 이 제안서의 목적이다.

▶ 알기 쉬운 슬로건과 명확한 목표 수치를 제시한다.

제안서에서는 '불만 제로 대책'인 4가지 작전을 '고객 감사 운동'으로 삼고 있다. 이런 운동에 대응해 나가기 위해서는 전사적으로 공유할 수 있는 슬로건이 필요하다. 그래서 '목표는 고객 불만 제로! 높이자, 고객 만족도!'라는 구호를 내걸었다. 고객 불만을 없애고 고객 만족도를 높인다는 것을 구체적으로 표현한 것이다.

또 확실한 대응을 위해서는 기간과 목표를 수치화해 두는 것도 중요하다. 목적은 매뉴얼과 데이터베이스 작성이 아닌, 그것을 통해 고객 만족도를 향상시키는 것이므로 제안서에서는 운동 개시일과 '첫해 70% 감소', '3년 내에 고객 불만 없애기'라는 목표를 명기하고 있다.

② 작성 포인트

▶ 안정감 있는 '밭전(田) 자' 형으로 작성한다.

제안이 4개가 있을 경우, '밭전(田) 자' 형 구조로 작성하는 것이 효율적이다. 중앙에 타이틀을 배치하고 사방에 4가지 제안을 배치하면 모든 제안이 중요하고 서로 연계되어 있음을 쉽게 전달할 수 있다. 또 사각형은 안정감을 준다.

4가지 항목을 실시하고 중앙에 '고객 감동 운동'을 써서 목적이 달성될 것이라는 이미지를 부여한 것이 이 제안서의 특징이다. 그리고 밭전(田) 자 형 표에는 옅은 녹색 그러데이션 바탕을 깔고 중앙 타이틀은 파란색을 사용해 강조했다.

▶ 주요 색을 정하고 전체에 통일감을 준다.

고객 불만 제로 대책은 전사적으로 대응해야 한다. 따라서 제안서도 전체적인 통일감을 주는 것이 중요하다. 이 제안서도 흐트러져 있는 인상을 주지 않도록 전체를 옅은 녹색 배경으로 통일시켰다. 현상 분석에서는 그래프에서 '40% UP'이라는 주요 항목을 붉은색으로 강조하고 있다. 글꼴도 다양한 글꼴을 사용하지 않고 3, 4종류만 사용해 전체적으로 통일감을 주었다.

 3 방향을 제안하는 전략 제안서 작성법

방향성을 제안하는 전략 제안서는 세 가지 구성 요소로 되어 있다. 이에 적절한 뒷받침이 되는 그래프, 차트가 설득력을 높인다. 제안에는 타이틀, 테마를 넣어 명확한 방향을 제시한다.

구성 요소 : ① 목적 ② 현상 분석·과제 설정 ③ 전략 제안

● 기본 패턴

● 응용 패턴 A

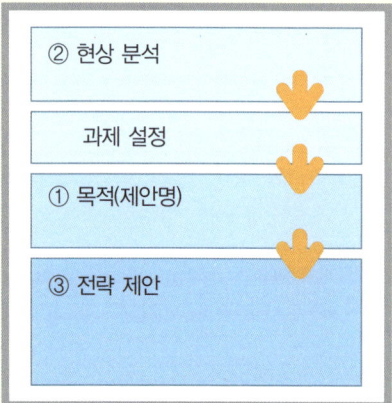

현상 분석과 과제를 4단 구성으로 나누는 방법이다.
이렇게 하면 과제가 보다 명확해진다.

● 응용 패턴 B

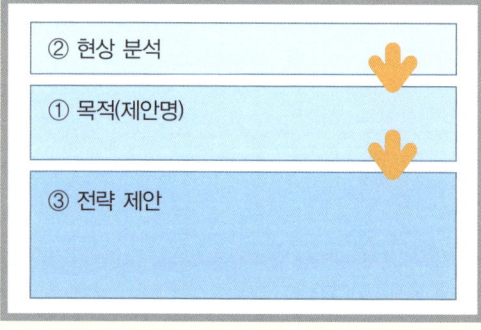

기획서의 순서가 현상 분석부터 시작하여 논리적으로 구성되어 있는 기획서이다.
지면 관계상 현재 상황 분석에서 목적으로 이어지는 경우도 있다.

1 정확한 현상 분석을 하고 요령껏 작성한다.

전략 제안서는 어떻게 해야 할지에 대한 방향(전략)을 제안하는 것이다. 그러나 논거가 되는 '현상 분석·과제 설정'이 정확하지 않으면 모처럼의 제안이 헛수고가 되어버린다. 만일 이에 대한 근거가 부족한 채로 '전략 제안'을 할 경우, '전략 제안'이 단순한 아이디어 제안이 되어버릴 가능성이 높다. 따라서 현상 분석을 할 때에 확실히 실시해야 한다.

그러기 위해서는 사회 환경, 소비자 동향, 경쟁 동향, 제안처 동향 등 2~4항목을 선택해 정확한 문제점을 찾아내어 과제를 추출해야 한다. 그러나 전략 제안서의 '현상 분석·과제 설정'은 어디까지나 전략을 도출하기 위한 전단계에 불과하다. 그러므로 '현상 분석·과제 설정'에는 전체 공간의 20~30%만 사용해도 균형감 있는 전략 제안서를 작성할 수 있다. 물론 현상 분석 가운데에 제안에 대한 힌트가 있을 경우에는 과감히 분석란을 넓혀도 좋을 것이다.

2 정확한 그래프, 차트를 사용하면 설득력이 향상된다.

현상 분석에서 그래프와 차트를 사용하면 설득력을 높일 수 있다. A4라는 한정된 공간이지만 도표의 유무에 따라 설득력에 큰 차이가 발생하기 때문이다. 따라서 되도록 1~2개의 도표를 삽입하는 것이 좋다.

그러나 뜻이 명확히 전달되어야 하기 때문에 중요하지 않은 자료나 오해를 초래할 수 있는 도표는 절대 삽입해서는 안 된다.

또 어떤 그래프를 사용할지도 중요하므로 막대그래프, 꺾은선그래프, 원그래프, 포지셔닝맵, 레이더 차트, 계층도 등 각 그래프의 특징을 잘 파악한 후 선택하여 사용하도록 한다. 이때 그래프의 선을 겹치게 해 추세를 파악하게 하는 방법도 도움이 된다. 또한 색깔 있는 그래프를 사용하면 효과적으로 그래프 내용을 강조하고 흐름을 보여줄 수 있다.

3 제안서에 '타이틀', '테마' 등을 적는다.

어떤 제안인지를 '간단하게' 표현할 수 있는 '타이틀', '테마', '콘셉트' 등이 있으면 설득력 있는 전략 제안서를 만들 수 있다. 그래서 제안 전략서에는 내용을 쉽게 떠올릴 수 있는 제목을 붙여야 한다. 일반적인 전략일 경우에도 내용에 적합한 명칭과 콘셉트를 사용한다면 상당히 독자적인 기획서가 될 수 있다.

이번 장에서 소개할 기획 사례 중에서도 '홍보 카페', '시니어 사업 피라미드', '건강한 시니어, 불안한 시니어', '심야시장', '에코래치', '하나의 목소리, 하나의 상품, 하나의 꽃 운동', '컨시어지형 마이페이지' 등의 '타이틀'을 적절히 사용해 콘셉트를 쉽게 전달하고 있다.

4 명확한 방향을 제시한다.

전략 제안서에서 가장 중요한 것은 명확한 방향을 제시하는 것이다. 따라서 향후 방향은 현상 분석과 과제에 근거해서 논리적이고 일관된 내용을 정확히 제시하도록 해야 한다.

전략 제안서는 현상 분석, 과제, 해결책 제안의 순으로 작성하는 것이 기본이다. 그러나 몇 가지 내용 중 하나를 골라 최적의 방향을 검토·선택하는 경우도 있다. 이번에 소개할 기획서 사례 중에서도 이런 방식을 채택한 기획서가 있는데, 시니어를 대상으로 한 사업과 '개별적으로' 대응하는 전략 제안 등이 그것이다. 자사가 보유한 자산의 활용 범위를 넓히는 전략 제안서도 있다. 사례 중에서는 '홍보 카페', '에코래치' 등이 이에 해당한다.

••• 트렌디한 카페와의 협력을 통해 제품 등을 PR한다

CASE 11 'PR용 카페' 협력 기획 제안서

성숙 단계에 접어든 산업은 매출을 늘리기가 어렵다. 카페 업계도 그 중 하나이다. 최근 기존에 가지고 있는 보유 시설을 효과적으로 활용해 수익성을 향상시키는 방법이 각광을 받고 있다. 이 제안서에는 카페와의 협력을 통해 수익성을 향상시킬 수 있는 방법에 대해 제안하고 있다.

① 목적(제안명)

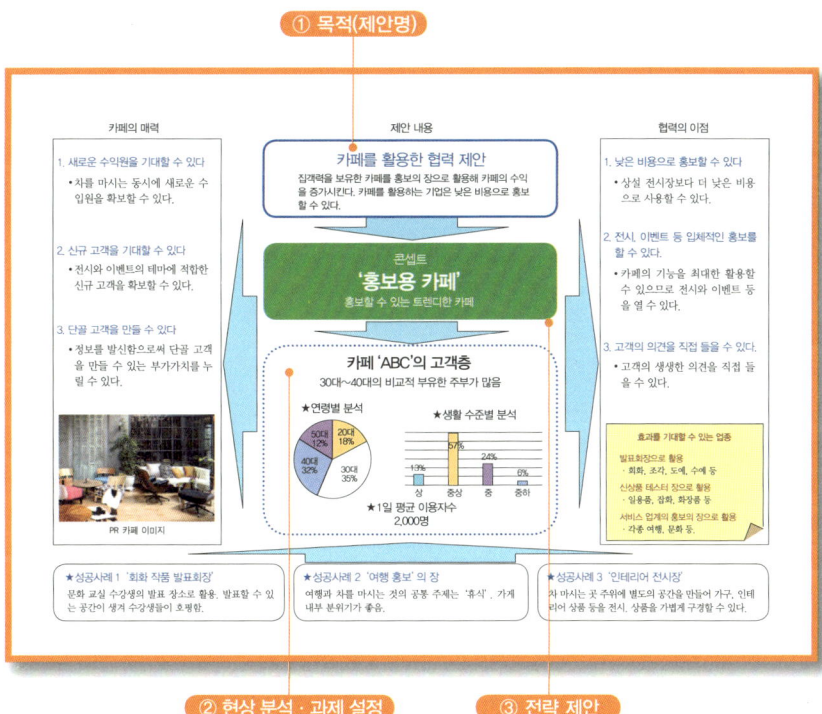

② 현상 분석·과제 설정　　③ 전략 제안

 파워포인트 테크닉 ★★

윤곽선만 있는 도형과 윤곽선이 없는 도형을 사용한다.

'도형'에서 선택한 도형은 보통 옅은 색의 윤곽선이 있는 형태로 표시된다. 이에 반해 도형을 윤곽선만 남기거나 반대로 윤곽선이 없는 도형을 만들 수도 있다. 도형의 윤곽선만 남기기 위해서는 도형을 선택한 상태에서 그리기 도구의 '도형 스타일'에서 '도형 채우기'에서 '색 없음'을 선택한다. 또 윤곽선만 없애고자 할 때는 '도형 윤곽선'에서 '윤곽선 없음'을 선택한다.

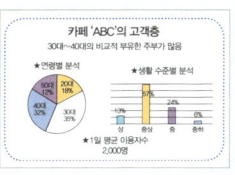

◀ 윤곽선만 있는 도형은 강조하고자 하는 곳을 표시할 경우 편리하게 사용할 수 있다. 여기에서는 바깥쪽을 둘러싼 점선이 윤곽선만으로 된 도형이다.

▶ 도형에 색을 넣은 상태에서 윤곽선을 없애면 도형 형태의 배경을 만들 수 있다. 아래쪽의 블록 화살표는 윤곽선 있음 상태.

1 기획 개요

▶ 카페의 특성을 살린 활용법을 제안한다.

이 제안의 대상은 카페이다. 카페가 가진 특성과 가능성을 재인식해 효율적으로 공간을 활용할 것을 제안한 것이다.

콘셉트는 'PR 카페'이다. 다른 업종의 전시와 이벤트 등 입체적인 홍보 공간으로 카페를 사용해 상호간의 협력 효과를 노리는 것이다. 카페는 손님을 끌어들일 수 있고 기업은 홍보 효과를 기대할 수 있다.

PR 카페는 낮은 비용으로 홍보를 할 수 있다는 장점이 있다. 카페는 새로운 수익원을 기대할 수 있을 뿐 아니라 이벤트에 참가하는 고객을 카페의 고객으로 끌어들일 수 있어 이벤트를 계기로 단골 고객을 확보할 수 있다.

▶ '성공 방법'을 알기 쉽게 제시한다.

이 협력 제안을 성공시키기 위해서는 가게의 고객층과 카페에서 홍보하는 측의 고객이 일치해야 한다. 따라서 우선 고객층을 분석하여 자료 중앙에 그래프로 표시하여 나타내었다.

이 카페의 주요 고객은 30대~40대로 생활수준이 '중산층 이상'인 사람들이다. 카페를 이용해 홍보하고자 하는 기업 등은 이 대상층에 적합한 상품부터 고려해야 한다. 제안서에는 되도록 협력처가 쉽게 파악할 수 있도록 하기 위하여 자세한 고객 데이터를 기입하도록 해야 한다.

▶ '성공사례'도 제시하면 큰 도움이 된다.

하단에서 소개하고 있는 성공사례도 홍보자 측의 선택에 도움이 된다. 실제 성공사례를 보면 마음이 움직일 가능성이 보다 높아진다.

② 작성 포인트

▶ 세로를 3부분으로 나누어 균형잡힌 배치를 한다.

제안서의 레이아웃은 세로로 3등분하여 중앙에 제안 내용을 배치하고 좌우 대칭으로 카페와 협력처가 얻을 수 있는 이점을 배치했다. 제안서는 균형이 잡혀 안정적으로 보이게 하는 것이 중요하다. 하단의 성공사례 3가지도 균등하게 배치했다.

중앙 부분의 제안 내용 흐름은 '협력 제안', '콘셉트', '고객층' 순으로 작성했다. 글이 많은 제안서지만 협력 제안에는 파란색의 두꺼운 윤곽선, 중심의 콘셉트는 녹색 바탕을 사용해 기획서 전체에 긴장감을 주었다. 하단의 '고객층'은 점선으로 된 윤곽선을 이용해 상단의 두 개와는 다른 방법으로 강조했다.

▶ 그래프는 설득력을 높여주고 사진은 이미지를 떠오르게 한다.

카페 고객층은 파워포인트로 작성한 타원과 막대그래프를 사용해 한눈에 알 수 있게 했다. 또 연령층은 '30~40대', 생활수준은 '중상'이 대부분인 고객 분포를 보여줄 수 있도록 작은 글자로 내용을 써넣었다.

왼쪽 아래에 넣은 사진은 관련 이미지를 떠오르게 한다. 사진은 딱딱한 인상을 주기 쉬운 업무용 제안서를 부드럽게 보이게 하는 효과도 있다.

이 제안서는 전체가 대칭 구조로 되어 있다. 따라서 사진 반대편에는 '효과를 기대할 수 있는 업종'을 넣어 안정적인 제안서를 작성했다.

••• 상품 광고 방침을 네트워크 중심으로 바꿔라

CASE 12

네트워크 중심형 광고 전략 제안서

기업이 투입하는 비용에서 많은 부분을 차지하고 있는 것이 광고비다. 일반적으로 광고비는 매출의 평균 2% 정도인데 업종과 기업에 따라 5% 이상인 경우도 있다. 이 제안서는 광고비와 그 사용법, 예상 효과를 검토해 작성한 보고서이다.

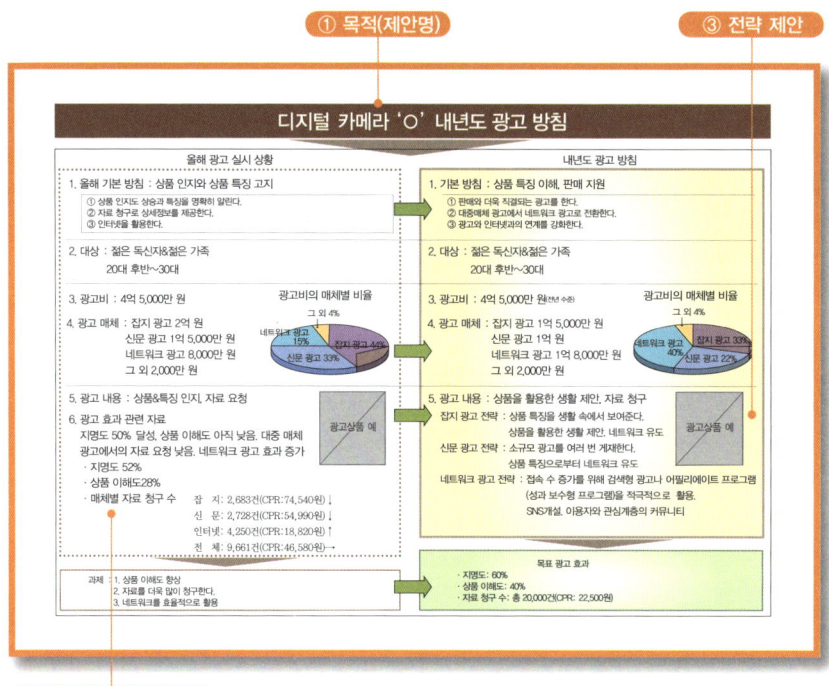

① 목적(제안명)
② 현상 분석·과제 설정
③ 전략 제안

 필요한 글을 넣어 알기 쉬운 그래프를 만든다.

파워포인트로 작성한 그래프를 기획서에 알맞은 크기로 축소할 경우 글자를 알아보기 힘든 경우가 있다. 글자 크기를 조절할 수도 있지만 여기에서는 텍스트 상자를 사용해 그래프 주위에 글자를 추가하도록 하자. 이 방법은 그래프 자체에는 손을 대지 않고 필요한 곳에만 읽기 쉬운 크기로 글자를 추가할 수 있다는 것이 장점이다. 텍스트 상자는 '색 채우기 없음' 상태로 표시되지만 필요하면 배경색을 지정할 수도 있다.

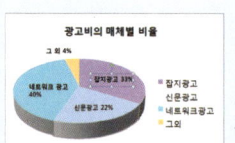

◀ 텍스트 상자를 사용하면 그래프에 읽기 쉬운 크기의 글자를 추가할 수 있다. 보충설명과 주요사항을 강조할 때도 편리하다.

▶ 필요한 곳에 자유롭게 글을 쓸 수 있다는 것도 텍스트 상자의 장점이라고 할 수 있다.

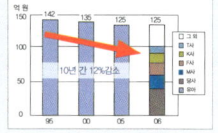

1 기획 개요

▶ 올해 실적과 비교해 내년도 방침을 세운다.

광고는 기업의 중요한 영업활동 중 하나이다. 그러나 인터넷의 등장으로 광고 환경이 크게 바뀌고 있다.

이런 변화에 빠르게 대응하고 투입한 광고비가 효과를 거두기 위해서라도 광고 전략은 매년 착실히 재검토되어야 할 것이다.

광고는 기본적으로 계속 해나가는 것이므로 과거 실적과 향후 방침 두 가지를 중심으로 전략을 다듬어 나갈 수 있다. 왼쪽 보고서는 올해 자료를 바탕으로 내년도 변경 사항을 도출했다.

이 보고서는 지금까지의 광고 전략으로 발생한 실적을 추가하고 기본 방침을 '상품 인지와 상품 특징 알리기'에서 '상품 특징 이해, 판매 지원'으로 변경하였다. 방침 변경으로 인해 대상, 광고비, 광고 매체, 광고 내용, 광고 효과에 대한 데이터도 변경되었다.

▶ 인터넷 광고의 중요성을 전달한다.

이 보고서에서 가장 중요한 내용은 내년도 '광고매체' 활용 비율에 대한 변화의 필요성에 대해 언급한 것이다.

올해는 잡지와 신문 광고 등의 대중매체 광고가 77%였다. 그러나 내년도에는 이 비율을 56%까지 줄이는 대신 인터넷 광고 비율을 18%에서 40%로 늘릴 예정이며, 이로 인해 광고 비용이 1억 원 증가할 것으로 보고 있다.

내년도 방침에는 보다 확실하게 광고 대상에게 효율적으로 다가갈 수 있는 광고 검색 연동형 광고와 사회적 네트워킹 서비스(SNS) 실시 등이 포함되어 있다. 이 두 가지 방침을 '인터넷 광고 전략' 항목에 포함시켰다.

2 작성 포인트

▶ 기획서를 양분해 좌우 대칭으로 배치한다.

두 항목을 대비해 알기 쉽게 차이를 보여주는 데에는 같은 형식의 레이아웃을 나란히 배치하는 것이 효과적이다.

이 보고서에서는 올해 자료와 내년도 방침을 각각 왼쪽, 오른쪽에 배치했다. 그래프도 기본적으로 같은 위치에 배치하는 것이 비교·검토하는 데 편리하다. A4지를 가로로 나누어 이등분하여 작성하면 안정적인 느낌을 줄 수 있고 각 항목이 적절한 공간을 확보할 수 있기 때문이다.

최상단에 배치한 주제는 갈색 바탕에 흰 글자를 사용했다. 이렇게 색을 사용하면 강조 효과를 줄 수 있을 뿐 아니라 전체적인 내용을 압축해서 보여주는 효과가 있다. 올해와 내년도 관계를 보다 명확히 하기 위하여 중앙에 화살표를 넣어 변화·계속과 같은 효과를 주는 이미지를 만들었다.

▶ '내년도' 항목을 강조한다.

두 항목을 비교하고 있는 이 보고서에서도 중요한 것은 내년도 항목이다. 그래서 오른쪽 항목 윗부분이 더욱 강조되도록 하기 위해 옅은 노란색의 그러데이션을 배경으로 사용했다.

효과적이지 않은 광고는 아무런 의미가 없다. 따라서 하단의 광고 목표도 오른쪽 상단처럼 그러데이션 효과를 사용해 강조했다. 전체적인 윤곽선은 올해 부분은 점선으로, 내년도 부분은 굵은 선을 사용해 내년도 항목을 강조했다.

이와 같이 그래프와 같은 시각적 요소는 내용의 설득력을 높여줄 뿐 아니라 딱딱한 내용의 기획서를 부드럽게 해주는 역할도 한다.

CASE 13

••• 부분 대책으로 어린이 과자 시장을 확대시켜라

유아용 과자 시장 신규 참가 제안서

저출산·고령화의 진행으로 경쟁이 치열해질 것으로 보이는 어린이용 상품 시장. 이번에는 성장 분야, 자사에서 성과를 내지 못하고 있는 분야, 기존 상품과의 상승 효과가 예상되는 분야를 밝혀내기 위한 부분 대책으로 새로운 분야로의 진출을 제안한다.

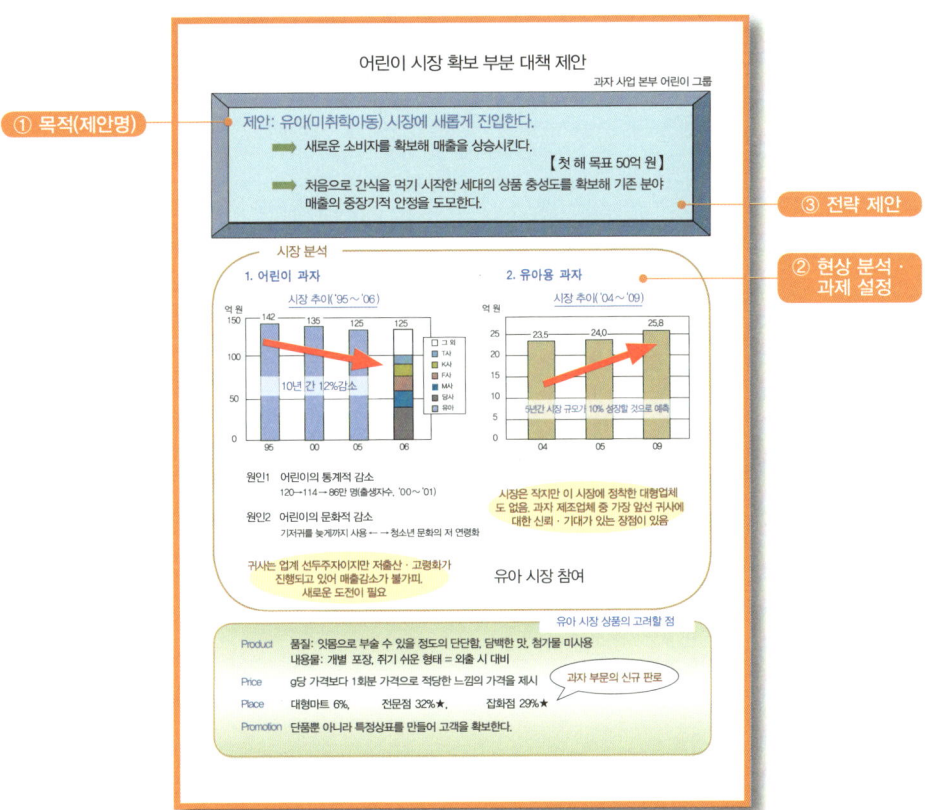

'양'의 시대에서 '질'의 시대로

지금까지의 대량 판매, 대량 소비를 중심으로 한 발상이 통용되지 않으면서 대신 '질적 판매'가 등장하고 있다. '질적 판매'란 보다 좋은 품질의 상품을 판매하는 것으로 '고급스러움'과 '개별적인' 것에 대한 많은 관심이 필요하다. '고급스러운' 상품은 '고기능성 제품'이나 '고급·고가'인 상품으로 고급 여행, 고급 호텔, 고급 스파 등이 있으며, 인터넷에서도 '부유층 전용 사이트' 등이 등장하고 있다. 반면 '개별적인 것'은 개별적인 수요에 보다 적합한 상품과 서비스를 제공하는 것으로 '맞춤상품'이라고 할 수 있다. 고기능성이나 맞춤상품은 가격이 비싸므로 적은 수요로도 매출을 확보할 수 있다.

1 기획 개요

▶ 축소되는 시장에서 가능성 있는 분야를 찾는다.

저출산으로 어린이 인구가 계속해서 감소하고 있다. 또 정보화 사회의 진행으로 기존의 청소년 문화가 초등학생에게까지 침투해 문화적 의미의 어린이도 감소하고 있다. 따라서 어린이용 상품 사업은 새로운 도전 없이는 성장할 수 없을 것으로 보인다.

그래서 어린이 과자업계의 선두주자인 회사에 신규 시장에 진입할 것을 제안했다. 시장 분석 결과 '어린이 과자 시장이 10년간 12%가 축소되었다는 것'을 알 수 있었다. 제안을 한 기업도 시장 축소로 인한 매출 감소는 피할 수 없었다. 신규 시장 개척에 대한 새로운 제안이 요구되고 있는 것이다. 제안하고 있는 것은 유아(미취학 아동) 시장으로 2~4세의 유아가 타깃이다. 유아용 과자는 현재 이유식·유아식 시장에 포함된 작은 시장이지만 식스포켓 현상(부모+조부모를 합친 총 6명의 지갑을 이르는 말)으로 지난 5년간 시장 점유율이 전체 어린이 시장의 10%로 확대되었다. 따라서 어린이 과자 부문의 경우 경쟁사보다 먼저 이 시장에 진입해 아이가 있는 엄마들의 제품 신뢰도를 확보한다면 중장기적으로 안정적인 매출을 올릴 수 있을 것이다.

▶ 시장의 특징을 정리해 알기 쉽게 설명한다.

하단의 유아 시장 참여는 기본 마케팅 기법인 매카시(McCarthy)의 '4P'를 이용해 제안한다.

첫째, Product는 잇몸으로 부술 수 있는 정도의 단단함과 담백한 맛, 첨가물을 사용하지 않는 조건을 갖추어야 한다. 또 외출 시 아이를 조용히 안정시킬 때 사용할 수 있도록 쥐기 쉬운 모양이어야 한다.

둘째, Price는 '일회성'이라는 이 분야 특유의 사용법에 근거해 그램 단위보다 1회분 가격이 적당하다.

셋째, Place는 처음으로 진출하는 어린이용품 전문점이나 슈퍼마켓이 적합하다.

넷째, Promotion은 단일 제품이 아닌 고유 브랜드를 만들어 입체적으로 추진한다.

② 작성 포인트

▶ 결론을 먼저 제안해 강한 인상을 준다.

문장 작성의 기본은 '기승전결'이다. 그러나 결론을 먼저 제시한다면 강한 인상을 줄 수 있어 효과적으로 내용을 전달할 수 있다. 이 방법은 기획서를 한 장으로 완성해야 하는 경우 등 순서대로 설명할 공간이나 시간적 여유가 없는 경우에 효과적이다.

이 제안서에서도 처음에 '제안의 결론'을 제시하고 있다. 그 후 시장을 분석해 '제안 이유', '구체적 제안 내용'을 적고 있다. 제안서를 반드시 현상 분석부터 시작하는 논리적인 순서로 작성할 필요는 없다. 논리적인 순서로 작성할지, 결론을 먼저 제시할지, 어떤 구성으로 작성할지는 제안 대상과 상황에 맞춘다.

▶ 그래프에 화살표를 그려 시각에 호소하는 제안서를 작성한다.

이 기획서에서는 두 가지 막대그래프를 사용하고 있다. 그래프는 업체별로 다른 색을 사용해 다양한 표현을 하도록 하였다. 그래프만으로도 충분히 추이를 파악할 수 있지만, 결론 제시형 제안서를 작성하고 있는 이상 결론을 최대한 빨리 전달하는 것이 중요하다. 그래서 그래프 위에 빨간색 화살표를 사용해 추이를 강조해서 보여주고 있다.

••• 친환경적인 새로운 시장을 확보하라

CASE 14 아동복 보상판매제도 도입 제안서

어린이는 성장이 빨라 옷을 금방 입을 수 없게 된다. 제조업체와 판매점은 새 아동복을 계속해서 판매하는 것도 중요하지만 아동복 보상판매제 실시로 새로운 수요를 확보할 수 있다. 여기에서는 환경까지 고려한 아동복 보상판매제를 제안하고자 한다.

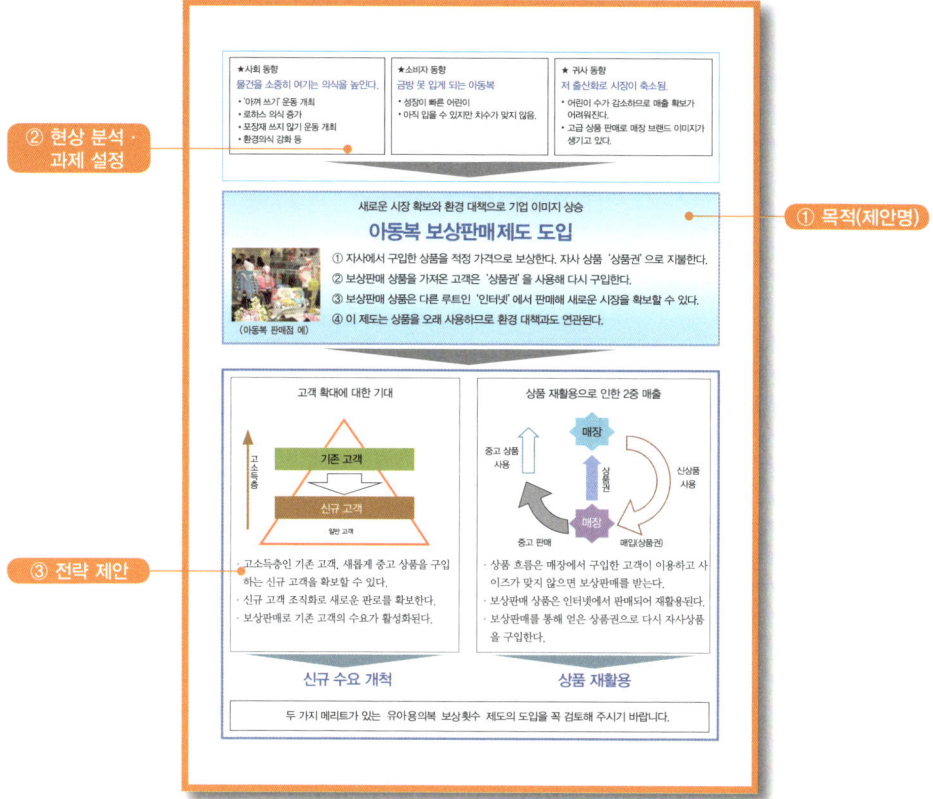

지혜가 담긴 새로운 형태의 '할인판매 계획' 잇따라 등장

지금까지 일반적으로 사용되었던 정가의 몇 %를 할인해 주는 방법 대신 '시간', '친분', '연령', '기상' 등을 이용한 새로운 형태의 할인판매 계획이 등장하고 있다. 그 중 시간과 관련된 할인판매로는 '조기예약', '요일', '시간차', '첫날', '낮', '계절', '연간' 할인판매 등이 있다. 친분을 통한 할인은 '가족', '부부', '친구' 할인판매 등이, 연령 관련 할인판매로는 '시니어', '중·장년층' 할인판매, 기후 관련 할인은 '우천 시', '폭설', '폭염' 할인판매, 대량 구입을 통한 할인은 '개더링(gathering)'(여럿이 구매하면 저렴해진다) 등 많은 종류가 있다. 이 할인판매 계획들을 통해 '신규 고객 확보'와 '고객 이탈 방지' 등의 효과가 있을 것으로 보고 있다.

1 기획 개요

▶ '고객층 확대'를 테마로 삼는다.

저출산화로 어린이 인구가 계속 감소하는 가운데 이 제안서에서는 새로운 고객을 확보하기 위해 아동복 보상판매제도를 제안했다. 아동복 보상판매제도란 비교적 고소득층인 고객이 사용한 아동복을 보상판매해 중산층인 신규 고객에게 판매하는 방식이다. 헌옷을 통해 판매자와 구매자라는 새로운 고객을 확보하는 동시에 사업을 확대할 수 있는 제안이다.

이 제도의 핵심은 보상판매를 받는 고객과 보상판매한 제품을 구입하는 고객층이 다르므로 기존 고객의 구매에는 영향을 미치지 않는다는 것이다. 오히려 헌옷 매입 대금을 자사 상품권으로 지불하므로 보상판매가 새로운 상품 구입을 촉진할 수 있다. 또 보상판매제도는 '물건을 소중히 한다는' 점에서 친환경적 성격을 가지므로 시대에 적합한 제도라고 할 수 있다.

▶ 어떻게 진행해 나갈지를 명확히 한다.

제안서에서는 보상판매제도의 도입으로 매장과 고객, 사회에 어떤 영향이 있는지 명확히 설명해야 한다.

이 제도는 사회적 측면에서 보았을 때 한정된 자원을 효과적으로 사용하는 자원 순환형 제도라고 할 수 있다.

고객이 사이즈가 작아졌거나 입기 싫어진 옷을 매장에 가져가면 매장 측은 상품의 상태나 구입 시기를 고려해 적정한 보상 가격을 설정하게 된다. 그리고 그 매장에서만 사용할 수 있는 상품권으로 지불하는 방식을 통해 보상판매를 하게 된다.

새로운 판매 순서에 대해서는 보상판매를 받은 고객이 상품권으로 새로운 상품을 구입하고, 보상판매된 상품이 다른 루트(인터넷 등)를 통해 판매되는 것을 각각 알기 쉽게 설명했다.

② 작성 포인트

▶ 도표를 사용해 '고객 범위 확대'와 '상품 흐름'을 보여준다.

이 기획서는 고객 범위 확대와 상품의 흐름을 설명하는 도표를 사용한 것이 특징이다.

왼쪽의 삼각형 그림은 고객 범위 확대를 설명하는 계층도이다. 계층도인 오렌지색 큰 삼각형은 아랫부분이 일반 고객층이고 위로 올라갈수록 고소득층이 된다.

오른쪽은 보상판매제도 도입 후의 매장과 상품의 흐름을 보여주는 도표이다. 각각의 흐름은 화살표로 표시했는데 각 화살표는 혼동되지 않도록 다른 색을 사용했다. 이 도표들을 통해 전반적인 내용을 파악하게 함으로써 보상판매제도 도입 후의 사업 과정과 장점을 알기 쉽게 설명했다.

▶ 3단 구성으로 만들어 깔끔하게 작성한다.

이 기획서의 특징은 현상 분석, 제안 내용, 설명서의 3단 구성으로 깔끔하게 작성하기 위해 화살표로 흐름을 보여주고 있는 것이다. 또 핵심 내용을 보여주는 도표에 절반 이상의 공간을 할애했다.

이 기획서에서는 도표를 강조하고 있어 목적 부분의 내용에 눈이 가지 않을 수도 있기 때문에 옅은 파란색의 그러데이션 효과를 사용했다.

CASE 15

••• 실버 사업의 목표를 분석·제안하라

실버 사업 전략 제안서

바야흐로 고령 사회로 들어서고 있다. 65세 이상의 고령 인구는 총인구의 9%에 이르렀고 실버 사업을 기획하는 기업도 증가하고 있다. 확대 추세의 시장에 대한 목표 선정법과 전략을 제안한다.

① 목적(제안명)   ② 현상 분석·과제 설정

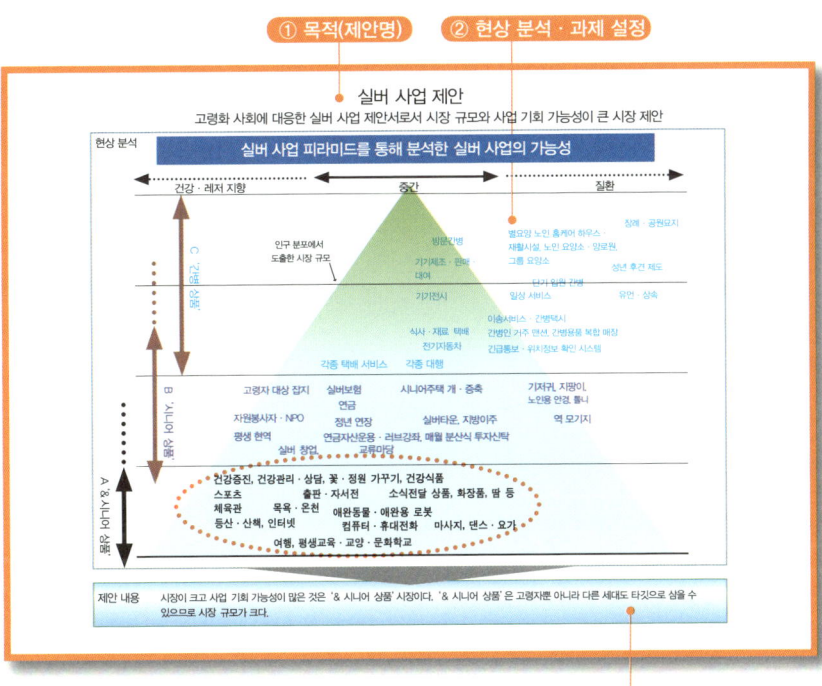

③ 전략 제안

기획서 내의 필요한 곳에 글자를 입력할 수 있는 공간을 만든다.

글자를 입력할 수 있는 공간을 새로 만들고 싶을 때에는 텍스트 상자를 사용한다. 이 입력 공간을 만들기 위해서는 '텍스트 상자'나 '세로 텍스트 상자'를 클릭하고 사각 영역을 드래그 앤 드롭하면 된다. 처음에는 한 줄을 쓸 수 있는 높이만 표시되지만 글자를 입력하면 자동으로 조절할 수 있다. 세로 텍스트 상자도 글자 위치가 다를 뿐 작성법은 같다. 글자를 입력하지 않고 다른 곳을 클릭하면 텍스트 상자가 사라지므로 주의한다.

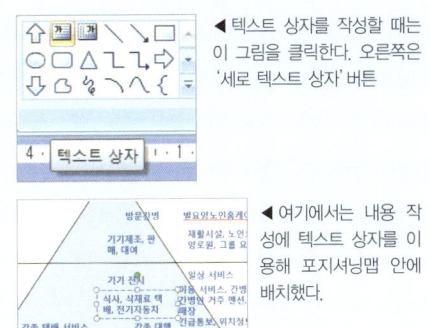

◀ 텍스트 상자를 작성할 때는 이 그림을 클릭한다. 오른쪽은 '세로 텍스트 상자' 버튼

◀ 여기에서는 내용 작성에 텍스트 상자를 이용해 포지셔닝맵 안에 배치했다.

1 기획 개요

▶ 사전에 시장을 조사·검토해야 한다.

노령 인구가 점점 많아지므로 시장이 확대되고 있는 실버 사업 시장 진입을 검토하는 기업이 점점 더 증가하고 있다. 시장 규모가 크다고 해서 안이하게 시장으로 뛰어들면 실패하기 쉬운 것이 실버 사업이다. 따라서 사전에 충분히 시장을 조사, 검토해야 한다.

▶ 한눈에 알아볼 수 있는 포지셔닝맵을 만든다.

이 제안은 실버 사업 진입을 노리는 기업에 대한 첫 번째 단계로 어떤 종류의 실버 시장을 노리는지 명확한 위치를 선정하기 위한 것이다.

포지셔닝맵의 세로축은 상품 종류, 가로축은 건강 상태로 잡고 각각의 상태에 맞춰 고려할 수 있는 사업을 배치했다. 인구 분포를 통해 본 시장 규모는 뒤에 삼각형을 그려 표시했다. 모든 분야에 사업 기회가 있을 것처럼 보이지만 위로 올라갈수록 시장 규모는 작아진다.

▶ 제안하는 대상·목표를 명확히 한다.

목표 분야로 제안한 것은 시장이 크고 사업 기회가 많은 표 하단 좌측부터 중앙까지인 '& 시니어 상품' 부문이다. 가로축에서 보면 '건강·레저 지향'에서 '중간'까지의 고객층이 주요 타깃이 되고 있다.

'& 시니어 상품'이란 다른 세대와 시니어를 합친 의미로 '50대 이상의 부유층 & 시니어', '건강을 염려하는 메타볼릭증후군(복부지방증후군) 고객 & 시니어', '독신생활을 즐기는 고객 & 시니어' 등이 대상인 상품을 말한다. 이 사업의 대상은 60대부터 70대 초반의 건강하고 자유시간이 많은 시니어들이다.

② 작성 포인트

▶ **그림으로 보여주는 제안서는 글자를 작게 쓴다.**

이 제안서의 특징은 적절하고 알기 쉬운 도표로 내용을 보여주고 있는 것이다.

도표는 포지셔닝과 인구 분포 계층도를 조합해 작성하고 가능성 있는 실버 사업을 모아 포지셔닝맵 위에 배치했다. 뒤편에는 인구 분포도인 삼각형을 삽입해 그림에 시선이 모이도록 했다. 표의 공간을 가능한 넓게 사용하기 위해 글자는 작게 썼다. 나머지 부분은 그림에서 사업 진행 과정을 연상하는데 방해하지 않도록 상단과 하단에 배치했다.

▶ **시니어 사업의 종류를 글자와 색으로 분류한다.**

70가지나 되는 사업 부문을 하나의 표로 작성하기 위해서는 색과 글꼴을 효과적으로 사용해 알기 쉽고 보기 쉽게 만들어야 한다.

'& 시니어 상품'은 두꺼운 검정색 글자, '시니어 상품'은 진한 파란색 고딕체, '간병용품'은 옅은 파란색 고딕체를 사용했다. 시니어는 건강한 사람과 간병이 필요한 사람으로 분류해 각각 검정색과 파란색을 사용했다. 중앙의 녹색 삼각형도 위로 올라갈수록 색이 짙어지는 그러데이션 효과를 사용했다. 색상은 시니어의 건강 정도에 맞춰 짙은 푸른색을 간병과 연관지어 사용하고 있다.

제안 부분은 두꺼운 점선으로 된 타원으로 감싸 눈에 띄도록 했다.

••• 타깃 대상층을 명확히 제안하라

CASE 16 — 시니어 건강교실 전략 제안서

메타볼릭증후군(복부지방증후군)의 영향으로 건강에 대한 관심이 높아지고 있다. 그래서 건강을 주제로 한 새로운 실버 사업을 계획했다. 이 제안서는 '시니어와 건강' 관련 시장의 '적절한 타깃'을 분석한 것이다.

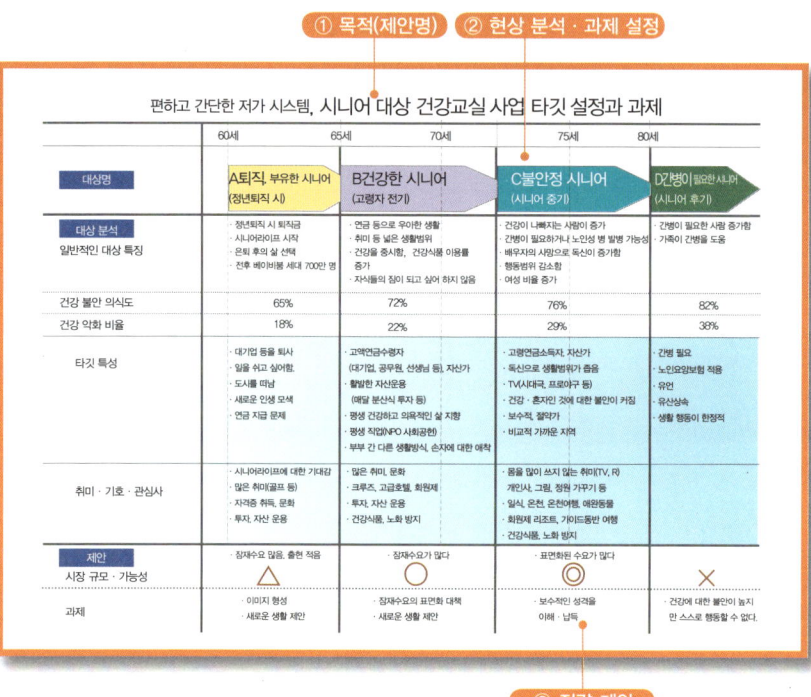

① 목적(제안명) ② 현상 분석·과제 설정 ③ 전략 제안

파워포인트 테크닉 ★★

도형과 글자가 겹칠 때에는 강조하고 싶은 것을 앞으로 배치한다.

여러 가지 도형을 일부가 겹치도록 배치할 경우에는 어떤 것을 어디에 둘지를 지정할 수 있다. 이렇게 하기 위해서는 겹쳐진 도형을 모두 선택한 상태에서 그리기 도구의 [정렬]을 선택한다. 선택 대상인 도형을 앞으로 꺼내고 싶을 때에는 '맨 앞으로 가져오기'나 '앞으로 가져오기'를, 뒤로 보내고 싶을 때에는 '맨 뒤로 보내기'나 '뒤로 보내기'를 선택한다. 겹치는 도형이 두 개만 있는 경우에는 맨 앞으로 가져오기와 앞으로 가져오기의 결과가 동일하다.

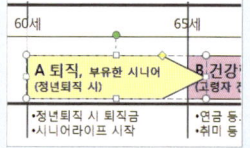

◀ 도형의 일부가 겹쳐지면 보여주고 싶은 부분을 앞으로 나오게 할 수 있다. 텍스트 상자와 도형이 겹쳐지는 경우도 같다.

▶ '맨 앞으로 가져오기'를 선택하면 선택한 도형이 가장 앞으로 나오게 된다.

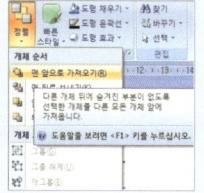

1 기획 개요

▶ 나이를 가로축, 특징을 세로축으로 잡는다.

메타볼릭증후군의 영향으로 건강에 대한 관심이 점점 더 높아지고 있다. 그래서 관련 시장을 노린 쉽고 간단한 저비용 시스템의 시니어 대상 건강교실 사업을 제안하고자 한다. 이때 중요한 것은 시장의 분석 자료를 바탕으로 타깃을 찾는다는 것이다.

타깃의 전반적인 상황을 파악하기 위해 먼저 가로축을 나이, 세로축을 특징으로 잡는다. 가로축은 '퇴직한 부유한 시니어', '건강한 시니어', '불안한 시니어', '간병이 필요한 시니어' 등 4종류로 분류한다.

그리고 세로축은 '대상명', '대상 분석'부터 순서대로 일반적인 대상 특징, 건강 불안의식, 건강이 좋지 않은 비율, 타깃 특성, 취미·기호·관심사로 나누었다. 전체 내용은 각 항목별로 정리해 보기 쉽게 일람표로 작성했다.

▶ 시장 규모와 가능성에 근거해 타깃을 고른다.

제안은 세로축의 하단에 배치했다. 여기에서는 '시장 규모·가능성'을 보여주고 타깃에 적합한지를 기호로 보여주고 있다. 그러고나서 과제가 무엇인지를 명확히 제시하고 있다.

제안 주제가 '쉽고 간단한 저가 시스템, 시니어 대상 건강교실'이므로 중간 단계 시니어인 '불안한 시니어'를 주요 대상으로 삼는다. 표면화된 수요는 기대할 수 있으므로 ◎로 표시했다. 또 초기 시니어 단계인 '건강한 시니어'도 잠재적인 수요가 크기 때문에 ○라고 표시했다.

건강교실의 내용에 따라서는 '불안한 시니어'보다도 '건강한 시니어'의 수요가 더 많은 경우도 있다. 이런 제안에서는 하나의 결론을 내리기보다도 순위를 매겨 제시하는 편이 좋을 것이다.

2 작성 포인트

▶ 복잡한 표는 도형, 기호를 사용해 작성한다.

표로 작성된 기획서는 한눈에 살펴볼 수 있다는 장점이 있다. 그러나 내용이 너무 많으면 읽는 사람이 이해하지 못하거나 기획서가 지저분해질 수도 있다. 앞의 제안서에 등장하는 이 표는 내용을 보기 좋게 전달할 수 있도록 작성했다.

대상명은 화살표를 사용해 표시했는데, 왼쪽에서 오른쪽으로 갈수록 연령이 높아지는 것을 알 수 있다. 또 각 연령에 명칭을 붙이고 다른 색을 사용해 각 분류에 따라 세로축의 내용을 쉽게 볼 수 있도록 했다.

대상 특성에 대한 설명은 항목별로 쓰거나 수치로 표시하고, 많은 내용을 읽기 쉽게 작성하는 데 중점을 두었다. 제안 부분에서는 ◎와 ○ 등의 기호를 사용해 결론을 쉽게 파악할 수 있게 했다.

▶ 분류 내용과 연령 부분은 색을 이용해 강약을 준다.

글 위주의 일람표는 색을 적절히 사용하면 내용을 잘 나타낼 수 있다.

대상인 4종류의 시니어층은 배경에 각각 다른 색을 사용했는데, 젊은 세대에서 고령으로 갈수록 짙어지게 했다. 타깃 특성도 마찬가지로 연령이 높아질수록 흰색에서 점점 파란색이 되는 그러데이션 효과를 사용했다. 특히 강조하고자 하는 세로축 타이틀은 파란색 배경에 흰 글씨를 사용해 눈에 띄게 했다. 제안에서 가장 중요한 결론 부분(하단)도 갈색 기호를 사용해 강조했다.

CASE 17

••• 사업 기회가 되는 독신자 대상 심야 영업

심야 시장 활성화 제안서

24시간 쉬지 않고 돌아가는 도시. 그곳에서 일하는 사람들의 밤은 매일 길어지고 있다. 그래서 심야용 상품 판매를 통한 새로운 사업 가능성을 제안하고자 한다.

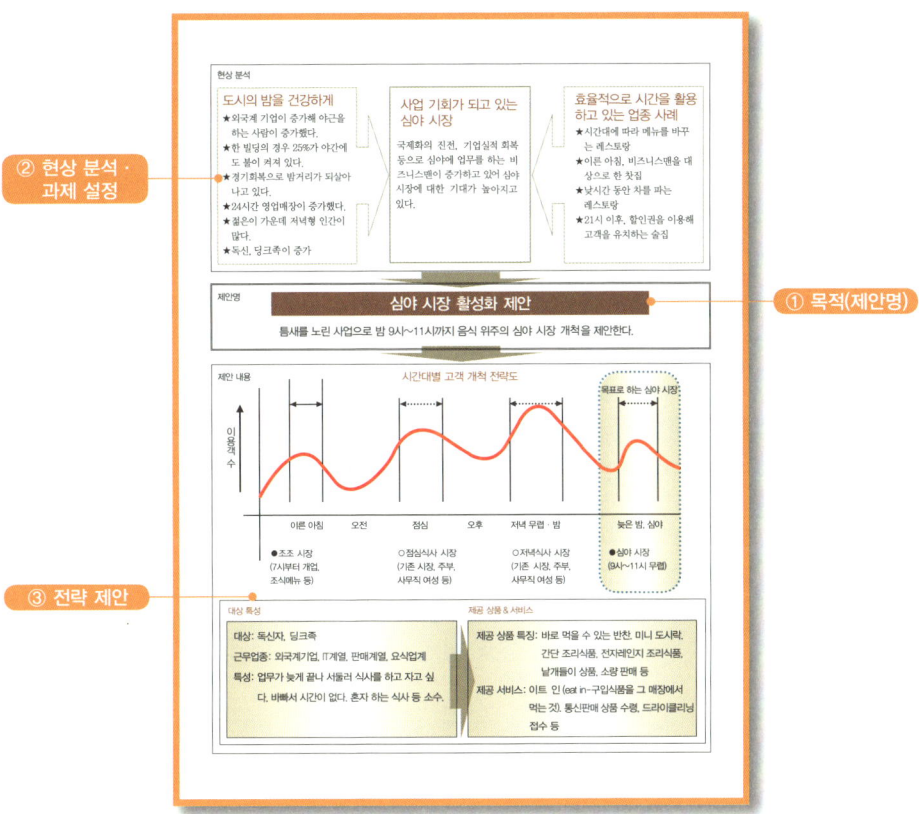

증가하는 독신자를 대상으로 토털 생활가전을 제안한다.

현재 전체 가구 구성 중에서 가장 많은 비중을 차지하고 있는 독신자를 대상으로 한 기획이 점점 중요해지고 있다. 그 중에서도 혼자 살기 시작하는 젊은이가 많은 봄, 가전업계는 이 시기에 수요가 집중되므로 판매에 많은 노력을 기울이고 있다. 그 노력의 일환으로 가전업계는 전자 레인지, 냉장고, TV 등 혼자 사는 데 필요한 작은 크기의 생활가전을 세트로 일괄 구입할 것을 제안하고 있다. 한편 매달 대여비만 지불하면 배송, 설치, 기간 중 수리, 계약 종료 후의 회수까지 무료로 해주는 가전 대여 서비스와 같은 것도 생겨나고 있다.

1 기획 개요

▶ 사회 변화를 분석하고 그에 적합한 사업을 생각한다.

슈퍼마켓과 편의점은 시간대에 따라 고객층이 달라진다. 주요 시장은 점심식사와 저녁식사 시장이지만 도시의 경우 이른 아침과 심야에도 수요가 많다. 번화가에 위치한 가게는 아침까지 영업을 하는 등 시간대를 효율적으로 활용하는 사업이 최근 증가하고 있다.

이 제안서는 24시간 영업을 하는 가게에 오후 9시~11시 정도의 늦은 시간대의 상품 판매를 강화할 것을 권하고 있다. 경기 회복에 따른 잔업의 증가, IT 관련 기업의 성장, 외국계 기업의 증가, 해외 기업과의 거래 증가 등으로 24시간 쉬지 않고 가동하는 회사를 타깃으로 사업 기회를 확대할 수 있기 때문이다.

▶ 타깃을 명확히 하고 수요를 파악한다.

주요 대상은 집에서 음식을 만들 시간이 없는 독신자와 딩크(DINK: 아이가 없는 맞벌이 부부)족이다. 업무로 인해 식사가 늦어지기 쉬운 독신자와 딩크족들이 가지고 있는 '빨리 식사를 하고 싶은' 욕구에 맞춘 상품을 판매한다.

판매 상품은 바로 먹을 수 있는 반찬류, 미니 도시락, 전자 레인지 조리식품 등이다. 그리고 독신자를 위한 낱개들이 상품, 소량 상품 등을 주로 판매한다. 또 매장에서 식사를 제공할 수 있는 이트 인(eat in) 서비스 제공도 고려하고 있다. 식사 외의 사업으로는 드라이클리닝 접수, 통신판매 상품 수령, 각종 서비스의 접수 대행 등이 있다.

② 작성 포인트

▶ 하루의 흐름을 곡선으로 보여준다.

이 제안서의 특징은 시간대별 이용자 수를 곡선 그래프로 표시한 것이다. 곡선을 이용하여 하루의 시간이 지나가는 모습을 알기 쉽게 표현했다. 빨강 곡선이 꺾어지는 부분이 고객이 많은 시간대로서, 이 부분을 사업 기회로 파악할 수 있다.

제안처가 24시간 영업매장일 경우, 이용객 집계 결과 4개의 굴곡이 생긴 것을 알 수 있다. 이 중에서 과거 무시되기 쉬웠던 심야 시장을 활용해 독신자와 딩크족의 수요를 촉진한다.

▶ 명확한 논거로 확실한 결론을 도출한다.

기획서는 현상 분석, 제안명, 제안 내용 등 세 부분으로 나뉘어져 있다.

현상 분석에서는 '도시의 밤을 건강하게'와 '효율적으로 시간을 활용하고 있는 업종 사례'와 같은 테마를 내세워 심야 시장이 가지고 있는 가능성을 보여주고 있다. 그리고 그 이유들이 화살표를 따라 '심야 시장을 사업 기회로 만드는' 첫 번째 결론에 다다르는 순서로 되어 있다. 두 번째 결론은 시간대이다. 곡선 그래프를 사용해 이른 아침, 점심식사 시간, 저녁식사 시간과 비교해 어느 정도의 수요가 예상되는지 보는 것만으로 쉽게 결론을 알 수 있게 했다.

이 결론들을 근거로 한 구체적인 제안 내용은 하단에 작성했다. 여기에서는 누구에게 어떤 상품을 제공할 것인지, 왜 필요한 것인지, 그 후의 전개로 어떤 것을 생각할 수 있을지 등 기존의 제안서 안에서 전달할 수 없었던 것을 항목별로 적어 간결하게 작성했다.

CASE 18

••• 식품 제조업체의 30주년 기념사업을 성공시켜라

식품 제조업체 창립 기념 이벤트 제안서

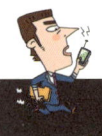

20년, 30년을 무사히 맞이한 기업이 그 기념으로 새로운 사업을 시작하는 경우가 늘고 있다. 과거에 주로 사내에서 진행된 이 기념사업들은 고객, 주주, 사회 공헌 등의 이벤트 사업으로 바뀌고 있다.

식품 제조업체 30주년 기념사업 전략 제안

창업 30주년에 대한 현상 분석

② 현상 분석

1. 사회 현상, 소비자 동향

① 건강, 자연 등에 대한 관심이 높아짐
- 식품에 대한 관심이 '미식', '맛 집'에서 '건강', '안전'으로 바뀜
- 특히 소재에 대한 구애와 관심이 높아지고 있다.

② 가족 간의 단란한 생활이 감소하고 있다.
- 혼자 식사하는 사람이 증가하여 가족이 함께 식사하는 일이 거의 없다.

③ 자녀의 식생활에 대한 걱정이 많다.
- 아침 거르기, 편식, 지나치게 과자를 많이 먹는 아이가 많다.
- 영양의 편중으로 건강하게 성장하는 데 많은 영향을 미친다.
- 아동 메타볼릭 증후군이 사회문제가 되고 있다.

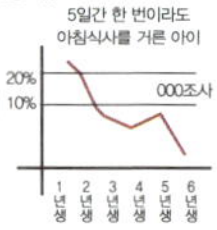
5일간 한 번이라도
아침식사를 거른 아이
20%
10%
000조사
1년생
2년생
3년생
4년생
5년생
6년생

2. 귀사의 동향과 30주년 사업의 의의

① 고객에게 사랑받아온 30년
- 30년 실적은 주력상품의 꾸준한 판매를 통해 가능한 것.
- 계속해서 구입해 준 고객들이 많은 지지를 해줌.

고객의 계속 구매율

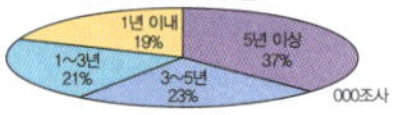
1년 이내
19%
5년 이상
37%
1~3년
21%
3~5년
23%
000조사

② 기업 컨셉은 '소재를 중시하는 것'
- 소재를 중요시 하는 것은 영원한 테마로써 계속된다.
- 30주년을 맞아 새로운 사고방식을 도입한다.

③ 30주년 사업의 역할과 사고방식
- 사회와 고객에 대한 환원을 가장 중시한다.
- 주주, 협력회사, 사원 등에 대한 환원도 고려한다.

과제 소비자가 직면한 식생활 환경은 결코 좋지 않다. 오히려 악화되고 있다.
고객의 입장에서 창립 30주년을 재인식하고 식품 제조업체의 사명으로
'식품을 통한 사회공헌'을 하는 것이 과제라고 할 수 있다.

과제 설정

목적 식품을 통한 사회공헌으로 기업 홍보

지금까지 도움을 준 사회와 고객, 거래처, 사원 등에 대한 환원을 실시한다.

대상 미래를 책임질 아이와 도움이 되어 주신 분들

주요 타깃을 미래를 짊어질 어린이로 잡는다. 유아, 초·중학생을 통해 가족에게 홍보한다. 부수적인 타깃은 주주, 협력회사, 사원 등 30주년 맞이하는 데 힘이 된 사람들로 한다.

콘셉트 음식이 가져다주는 가족의 행복

① 목적(제안명)

테마 '활기차고 건강하고 즐거운 식생활 제안'

활기찬 아이, 건강하게 자라는 아이, 즐거운 식생활 제안을 통한 가족의 유대감, 단란한 가족 만들기를 통해 사회에 공헌한다.

기념사업 제안

1. 활기찬 아이의 식생활 제안
- 편식을 없애고 아침을 먹는 습관을 몸에 익히게 해 활기차고 건강한 식생활을 목표로 하는 제안을 한다.

2. 오랫동안 건강한 가족 만들기 제안
- 음식을 통해 단란한 가족을 만드는 제안을 한다.

3. 즐거운 식사와 스포츠 교실 제안
- 식사의 즐거움과 운동의 즐거움을 통해 건강한 가족이 되기를 제안한다.

③ 전략 제안

1. 기획 개요

▶ 30주년을 맞아 식품을 통한 사회공헌을 실시한다.

요즘은 몇십 주년 기념일을 맞이하는 기업이 증가하고 있다. 이 제안서는 30주년을 맞은 식품회사에 기념사업 행사를 제안하고 있다.

예전에 비해 요즘 소비자의 식품에 대한 관심은 건강, 정성, 자연으로 바뀌고 있다. 또 식생활의 변화로 혼자 밥을 먹거나 아침을 거르는 사람도 증가하고 있다. 특히 중·장년층에게만 해당된다고 생각되었던 비만증후군이 어린이들에게 나타나는 것이 사회적인 문제가 되면서 어린이들의 식생활 개선은 시급한 문제가 되고 있다.

그래서 소비자와 사회에 대한 보답이라는 의미를 포함해 사업 테마를 '식품을 통한 사회공헌'으로 설정했다.

▶ 음식이 가져다주는 '가족의 행복'이 주제이다.

기념행사의 대상은 '미래를 짊어질 어린이들과 도움이 되어주신 분들'로 설정한다. 또 '음식이 가져다주는 가족의 행복'을 콘셉트로 해서 '활기차고 건강하고 즐거운 식생활 제안'을 슬로건으로 내걸었다. 어린이가 활기차고 건강하게 자라도록 즐거운 식생활을 제공하자는 내용이다.

구체적인 제안 내용은 '활기찬 어린이의 식생활 제안', '오랫동안 건강한 가족 만들기', '즐거운 식사와 스포츠 교실 제안' 등 3가지이다. 이 활동들을 통해 최종적으로 기업의 신뢰성을 향상시키는 것이 목표이다.

> **기획제안 힌트 — 마음과 몸의 불안을 느끼고 있는 현대인을 위한 대응**
>
> 마음과 몸에 불안을 느끼고 있는 현대인이 증가하고 있다. 현대인에게는 급속히 진전되는 정보사회에 대응하지 못한다는 정신적인 불안, 운동 부족으로 발생하는 건강에 대한 불안, 비만에 대한 불안, 식생활과 생활습관병(성인병)에 대한 불안, 언제 정리해고될지 모르는 것에 대한 불안, 적성에 맞는 직업을 찾지 못하고 직업이 자신과 맞지 않다는 불안, 고령화 사회에서 연금문제와 노후 요양 생활에 대한 불안 등 여러 불안이 혼재해 있다. 이런 불안에 대한 대응도 기획의 관점에서는 중요한 과제가 된다. 자살자가 매년 증가하고 있는 요즘 '우울증', '불면증', '스트레스' 등 마음의 불안과 문제에 대한 대응이 필요해지고 있다.

❷ 작성 포인트

▶ 제안 내용을 5단계로 구성한다.

제안 내용은 '현상 분석', '과제', '목적·대상', '콘셉트·테마', '기념사업 제안' 등 5단계로 구성되어 있다. 이번 제안에서는 사업 내용뿐 아니라 기념사업에 포함된 의도에 대해서도 다루고 있다.

이 제안이 30주년 기념사업을 위한 제안인 것과 현대 사회와 생활환경이 변화하고 있는 것은 서두에서 분명히 설명하고 있다.

항목이 많을 때는 화살표로 흐름을 보여줘 깔끔하게 작성하는 것이 중요하다. 또 30주년 기념사업이므로 30년간의 변화를 분석한 자료를 상단 부분에 절반 가까이 공간을 할애해 소개했다.

○○주년이라는 시기에는 이런 변화를 파악해 두는 것이 중요하다. 그렇게 하면 기념사업 이후의 전략에도 활용할 수 있기 때문이다.

▶ 그래프 등을 사용해 되도록 간결하게 만든다.

전달할 요소가 많을 때에는 되도록 간결하게 보이도록 하는 것이 중요하다.

그리고 포함시키고자 하는 요소를 글로 써서 표현하는 것보다 시각적으로 보여주는 편이 제안 내용을 더욱 쉽게 전달할 수 있다. '현상 분석'에서는 근거자료로 꺾은선그래프와 원그래프 두 가지를 삽입했다.

그 외의 중요한 부분은 글꼴과 색을 바꿔서 강조했다. 이 제안서에서는 옅은 갈색의 그러데이션 효과를 콘셉트의 목적 설명을 위한 배경으로 사용해 여러 내용들 중 눈에 띄도록 했다.

CASE 19

••• '3C전략'으로 스포츠클럽의 새 회원 확보를 노려라

클럽 가입 회원 확보 전략 제안서

건강을 생각해 스포츠클럽에 다니는 사람이 늘고 있다. 그러나 한편에서는 치열한 경쟁으로 신규 회원을 확보하는 데 어려움을 겪고 있다. 그래서 어떤 방법으로 신규 회원을 확보할지에 대한 앞으로의 방침과 구체적인 대책을 제안하고자 한다.

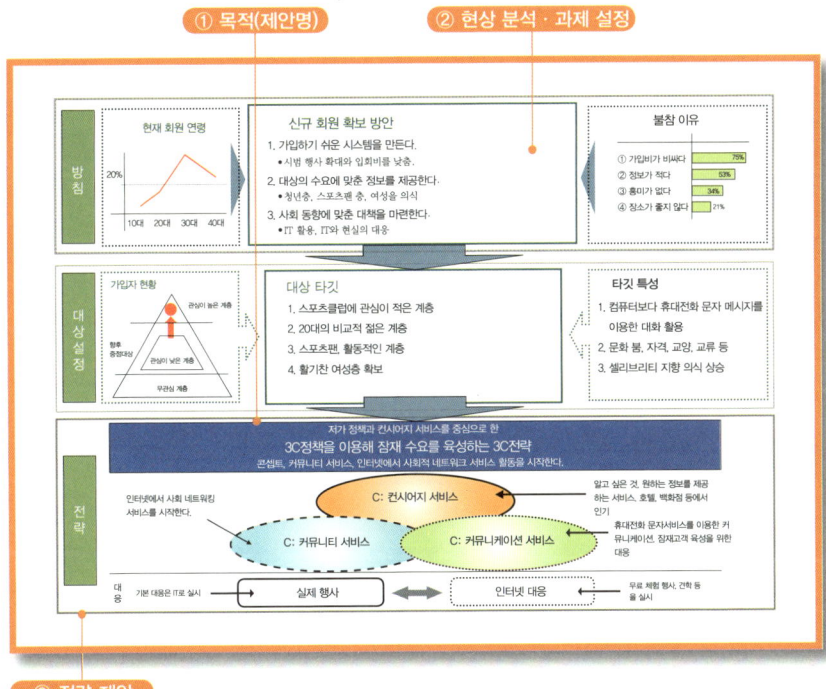

파워포인트 테크닉 ★★ 여러 도형을 조합해 만들고자하는 그림을 만든다.

'도형'에 있는 단순한 도형을 조합하면 복잡한 그림을 만들 수 있다. 같은 도형을 여러 번 사용할 경우 선택한 도형을 'Ctrl' 키를 누르면서 드래그하여 복사하면 편리하게 사용할 수 있다. 도형의 위치는 따로 조절해야 하지만 그룹으로 만들면 위치를 바꾸지 않고 조절할 수 있다. 이 경우, 조합하고자 하는 여러 개의 도형을 'Ctrl' 키를 누르면서 선택하고 그리기 도구의 '정렬'에서 '그룹'을 선택하면 된다.

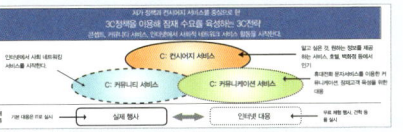

▲ 기본 도형을 조합해 복잡한 그림을 작성한 사례. 필요에 따라 일부나 전체를 그룹으로 만들 수 있다.

◀ 이 그림은 도형을 조합해 간단한 그래프를 만든 것이다. 시간은 걸리지만 자유로운 형태로 작성할 수 있는 이점도 있다.

1 기획 개요

▶ 쉬운 회원 가입을 위한 가격 조정 정책과 커뮤니케이션 전략

소비자가 관심을 가지고 있는 시장은 많은 기업들의 진출로 경쟁이 치열해진다. 최근 스포츠클럽 시장도 그런 양상을 보이고 있다. 그래서 감소하고 있는 신규 회원을 확보하기 위한 제안서를 작성했다.

경쟁에서 살아남기 위해서는 고객의 수요를 정확히 파악하는 것이 중요하다. 고객들이 신규 가입을 하지 않는 이유를 조사한 결과, 첫 번째 이유로 '입회비가 비싸서'가 총 75%로 가장 많았다. 그 다음이 55%의 비율을 보인 '정보가 적다'였다. 이 제안서는 우선 이 두 가지를 해결하기 위해 작성되었다.

신규 회원이 쉽게 가입하게 하기 위해서는 시범 행사 확대와 가입비 절감을 제안할 수 있다. 동시에 타깃에게 정보를 제공하는 방법을 통해 신규 회원이 들어오는 문을 넓히는 제안도 하고 있다.

▶ 컨시어지 서비스를 중심으로 한 세 가지 전략

중간 단락의 대상 설정에서는 지금까지의 이용자 폭을 더욱 넓혀 스포츠클럽에 관심이 적었던 사람들을 타깃으로 삼았다. 목표 대상은 현재 회원 중 적은 부분을 차지하고 있는 20대, 스포츠맨, 활동적인 사람들이다.

신규 회원들의 확보를 위해 이 제안에서는 타깃의 특성을 고려해 컨시어지 서비스를 중심으로 한 3C 전략을 세웠다.

첫 번째 C는 컨시어지 서비스(Concierge Service)로, 알고 싶은 정보를 제공하는 전략이다.

두 번째 C는 커뮤니티 서비스(Community Service)로, 인터넷을 활용해 새롭게 사회적 네트워크 서비스를 구축한다.

마지막 C는 커뮤니케이션 서비스(Communication Service)로, 휴대전화를 사용해 타깃인 사람들과 의사소통을 하는 전략이다.

② 작성 포인트

▶ 3단 구성의 대칭 구조로 보기 쉽게 작성한다.

제안서의 구성은 가로 구성으로 방침, 대상 설정, 전략 등 3단으로 되어 있는데 각 항목은 비슷한 공간을 차지하고 있다.

이 제안서는 가로로 된 용지를 옆으로 분할해 각 공간이 가로로 긴 느낌을 준다. 그리고 다시 그 공간을 세로로 3등분해서 가로로 길게 늘어져 있는 것 같은 느낌을 없앴다.

각 항목에는 중앙에 중요한 내용을 배치하고, 좌우에 참고 멘트와 도표 설명 등의 뒷받침 내용을 적어 대칭적인 레이아웃 제안서를 작성했다. 그리고 중요한 내용을 가운데로 모아 안정감을 주었다.

▶ 차트를 적극적으로 활용한다.

이 제안서의 특징은 차트를 적극적으로 활용하고 있다는 것이다. 내용을 시각적으로 보여줌으로써 글자 수는 적지만 효과 높은 기획서를 작성했다.

'향후 방침'은 좌우에 그래프를 삽입해 설득력을 높였다. 또 중간 항목의 왼쪽에는 차트를, 오른쪽에는 표를 명기하고 그것을 점선으로 된 블록 화살표를 사용해 중앙을 향하게 했다.

하단에서는 세 가지 서비스를 타원으로 감싸고 각각 다른 색과 선을 사용해 작성했다. 또 색뿐만 아니라 다른 종류의 선으로 둘러싸 각 내용이 겹쳐 보이도록 표현했다. 마찬가지로 가장 하단의 인터넷과 실제 행사도 종류가 다른 선으로 둘러쌌다.

CASE 20

••• 구입자의 편의와 환경 대책을 고려해라

과자 계량 판매 제안서

이제 환경을 고려한 사업이 주목받는 시대가 되고 있다. 상품을 통한 친환경 대책으로는 소재와 사용법 등 다양한 방법이 있는데, 그 중에서도 특히 쓰레기가 생겨나지 않도록 필요한 것만 구입하는 계량 판매가 각광받고 있다.

친환경적이고 사용하기 편리한 계량 판매 제안

제안 이유

① 목적(제안명)

1. 환경을 더욱 고려한다
필요한 만큼만 구매하므로 쓰레기가 생기지 않는다. 친환경적인 판매 시스템이다.

2. 사용하기 편리함
자신이 원하는 만큼만 구입할 수 있으므로 사용하기 편리하다. 새로운 라이프스타일로 제안할 수 있다.

② 현상 분석·과제 설정

'건강'과 '맛' 엄선한 재료로 만든
'과자 계량 판매' 제안

3. 음식에 대한 건강
맛의 기호를 높인다. 건강을 생각한 '재료'와 미각을 고려한 '맛'에 대한 기호가 강조되고 있다.

4. 선물 시장으로도 기대할 수 있다
선물을 주는 상대의 기호를 고려해 선택할 수 있고, 멋진 상자를 고르면 하나밖에 없는 선물이 된다.

제안 내용

1. 소재의 엄선
- 소재가 가장 중요하므로 '건강'과 '맛'을 철저히 고려해 선정한다.
- '과자'에 표시해 고객이 쉽게 고를 수 있게 한다.
  표시 예: 건강에 대한 관련 메시지.
  맛에 대한 관련 메시지

2. 매장 만들기
- 새로운 감각에 맞춘 세련된 매장을 만든다.
- 매장 내부가 잘 보이도록 한다.
- POP 등을 통해 제공 상품이 멋있다는 것을 적극적으로 제안한다.

③ 전략 제안

3. 판매 방법
- 시식코너 설치
  고객에게 맛있다는 것을 알리기 위해 시식코너를 설치한다.
- 독창적인 용기 제안
  용기를 지참하고 구입하는 고객도 있지만 매장에서 용기를 구입하는 고객을 위해 용기는 간편 사용 용기와 선물용 등 2종류를 준비한다.
- 선물 제안
  선물용 용기를 사용해 선물 시장을 개척한다. 상대의 라이프스타일에 맞춘 상품을 선정, 관련 메시지를 첨부해 보낸다.

계량 판매의 성공사례

카레	장난감	올리브 오일 등
• 카레와 밥, 반찬·마른안주류 등을 준비, 1g을 10원에 판매해 성공을 거두고 있다.	• 철도완구의 레일과 블록 등 각 부속품 별로 판매. 기간 한정으로 실시하고 있다.	• 와인, 식초, 소주, 조미료 등의 계량판매. 맛을 볼 수 있는 것이 특징으로 100㎖부터 구입할 수 있다.

기획 개요

▶ 계량 판매의 장점을 명확히 보여준다.

'계량 판매'는 소비자가 필요하고 사용할 만큼만 구매할 수 있도록 하는 것이다. 계량 판매는 쓰레기가 나오지 않는다는 점에서 친환경 전략으로도 주목받고 있다. 거기에 착안해 이번 제안서에서는 과자 계량 판매에 대한 신규 사업을 제안하였다.

이 제안은 친환경적이고 소비자가 편리하게 사용할 수 있다는 것뿐 아니라 음식과 관련된 건강, 맛의 기호, 선물 시장과 관련지어 제안하고 있는 것이 특징이다. 특히 선물을 받는 사람이 좋아하는 과자를 독특하게 포장하고 메시지를 남길 수 있어 부가가치가 높은 선물 사업이 될 수 있다.

기획서는 이런 장점에 중점을 둔 구성으로 되어 있다.

▶ 사업의 신선함을 상세히 설명한다.

지금까지 없던 새로운 사업 스타일을 제안할 경우 먼저 사업의 신선함을 중점적으로 전달해야 한다.

이 제안서의 '신선함'은 계량 판매라는 아이디어뿐 아니라 판매 방법에서도 느낄 수 있다. '맛'을 직접 느끼게 하기 위해 시식 코너를 설치하는 것도 그 방법 중 하나이다. 또 계량 판매는 기존 제품과 달리 제조업체가 생산한 것처럼 포장이 되어 있지 않다. 그래서 독특한 용기를 제공할 수 있다. 이렇게 이용자의 기호와 요구에 맞춘 용기를 몇 가지 준비하고 마음에 드는 용기를 선택할 수 있게 한 것도 이 제안의 특징 중 하나이다. 이것을 선물 시장의 선물용 포장과 연계시키고 있다.

> **기대되는 기념일 시장, 선물 시장**
>
> 기업 간에 주고받는 선물 시장은 매년 감소하고 있는 반면 개인 선물 시장은 확대되고 있다. 소비자가 축하하고자 하는 날에 맞춰 선물을 줄 기회도 증가하고 있다. 크리스마스와 발렌타인데이 등의 선물, 아이의 성장에 맞춘 생일선물과 축하, 또 부부의 기념일, 친구 간의 축하, 퇴직기념일, 기쁜 일들에 대한 선물 등 선물을 주고받는 기회가 확대되고 있는 것이다. '단순한 선물'뿐 아니라 감동적인 연출과 장면, 소도구 개발 등 '마음이 담긴 선물' 시장은 아직 틈새가 많이 남아 있다. 레스토랑업계, 호텔업계, 여행업계 등도 여기에 주목하고 있다.

2 작성 포인트

▶ 사업 이미지를 쉽게 파악할 수 있게 한다.

제안서는 3단 구성으로 '제안 이유', '제안 내용', '계량판매의 성공사례' 순으로 되어 있다. 특히 제안 이유와 제안 내용 설명에 충분한 공간을 할애했다.

제안 이유에서는 현상 분석과 제안의 주요사항에 대해 설명하고 제안 타이틀을 가운데에 배치해 부각시켰다. 위쪽의 1, 2번에는 현상 분석에 대한 사회적 배경, 아래쪽의 3, 4번에는 제안이 채택됐을 경우 사업 전개로 기대할 수 있는 주요 사항을 넣었다.

타이틀 옆에는 이미지 사진을 두 장 배치했다. 새로운 사업의 경우 우선 이미지를 떠올리게 하는 것이 무엇보다 중요하기 때문이다.

하단에는 계량 판매 성공사례를 배치해 아래에서 위로 향하는 화살표를 넣었다. 이 성공사례는 보충 설명을 위해 작성한 것으로 신규 사업의 이미지를 떠올리게 하는 중요한 요소이다.

▶ 전체적인 사업 내용을 볼 수 있도록 화살표로 흐름을 명확히 한다.

상단의 제안 이유에는, 중앙에 제안 타이틀을 배치해 4가지 제안 이유를 설명선을 사용해 설명하고 제안 타이틀로 연결시켰다.

가운데의 제안 내용 부분은 글이 많으므로 갈색 바탕의 그러데이션을 사용해 눈에 띄게 했다. 하단에는 성공사례를 써넣어 계량판매가 과자 이외의 식품에도 응용될 수 있다는 것을 보여주고 있다. 이러한 제안서는 각 내용을 화살표로 연결해 전체적인 내용을 볼 수 있게 하는 것이 중요하다.

CASE 21

••• 개인의 요구에 유연하게 대응하라

인테리어 가구 판매 전략 제안서

요즘은 대량 생산된 상품 판매가 주춤거리는 한편 개인의 개성이 담긴 상품이 인기를 모으고 있다. 개인에게 맞춘 상품을 주제로 상품뿐 아니라 라이프스타일을 판매하는 제안이다.

현상 분석 ② 현상 분석

시장의 성숙화	개성적인 고객의 수요	현재 매장 상황
다양한 상품의 보급으로 가지고 싶은 것이 사라졌다	자신에게 어울리는 것이라면 가지고 싶다. 자신에게 딱 맞는 상품이라면 가지고 싶다.	가구·인테리어 상품은 매장에서 전시하는 것만으로는 판매되지 않게 되었다.

문제점과 과제 — 과제 설정

개인별 대응이 성숙화 사회에서의 과제
소비자의 기호가 다양한 성숙 사회에서는 고객의 '개별적인 수요'에 충분히 대응하지 못하면 사업을 계속할 수 없다.

제안명

고객에 대한 '개인별 대응' 방향성 전략 제안 ← ① 목적(제안명)

제안 내용 — 고객의 수요에 맞춘 개인별 대응

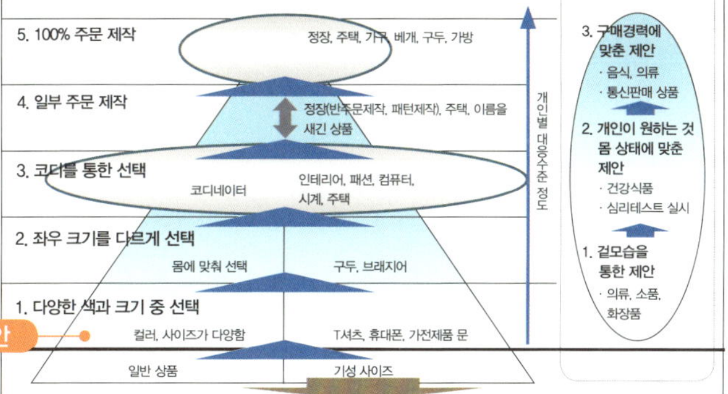

③ 전략 제안

단계	내용	예시
5. 100% 주문 제작		정장, 주택, 가구, 베개, 구두, 가방
4. 일부 주문 제작		정장(반)주문제작, 패턴제작), 주택, 이름이 새긴 상품
3. 코디를 통한 선택	코디네이터	인테리어, 패션, 컴퓨터, 시계, 주택
2. 좌우 크기를 다르게 선택	몸에 맞춰 선택	구두, 브래지어
1. 다양한 색과 크기 중 선택	컬러, 사이즈가 다양함	T셔츠, 휴대폰, 가전제품 문
	일반 상품	기성 사이즈

고객 제안

3. 구매경력에 맞춘 제안
   · 음식, 의류
   · 통신판매 상품

2. 개인이 원하는 것 몸 상태에 맞춘 제안
   · 건강식품
   · 심리테스트 실시

1. 겉모습을 통한 제안
   · 의류, 소품, 화장품

개인별 대응수준 정도

고객에 대한 제안력을 몸에 익혀 개별적인 수요에 대응한다.

취급하는 상품이 가구, 인테리어 제품이므로 개별적인 대응은 코디를 해서 선택하는 코디네이터를 중점으로 대응한다. 주문 제품도 적극적으로 취급한다.

★ 매장에서는 단순한 상품 진열이 아닌 생활 제안을 한다.
   단순한 상품이 아닌 고객이 원하는 방의 이미지에 맞춰 장식한다.
★ 점원도 제안력을 몸에 익힌다.
   상기 고객 제안 내용을 몸에 익힌다.

1 기획 개요

▶ '개인'을 중심으로 사업을 고려한다.

시장에 수많은 상품이 있어도 기존 제품 중에서 자신에게 맞는 상품을 찾기란 쉽지 않다. 그래서 시선을 '개인'으로 옮겨 개개인의 수요에 맞춘 사업을 제안한 것이 이 제안서이다. 제안처는 가구 판매, 인테리어 등을 하는 판매점이다.

개개인을 고려한 대응은 다음과 같이 다섯 단계로 이루어져 있으며, 뒷단계로 갈수록 개인의 요구가 더욱 많이 반영된다.

1. 다양한 색과 크기 중 선택,
2. 좌우 크기를 다르게 선택,
3. 코디를 통한 선택,
4. 일부 주문 제작,
5. 100% 주문 제작

▶ 구매 경력을 활용한 제안으로 활성화한다.

5단계 제안 중 가구, 인테리어 업계에서 효율적인 방법은 '3. 코디를 통한 선택'과 '5. 100% 주문 제작'이다. 이를 바탕으로 매장 내 진열 등을 바꾸고 점원 교육을 실시하자는 것이 제안의 내용이다.

점원이 '3. 코디를 통한 선택'을 고객에게 제안하기 위해서는 이용자의 기호와 구매 경력과 같은 개인 정보를 파악해야 한다. 이를 위해서는 고객의 겉모습을 보고 고객의 취향을 판단하는 눈썰미를 기르거나 간단한 심리 테스트를 도입해 취향을 파악하는 방법이 제안되었다.

> **기획제안 힌트 — 원 투 원(One to One) 마케팅을 통해 대응한다.**
> 인구가 감소하는 가운데 기업이 살아남기 위해서는 개인의 수요와 요구에 맞춘 시책을 내놓아야 한다. 그것이 'One to One' 마케팅 발상의 시작이다. 'One to One' 마케팅으로는 '개인의 체질, 체형에 보다 잘 맞는 상품을 제공하는 것'과 '개인의 구매 경력, 기호 등 개인 정보를 활용해 개인의 수요에 맞춘 상품을 제공하고 판매촉진 시책을 실시하는 것'이 있다.

② 작성 포인트

▶ 계층도를 사용해 사업 제안 장소를 적극적으로 표현한다.

이 제안서는 3단 구성으로 위에서부터 '현상 분석', '문제점과 과제', '제안 내용' 순으로 되어 있다. 상단 두 부분의 공간을 줄이고 대신 핵심 내용인 제안 내용 부분에 많은 공간을 할애해 제안 내용을 상세히 전달하고 있어 제안서의 특징을 잘 살렸다.

제안 내용에서는 중앙에 계층도를 배치하고 '개인'에 대한 대응을 레벨에 따라 표시했다. 이는 개인의 요구에 맞춘 대응 수준이 위로 올라갈수록 높아지는 것을 한눈에 이해할 수 있도록 한 것이다. 개개인별로 대응할 수 있는 상품명도 여기에 나열하고 또 이미지로 쉽게 파악할 수 있게 했다.

이 제안으로 어떤 효과를 예상할 수 있을지를 작성한 부분은 하단의 문장을 통해 보여주고 있다.

▶ 한눈에 알 수 있는 그림 설명으로 설득력을 높인다.

제안서의 목적은 도표를 사용해 목표로 하는 사업과 해야 할 일을 명확히 파악하게 하는 것이다. 그래서 글을 통한 설명은 되도록 줄이고 도표 부분에 많은 공간을 할애했다. 반면 '현상 분석' 및 '문제점과 과제'는 되도록 짧게 작성했다.

제안 내용에서 사용하고 있는 삼각형의 계층도에는 위로 갈수록 색이 짙어지는 그러데이션 효과를 사용했다. 제안처인 기업이 취급하는 가구 및 인테리어에 적합한 '3. 코디를 통한 선택', '5. 100% 주문 제작'은 큰 타원으로 둘러쌌다.

삼각형 안에서 사용한 화살표는 사회가 '개인'을 위해 변화하고 있음을 표현하기 위해 위로 향하게 했다.

CASE 22

••• 친환경 상품 '에코래치' 활용을 제안한다

'에코래치' 활용 제안서

친환경 상품이 잇따라 나오고 있다. 이 제안서에 있는 '에코래치'도 그 중 하나이다. 스크래치 카드의 가리는 부분으로 사용해 쓰레기가 생기지 않는다는 특징을 전달한다.

② 현상 분석·과제 설정

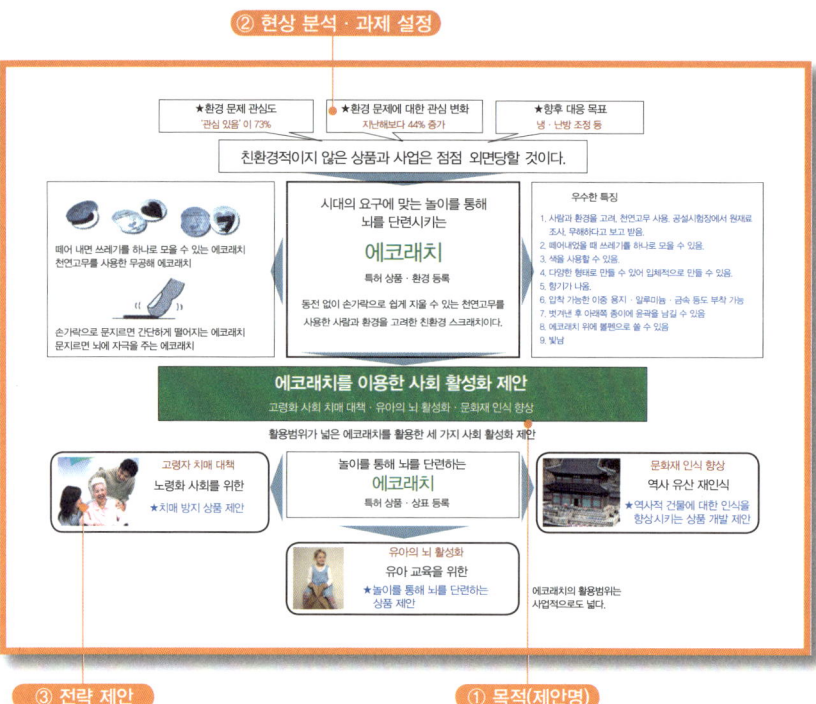

③ 전략 제안　　　① 목적(제안명)

 이미지를 전달하는 그림을 기획서 안에 배치한다.

그림을 사용하고자 할 때에는 마이크로 오피스의 클립아트를 사용하면 편리하다. 몇 가지 사용법이 있지만 [삽입]의 '클립아트'를 클릭하여 검색 대상을 입력하여 그림을 찾을 수 있다. 또 클립아트 이외에도 그림 파일로 저장되어 있는 그림이 있으면 같은 '그림 아이콘'을 클릭하여 기획서 안에 이미지를 넣을 수도 있다.

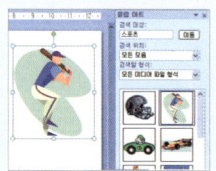

◀ 키워드 '스포츠'로 클립아트를 검색했을 때. 인터넷을 사용해 더 많은 그림을 표시하는 방법도 있다.

▶ 그림의 위치와 크기는 필요에 따라 조정할 수 있다(이 그림은 클립아트가 아님).

1. 기획 개요

▶ 힌트는 시대의 변화와 사회의 요구에 있다.

환경 문제에 대한 사람들의 관심이 빠른 속도로 증가하고 있다. 그 결과 최근 환경에 악영향을 미치는 상품은 사용되지 않고 판매도 되지 않는 경향을 보이고 있다. 광고, 판촉상품 역시 이와 같은 경향을 보인다.

▶ 에코래치는 친환경적이다.

스크래치 카드는 제비뽑기 외에 경품, 판촉상품으로도 사용되었는데, 긁고 난 후의 스크래치 카드는 쓰레기가 되는 것이 문제점으로 지적되어 왔다. 이로 인해 생겨난 것이 천연소재를 사용한 에코래치다. 에코래치는 긁고 난 후에 발생하는 찌꺼기가 하나로 모아지는 것이 특징이다.

에코래치는 가격이 다소 비싼 것이 흠이지만 다양한 형태와 굴곡을 줄 수 있고 향기도 나는 장점이 있다. 볼펜 등으로 글을 써넣을 수도 있다. 이 제안서에서는 이러한 특징을 강조하고 있다.

▶ 노화 방지, 유아 교육, 역사적 유산 재인식 등의 활용 가능성을 전달한다.

에코래치의 사회적 장점은 크게 3가지가 있다.

첫째, 고령화 사회에 대한 대응으로 '지우고 기억한다'라는 특징을 살려 치매 대책으로 활용할 수 있다.

둘째, 유아 교육에 활용하는 방법으로 에코래치를 사용해 '놀면서 뇌를 자극할 수' 있다.

셋째, 문화재에 대한 인식 향상에 활용할 수 있다. 에코래치를 사용해 역사적 유산이 들어간 상품을 만들어 '역사적 유산을 재인식시킬 수' 있기 때문이다.

이런 특징들을 바탕으로 '사회 활성화'에 도움이 되는 내용을 작성했다.

② 작성 포인트

▶ 어떤 상품인지 자세히 설명한다.

이 제안서에서는 시각에 호소하는 작성법을 사용했다. 최상단의 현상 분석 부분은 되도록 작은 공간을 사용해 '환경에 유해한 상품과 사업은 점점 외면당하게 된다'라는 결론만을 보여주고 있다.

공간을 많이 차지하고 있는 것은 상품 특징에 대한 설명 부분이다. 상품 설명에 많은 공간을 할애한 것은 에코래치가 새로운 소재이므로 어떤 이점이 있는지를 적극적으로 전달해야 하기 때문이다. 소재에 관한 것 중 형태에 관한 것은 중간 단락 왼쪽에, 특징은 9개 항목으로 작성해 중간 단락 오른쪽에 나열했다.

이점에 대해서는 '노령화 사회 대응', '유아 교육 대응', '역사적 유산 재인식' 등 3가지로 나누어 쉽게 떠올릴 수 있게 설명하였다.

▶ 사진, 그림, 표제어로 상품 인지도를 높인다.

에코래치는 제안서에 쓰인 방법 이외에도 다양하게 사용할 수 있는 상품이다. 그러나 무엇보다 중요한 것은 이 상품의 인지도를 높이는 것이다. 이 제안서에서는 에코래치 그림에 설명을 덧붙여 소개하고 그림과 설명을 통해 상품 인지도를 높이고자 하였다.

하단에서는 사회와의 접점을 떠올리게 하기 위해 아픈 사람을 돌보는 사진과 활기찬 어린이 사진, 역사적 유물 사진 등을 사용했다. 상단과 하단에서 녹색의 '에코래치'라는 글자를 강조하고 있는 것도 상품 인지도를 높일 수 있는 방법이다.

이 제안서는 전체적으로 표제어를 중심으로 구성되어 있으므로 제안서에서는 대략적인 내용을 전달하고 상세한 내용은 별도의 자료를 준비해 보충설명을 하는 것이 좋을 것이다.

CASE 23

••• 고급 콜라겐 'S'의 새로운 판매 방법을 제안한다

고급 건강식품 판촉 추진 제안서

미용과 건강에 대한 관심이 높아지고 그로 인해 건강식품 매출이 호조를 보이고 있다. 각 회사의 판매 경쟁도 한층 치열해지고 있다. 그래서 차별화를 꾀한 고급화 전략을 제안한다.

---

② 현상 분석·과제 설정

사회 환경 동향	소비자 동향	경쟁상품 판매촉진 동향
• 노화에 대한 불안 증가 • 건강식품이 인기 • 약사법 규제강화	• 콜라겐에 대한 인식 상승 • 각 브랜드 간 가격경쟁 • 품질차가 불명확함 • 소비자의 선택 기준이 애매함	• 콜라겐 효과 홍보 • 자사 상품의 우수성 홍보 • 이용후기 홍보 • 샘플 제공 구입 작전

고급 콜라겐 'S' 전략

상품 특징
① 돼지에서 추출한 콜라겐: 유산균으로 육성, 어린 돼지고기 사용, 생선보다 흡수가 쉬움
② 순도 100% 콜라겐: 순도 100%로 무미무취
③ 물에 잘 녹는 초미립자 파우더: 요리와 커피, 홍차 등과 함께 먹을 수 있다

대상 설정 — 미용과 건강에 관심이 많은 유명인 & 부유층 중·장년층 여성

1. 특징·생활 수준
① 미용과 건강에 관심이 많은 연령: 50대, 60대
② 남편이 CEO, 임원, 자영업자이거나 본인이 부유하고 일을 하는 유명인
③ 남편의 연간 수입이 1억 5,000만 원 이상인 사람

2. 라이프스타일
① 여행, 연극관람, 음식, 패션
② 교우관계가 넓음
③ 미용에 유달리 많은 돈을 지출
④ 콜라겐을 애용하는 관심 있는 소비자층을 노림

고급 콜라겐 'S'의 신규 판촉 추진 제안 ← ① 목적(제안명)

기본 전략
1. 판로는 판매 대상이 많은 한정된 루트를 통해 인적 판매를 중심으로 확대한다.
2. 기본 전략과 판촉의 역할을 명확히 나누어 목적에 맞는 방법을 활용한다.
3. 지속적인 구매 촉진을 위해 고객 육성 과정에 맞춘 방법을 사용한다.

③ 전략 제안

1. 판매 방법
판매 대상에 맞춘 방문 판매, 소개를 통한 판매 등 인적 판매를 중심으로 판매한다.

2. 판매 촉진 활동

기본 전략		판매 촉진 활동	
명칭	내용	명칭	내용
① 팸플릿	품질의 차이를 명확히 보여준다.	① 샘플 제공	예상 고객에게 제품 체험 기회 제공
② 영업 매뉴얼	유통루트 개척, 고객 설득	② 모니터 활동	신규 예상 고객에 대한 모니터 활동
③ 관련 업무	사용법 설명 엽서 고객 정보 수집	③ 소개 제도	구매 고객의 소개
④ 홈페이지	상품 상세 설명 인터넷 구매 촉진	④ 설명회 개최	경쟁 상품과의 비교 실연
⑤ 전화상담	문의 대응	⑤ PR 활동	소재의 장점을 활용한다.

3. 고객 육성 프로세스

1: 고객 확보	2: 구입·애용	3: 재구매 고객부터 우수 고객
방문 활동 매장 설명회 → 샘플 제공 DM활동 → 모니터 홈페이지 → 전화 상담	업체 등을 통한 홍보 상품을 사용하게 해 'S'의 우수성을 직접 느끼게 함. 고객카드 (고객정보수집) → 전화 상담	지속적인 구입 촉진 고객의 소개 입소문을 통한 소개 → 전화 상담

1 기획 개요

▶ 고품질, 고급화를 통한 차별화를 노린다.

노화에 대한 불안, 건강에 대한 관심이 높아지면서 건강식품 판매가 증가하고 있다. 그 중에서도 콜라겐에 대한 인식이 높아져 많은 관련 브랜드가 등장하고 있다. 경쟁이 치열한 시장에서의 매출 향상을 위해서는 어떻게 해야 할까? 제안서에서는 고급 콜라겐 'S'의 사례를 통한 판매 방식에 대해 생각해 보았다.

이 상품을 판매하는 데 중요한 것은 고급 상품인지 여부이다. 따라서 '돼지고기 추출물', '순도 100%', '물에 잘 녹는 초미립자 파우더'와 같은 장점을 고객에게 전달하는 것은 물론 그것을 판매 전략으로 삼아야 한다.

타깃은 미용과 건강에 신경쓰는 유명인과 부유층의 중·장년 여성이다. 이 타깃을 공략하기 위해서는 부유층 중·장년 여성들의 라이프스타일을 고려해 그들의 특징과 생활수준, 목표 설정을 명확히 해야 한다.

▶ 고급화 전략을 통한 판매 방식을 꾀한다.

고급 상품이라는 차별화된 점을 판매 전략으로 내세우기 위해서는 타깃인 부유층 등에 대한 판로를 재고해야 한다. 그래서 이 제안서에서는 일반 판매 루트를 사용하지 않고 인적 판매를 중심으로 할 것을 제안하고 있다. 당연히 판촉 루트에 대해서도 고려해야 한다.

매출을 상승시키는 '업 셀링(Up selling)'

사용 중인 상품과 구입을 검토 중인 상품보다 한 단계 더 고급·고기능성의 상품을 추천하는 '업 셀링(Up selling)'은 고객이 지불하는 단가를 높일 수 있는 효과적인 판매 방식이다. 42인치 액정 TV나 PDP TV 등을 구입하려고 하는 고객에게 더 큰 50인치 이상의 TV를 추천하거나 자동차를 새로 바꿀 때 보다 고급·고성능인 자동차를 추천하는 등의 방법도 업 셀링 방식이다. 보다 고급·고성능인 상품을 구입해 더욱 멋진 생활을 즐길 수 있다는 것을 잘 전달하는 것이 구입에 결정적인 영향을 미친다. 그래서 업 셀링 방법을 사용할 때에는 왜 고급 제품이나 고기능성 제품이 좋은지를 설득하지 못하면 판매에 성공하지 못한다.

판촉 방법은 기본 루트와 판매 촉진 방법으로 나뉘고 그 중 기본 루트에는 팸플릿과 영업 매뉴얼, 관련 업무, 홈페이지, 전화 상담 등 5가지가 있다.

그리고 판촉 활동으로는 샘플 제공, 모니터 활동, 소개 제도, 설명회 개최, PR 활동 등 5종류를 제안하고 있다.

이런 판로를 다져놓음으로써 단골 고객을 확보하여 지속적인 구매를 촉진할 수 있게 된다.

❷ 작성 포인트

▶ 2단 구성으로 깔끔하게 작성한다.

이 제안서는 7가지 항목으로 나뉘어 상세히 설명하고 있다. 그러나 항목이 많으면 보기가 어려워져 읽는 사람으로 하여금 부담스런 마음이 들게 한다. 그래서 간결하게 보이기 위해 상단의 '현상 분석'과 하단의 '신규 판촉 추진' 등 2단으로 구성된 제안서를 작성했다. 현상 분석과 전략 부분은 각각 다른 종류의 선을 사용했다.

또 각 부분을 상세하게 나누어 상단에는 현상 분석, 상품 특징, 대상 설정 등 세 항목을 작성하고, 하단의 신규 판촉 추진에는 기본 전략의 제안, 판매 방법, 판매 촉진 활동, 고객 육성 프로세스 등 네 항목으로 작성했다.

▶ 읽기 쉽게 작성한다.

이 제안서는 내용과 구성 요소가 많아 복잡하다. 그러나 그래프와 사진으로 설명할 수 있는 부분이 없다. 그래서 글자 색, 크기, 두께, 항목을 조정해 가능한 한 보기 쉽게 만들어야 한다.

글자를 사용해 보기 좋은 제안서를 만들기 위해서는 제안서의 윤곽선과 글자를 적절히 배치하는 것이 중요하다. 이때 글의 첫 부분 위치가 잘못 배치되거나 각 항목 상자의 위치가 제멋대로 되어 있으면 제안 내용까지 '제멋대로'인 인상을 준다. 따라서 눈금선을 잘 활용해 각 항목의 위치를 보기 좋게 조정해야 한다.

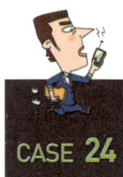

CASE 24

••• 종합 의류매장 → 전문점 특화로 살아남는다

소규모 상점에 대한 방침 개혁 제안서

대형 매장의 등장과 전문점의 공세로 동네 상점들이 고전을 면치 못하고 있다. 동네에 뿌리를 내려온 이런 상점들이 살아남아 새로운 부가가치를 창출하는 방법을 제안한다.

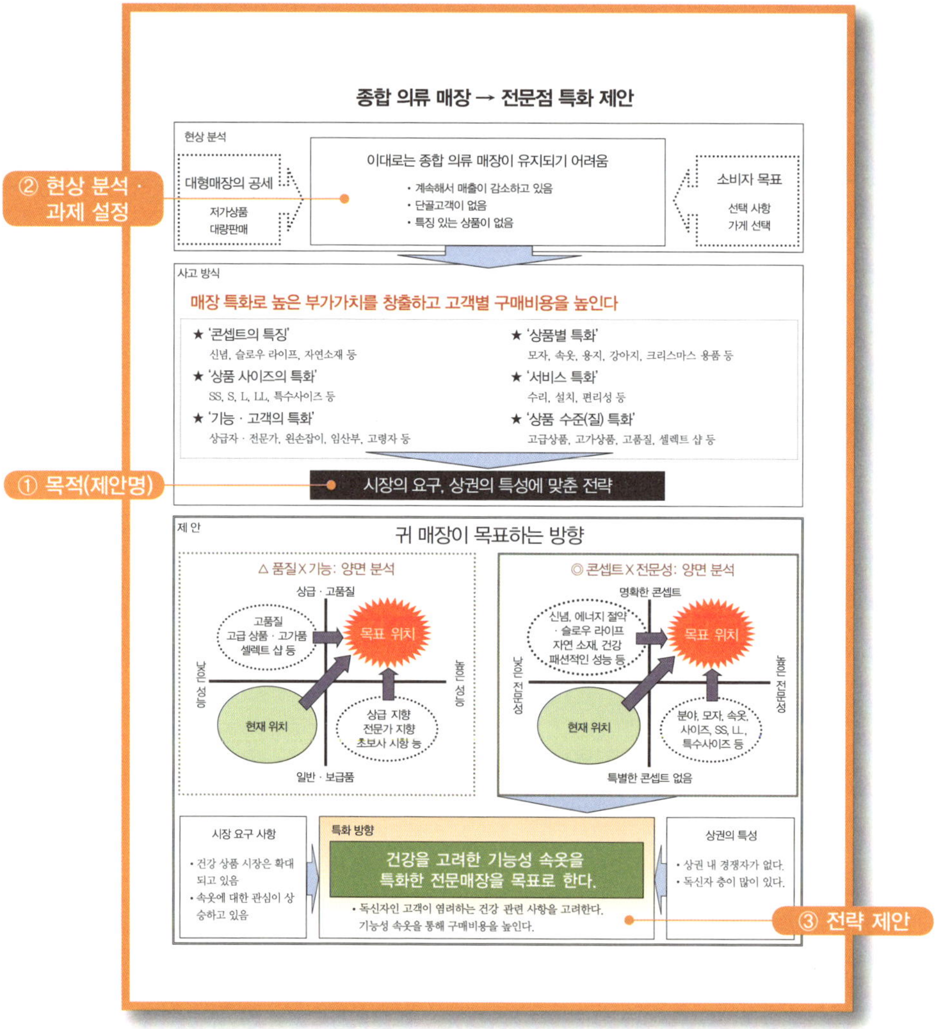
종합 의류 매장 → 전문점 특화 제안
현상 분석
대형매장의 공세
저가상품
대량판매
이대로는 종합 의류 매장이 유지되기 어려움
• 계속해서 매출이 감소하고 있음
• 단골고객이 없음
• 특징 있는 상품이 없음
소비자 목표
선택 사항
가게 선택
② 현상 분석 · 과제 설정
사고 방식
매장 특화로 높은 부가가치를 창출하고 고객별 구매비용을 높인다
★ '콘셉트의 특징'
신념, 슬로우 라이프, 자연소재 등
★ '상품 사이즈의 특화'
SS, S, L, LL, 특수사이즈 등
★ '기능 · 고객의 특화'
상급자 · 전문가, 왼손잡이, 임산부, 고령자 등
★ '상품별 특화'
모자, 속옷, 용지, 강아지, 크리스마스 용품 등
★ '서비스 특화'
수리, 설치, 편리성 등
★ '상품 수준(질) 특화'
고급상품, 고가상품, 고품질, 셀렉트 샵 등
① 목적(제안명)
시장의 요구, 상권의 특성에 맞춘 전략
제 안
귀 매장이 목표하는 방향
△ 품질 X 기능: 양면 분석
상급 · 고품질
고품질
고급 상품 · 고가품
셀렉트 샵 등
목표 위치
낮은 성능
높은 성능
현재 위치
상급 지향
전문가 지향
초보자 지향 등
일반 · 보급품
◎ 콘셉트 X 전문성: 양면 분석
명확한 콘셉트
신념, 에너지 절약
· 슬로우 라이프
자연 소재, 건강
패션적인 성능 등
목표 위치
낮은 전문성
높은 전문성
현재 위치
분야, 모자, 속옷,
사이즈, SS, LL,
특수사이즈 등
특별한 콘셉트 없음
시장 요구 사항
• 건강 상품 시장은 확대되고 있음
• 속옷에 대한 관심이 상승하고 있음
특화 방향
건강을 고려한 기능성 속옷을
특화한 전문매장을 목표로 한다.
• 독신자인 고객이 염려하는 건강 관련 사항을 고려한다.
기능성 속옷을 통해 구매비용을 높인다.
상권의 특성
• 상권 내 경쟁자가 없다.
• 독신자 층이 많이 있다.
③ 전략 제안

1 기획 개요

▶ 현재의 위기감을 바탕으로 제안한다.

대형 매장의 낮은 가격, 대량 판매를 통한 공세로 지역 상점가가 몸살을 앓고 있다. 또 소비자에게 '보는 눈'이 생겨 특색 없는 매장에는 금세 싫증을 내곤 한다. 그래서 까다로운 소비자는 '가격', '품질', '편리성' 등으로 인해 동네 상점이 아닌 대형 매장을 선택한다.

제안처는 상점가에 있는 양품점인데, 소비자의 취향을 분석해 목표로 삼을 매장 형태를 명확히 제시한다.

▶ 분석 결과를 바탕으로 향후 방침을 찾는다.

지역 상점이 살아남기 위해서는 특색 있는 가게로 바뀌어야 한다. 그러나 가격으로는 대형 매장을 이길 수 없으므로 가격 이외의 방법을 찾아야 한다. 즉, 상품 사이즈나 서비스 같은 것을 특화하는 것이다.

이 제안서에서는 6가지 가능성을 제시하고 있다. 여기에 지역 소비자의 요구, 상권의 특성과 같은 요소를 더해 하나의 전략을 만들 수 있다.

제안하는 전략은 '품질×기능', '콘셉트×전문성' 등의 포지셔닝맵을 사용하는 것이다. 이 두 가지 전략 중 '콘셉트×전문성'을 선택해 '건강을 고려한 기능성 속옷을 특화한 전문매장을 목표로 한다'는 제안을 했다.

시대에 적합한 라이프스타일 제안으로 매출을 상승시킨다.

단일 상품 판매가 어려워지면서 소비자에게 라이프스타일을 제안하는 새로운 형태의 매장이 고객의 관심을 끌고 있다. 이런 형태의 매장은 단일 상품 판매 매장보다 더 많은 매출을 올리고 새로운 수요를 확보하고 있다. 이를 바탕으로 모든 매장은 소비자의 입장을 고려한 판매 방식을 재검토할 필요가 있다. 라이프스타일 제안으로는 '에너지 절약 제안', '건강한 생활 제안', '숙면 제안', '아름다운 다리 만들기 제안', '아름다운 피부 만들기 제안' 등이 있는데, 소비자가 바라는 새로운 제안도 할 수 있다. 또 미국, 이탈리아, 북유럽 등 '선진국들의 생활양식 제안'과 '친환경 제안' 등 발상의 전환에 의한 판매 방식도 효과적일 것이다.

2 작성 포인트

▶ 비교를 통해 설득력을 높인다.

제안서의 중간 부분에는 포지셔닝맵을 배치했다. 포지셔닝맵은 이 제안서의 가장 중요한 항목으로 보기 쉽고 알기 쉽게 향후 전략의 방향성을 보여주고 있다.

왼쪽 포지셔닝맵의 세로축은 '품질', 가로축은 '기능'으로 현재 위치는 왼쪽 아래에 있다. 이를 통해 현재 품질과 기능이 명확한 특징을 갖고 있지 않다는 것을 알 수 있다.

오른쪽 포지셔닝맵에서는 세로축에 '콘셉트', 가로축에 '전문성'을 배치했다. 현재 위치는 왼쪽 포지셔닝맵과 같이 왼쪽 아래에 있는데, 지역 상권에서 건강 관련 상품과 속옷에 대한 수요가 있음을 파악하고 이를 향후 콘셉트로 제안하기로 했다.

제안서가 보다 설득력을 가지게 하는 방법은 두 가지 내용을 제시·비교해 제안을 효율적으로 설명하는 것이다.

▶ 포지셔닝맵을 강조한다.

제안서는 현재 상황 분석, 생각, 제안이라는 기본적인 3단 구성으로 되어 있다. 대형 매장과 상점가에 있는 가게는 지역과 얼마나 긴밀한 관계를 맺고 있는지 여부에 따라 매출이 차이가 난다. 그래서 우선은 지역에 주안점을 둔 현상 분석을 실시했다.

윗부분과 중간 부분에서는 향후 방향을 제시하고 하단에서는 구체적인 해설과 결론을 명시했다.

이 제안의 핵심은 포지셔닝맵이다. 여기에서는 현재 상황과 목표로 삼아야 하는 방향을 제시하고 부족한 것, 몸에 익혀야 할 것을 쉽게 이해할 수 있게 했다. 포지셔닝맵을 강조하기 위해서는 우선 충분한 공간을 확보하고 어떤 색을 사용할지 고려해야 한다.

••• '하나의 목소리, 하나의 상품, 하나의 꽃' 운동으로 상가를 활성화하라

CASE 25

'상가 재생 운동' 제안서

지방 상가에 활기가 없어지고 있다. 특히 지방에서는 아예 셔터를 내린 상가도 증가하고 있다. 이 제안서에서는 '의사소통'에 착안해 앞으로의 생존 방법을 제안한다.

① 목적(제안명)　② 현상 분석·과제 설정

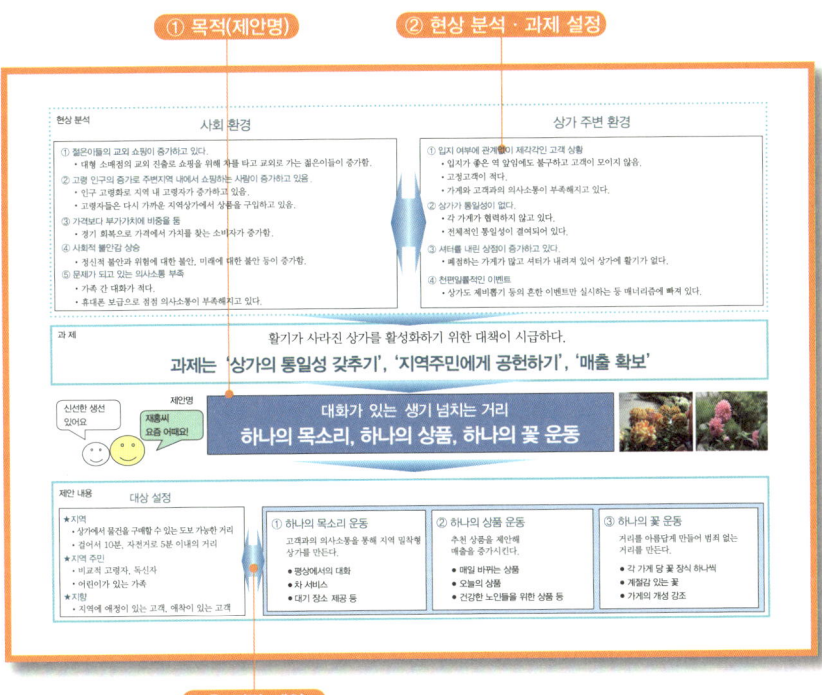

③ 전략 제안

 기획서의 흐름을 보여주기 위해서는 블록 화살표나 ▽를 사용한다. ★★

기획서를 작성할 때에는 방향을 제시하는 도형을 함께 사용하면 제안하고자 하는 내용의 흐름을 보기 쉽게 처리할 수 있다. 이렇게 작성하는 데에는 블록 화살표가 편리한데, 블록 화살표는 그리기 도구에서 '블록 화살표'에서 사용하고 싶은 방향이나 ▽모양의 화살표를 선택해 사용한다. 또 블록 화살표 이외에 같은 '도형'의 '기본 도형'에 있는 이등변삼각형이나 직각삼각형을 사용해도 된다. 그러나 이 경우에는 필요에 따라 도형을 회전시키거나 도형이 가리키는 방향을 이야기의 흐름에 맞춰 변경해야 한다.

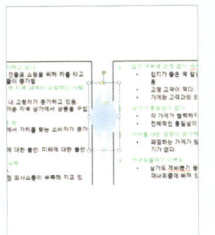

◀ 화살표의 방향으로 이야기의 흐름을 쉽게 보여줄 수 있다. 이때 색과 그러데이션 효과를 사용하는 것도 효과적이다.

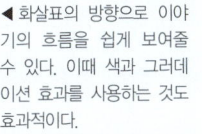

▶ 삼각형은 선택한 상태에서 ○를 드래그해서 회전시키거나 '그리기'→'회전 또는 대칭'을 사용해 방향을 바꿀 수 있다.

1 기획 개요

▶ **사회적 관점에서의 이상적인 '상가'의 모습을 표현한다.**

지방 상가를 중심으로 활기를 잃고 가게 셔터를 내리는 곳이 증가하고 있다.

이는 몇 가지 원인을 생각할 수 있는데, 그 중 하나는 각 가게가 제각각의 판매 방식을 보이고 있어 전체적인 통일감이 결여되어 있다는 것이다. 또 지역 사회의 고령화로 상가의 모습이 달라진 것도 원인 중 하나이다. 이런 상황 속에서 상가를 이용하는 지역 고령자를 중심으로 활기를 되찾는 상가가 등장하고 있다.

특히 불안, 위험, 의사소통 부족 등이 화두가 되는 요즘 같은 시대에 지역 상가가 활기를 되찾게 된다면 이런 사회적 문제도 동시에 해결될 수 있을 것이란 기대를 모은다.

▶ **하나의 목소리, 하나의 상품, 하나의 꽃 운동을 벌인다.**

이 제안서에서는 제안처인 상가의 현재 상황을 분석하고 활기를 되찾기 위한 과제를 도출하고 있다. 도출된 과제는 '상가 통일하기', '지역주민에게 공헌하기', '매출 확보하기' 등 세 가지이다. 또 이 과제들을 실현하고 대화가 있는 생기 넘치는 거리를 만들기 위해 '하나의 목소리, 하나의 상품, 하나의 꽃 운동'을 테마로 한 제안을 실시하게 되었다.

'하나의 목소리'는 고객과 의사소통하는 것을 목표로, 지역 밀착형 상가를 조성하고 차와 대기 장소 등의 휴식·공간을 제공한다.

'하나의 상품'은 각 가게가 추천 상품을 하나씩 제공하여 매출을 증대시키는 것으로, 관련 상품으로는 매일 바뀌는 상품, 오늘의 상품, 건강한 노인들을 위한 상품 등이 있다.

'하나의 꽃'은 꽃으로 거리를 아름답게 가꾸고 안전한 거리를 만들기 위해 가게마다 꽃을 하나씩 장식하는 것이다. 계절감 있는 꽃이 각 가게에 놓여 있으면 상점가가 더욱 생기 있어 보일 것이다.

② 작성 포인트

▶ 4단 구성으로 현상 분석에 중점을 둔다.

이 제안서는 4단 구성으로 현상 분석이 반 이상의 비중을 차지하고 있다. 현상 분석에 많은 공간을 할애한 이유는 왜 이 제안을 하고 있는지를 명확히 밝혀 상가에 위기의식을 느끼게 하기 위해서이다. 각 항목은 관련 부분을 화살표로 연결하고 있다. 글이 많은 제안서에서 그러데이션 화살표는 시각적으로 흐름을 강조해서 보여주는 효과가 있다.

▶ 그림과 사진을 통해 제안서의 테마인 '생동감'을 표현한다.

제안 테마는 '대화가 있는 생기 넘치는 거리'로 전체적으로 생동감 있고 활동적인 이미지를 보여주는 것이 중요하다.

그래서 제안서에서는 얼굴 모양 그림에 설명선을 붙이고 설명선의 대사를 통해 구체적으로 어떤 '하나의 목소리', '하나의 상품'인지를 보여주고 있다. 오른쪽에는 계절에 맞는 꽃 사진을 넣어 '하나의 꽃'을 표현했다.

하단의 '실시 시책'에서는 구체적인 제안으로 어떤 것을 하는지 상세히 설명하는 공간을 만들었다. 이런 구체적인 대책을 넣음으로써 금방 할 수 있는 것, 간단히 할 수 있는 것, 누구에게라도 할 수 있는 것을 쉽게 전달할 수 있다.

••• 인재 파견업의 부가가치를 높여라

CASE 26

홈페이지 리뉴얼 제안서

홈페이지 리뉴얼은 방법이 많은 만큼 바꾸고 싶은 부분이 많이 생긴다. 현재 상황에서 경쟁에서 이기기 위해 무엇이 가장 중요한지를 찾아내는 효과적인 리뉴얼을 제안한다.

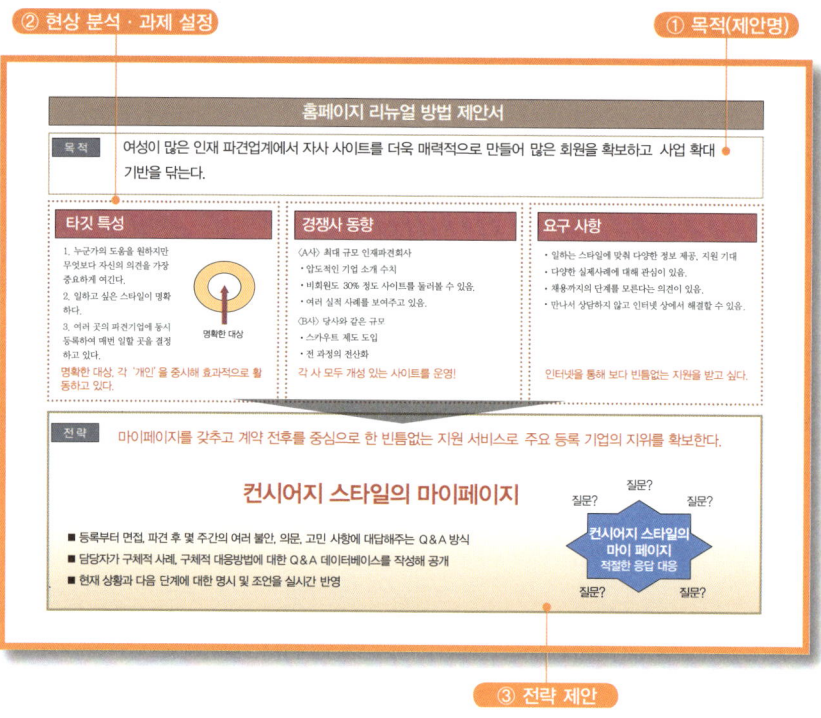

 기획서 내의 필요한 곳에 필요한 형태의 도형을 만든다.

기획서에서 도형을 만들고 싶을 때에는 그리기 도구에서 '도형'을 선택한다. 여기에는 다양한 형태의 도형이 있는데 선택만 하면 쉽게 이용할 수 있다. 이때 사용하고 싶은 도형을 선택하고 슬라이드에 원하는 크기대로 드래그만 하면 된다. 도형의 위치와 크기는 작성 후에도 자유롭게 변경할 수 있다.

▶ 도형은 색과 윤곽선을 사용하거나 문자를 입력할 수 있다. 화면의 도형은 '별 및 현수막'에 있는 '포인트가 8개인 별'을 사용한 것이다.

① 기획 개요

▶ 리뉴얼 목적과 향후 진행 방향을 명확히 제시한다.

이 제안서는 인재 파견업체의 홈페이지 리뉴얼을 위해 작성한 것이다. 경쟁이 치열한 인재 파견업계 업체들은 모두 개성 있는 사이트를 운영하고 있다. 이런 상황 속에서 홈페이지를 리뉴얼하는 것이므로 우선 타깃을 압축해야 한다.

이 제안서의 주요 타깃은 '누군가의 도움을 원하지만 무엇보다 자신의 의견을 가장 중시하고', '일하고 싶은 스타일이 명확하며', '여러 곳의 파견기업에 동시 등록하여 일할 곳을 매번 결정하고 있는' 사람들이다. 이들은 각각의 '개성'을 중시하고 효율적으로 사이트를 이용하고 있다.

타깃의 여성들은 자신의 스타일에 적합한 다양한 정보와 실제 사례, 그리고 세심한 지원을 원한다. 또 이들은 채용까지의 단계를 파악하지 못하고 있음과 직접 상담이 아닌 인터넷을 통해 모든 것을 해결하고 싶다고 하였다. 일방적으로 정보를 제공하는 사이트에서는 이런 요구에 응하지 않았다. 그러나 이제 사이트 이용자가 '편리하게 사용할 수 있고 보다 상세한 정보를 얻을 수 있다'고 느낄 만한 사이트로 리뉴얼할 필요가 있다.

▶ 이용자의 요구를 파악해 전략으로 활용한다.

전략 제안은 인터넷을 통한 정보 제공에만 의존하지 않고 인터넷을 통한 일대일(One to One) 커뮤니케이션을 목적으로 한다. 그것이 '컨시어지 스타일 마이페이지'이다.

이 페이지의 특징은 고객의 질문과 어려움에 대해 적절히 응답하고 대응하는 것이다. 인재 파견업체를 통해 일하는 여성은 모두 다른 문제를 안고 있다. 따라서 개별적인 대응을 할 수 있고 개별적으로 질문을 주고받을 수 있는 시스템을 구축하고자 하는 것이 이 제안의 내용이다. 이런 시스템을 구축하기 위해 이 제안서에서는 등록, 면접, 파견 개시 후의 여러 불안, 의문, 고민에 응답하는 Q & A 방식을 채택할 것을 권하고 있다. 또 세심한 지원 서비스로 사이트 정착률을 높이고 신뢰성을 향상시켜 메인 등록업체라는 지위를 확보하고자 한다.

② 작성 포인트

▶ 원활하게 결론을 유도한다.

제안서는 타이틀을 제외하고 3단으로 간결하게 작성했다.

상단에는 목적, 중간 부분에는 타깃 특성, 경쟁사 동향, 요구 사항 등 3항목을 나열했다. 이러한 구조는 형식에 변화를 주지 않고도 깔끔한 제안서를 작성할 수 있고, 결론을 원활하게 도출할 수 있기 때문이다.

또 각 항목 모두 결론 부분의 내용을 글을 크게 하고 강조해 최종 결론을 알 수 있도록 작성했다. 이를 바탕으로 하단을 전략 제안을 하는 흐름으로 작성했다.

▶ 결론을 강조한다.

글 위주의 기획서에서는 결론 부분에 이를 때까지 질리지 않도록 하는 것이 중요하다. 왼쪽에서는 전략 부분을 강조하기 위해 '컨시어지 스타일 마이페이지'의 글자를 최대 크기로 하고 글꼴도 강조했다. 또 전략 부분에만 그러데이션 효과를 사용해 결론을 강조했다.

CASE 27

••• 신규 고객 확보를 위한 신상품 개발을 촉구하자

태블릿 신상품 개발 제안서

시장이 성숙 단계에 도달했을 때에는 개성 있는 상품으로 새로운 고객을 유인할 필요가 있다. 이 제안서에서는 올바른 포지셔닝을 실시해 신상품 개발과 신규 분야에 대한 진출을 제안한다.

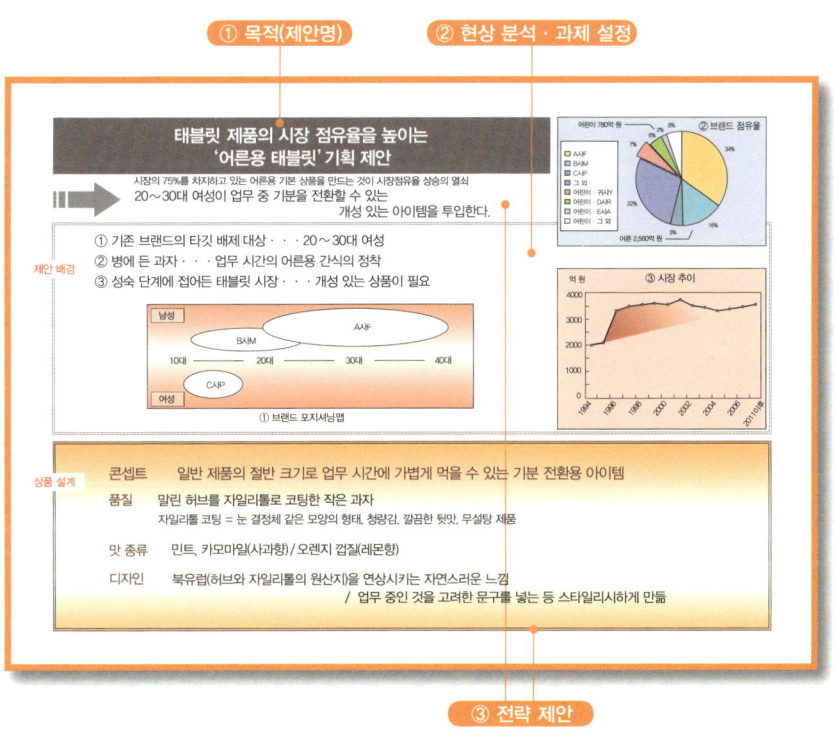

※ 태블릿 : 크기가 작은 알갱이 모양의 과자

파워포인트 테크닉 ★★ 다른 소프트웨어로 작성한 그림을 파워포인트에서 사용한다.

파워포인트 이외의 프로그램으로 작성한 그림과 그래프도 파워포인트에서 사용할 수 있다. 그림 파일 형태로 저장된 자료일 경우 특수한 형식의 파일이 아닌 이상 사진과 같은 방법으로 붙일 수 있다. 또 그 외에도 대부분의 경우 복사 & 붙여넣기 기능을 이용하면 데이터를 활용할 수 있다. 파워포인트에서는 '편집' 메뉴의 '붙여넣기'나 '선택하여 붙여넣기' 등을 사용한다.

- 파워포인트 이외의 프로그램으로 작성한 그림과 그래프를 붙여 넣은 경우에도 모양이 달라지지 않는다.
- 붙여넣은 그래프에는 텍스트상자 등을 사용해 필요한 글자를 추가할 수 있다.

1. 기획 개요

▶ 포지셔닝을 통해 신상품의 목적을 제안한다.

제안처인 기업은 태블릿 제조·판매업체이다. 이 시장은 성장이 멈춘 상태로 성숙기에 들어섰다.

성숙기의 주춤하는 매출을 타파하기 위해서는 새로운 수요를 창출할 수 있는 개성 있는 상품을 투입해야 한다. 그래서 이 제안서에서는 신상품 투입에 대해 제안하고 있다.

제안처인 기업은 어린이 제품 분야에서 가장 많은 점유율을 차지하고 있다. 그러나 전체 시장의 75%인 어른을 대상으로 한 제품 분야에서는 브랜드를 정착시키지 못하고 있다. 제안서에서는 이 분야를 타깃으로 삼고 있다. 새로운 분야에서 기본적인 상품을 만드는 것이 시장 점유율 상승의 열쇠가 되기 때문이다.

어른을 대상으로 한 제품 브랜드로 시장 포지셔닝을 했을 때, 가능성 있는 것으로 보이는 것이 20~30대 여성을 대상으로 한 시장이다. 최근 어른들이 업무를 하면서 먹는 과자가 유행했다. 따라서 여기에서는 이런 트렌드에 맞춰 여성들이 원하는 아이템을 시장에 투입하기를 제안하고 있다.

▶ 차별화가 어려운 분야에서는 개성이 중요하다.

제안 상품은 '어른용 태블릿'이다. 콘셉트는 ''일반 상품의 절반 크기로 업무 시간에 가볍게 먹을 수 있는 기분 전환용 아이템'이다.

태블릿 과자는 단순한 상품이므로 차별화된 상품을 만들기가 어렵다. 또 옮겨가기 쉬운 고객의 마음을 붙잡아 자사의 상품을 구매하도록 하기 위해서는 개성적인 상품을 만들어야 한다. 그래서 대부분의 상품에 인공적인 재료를 사용한 이 분야에 제안자는 자연 소재인 드라이허브를 투입할 것을 제안했다. 제안하는 제품은 허브를 자일리톨로 코팅해 청량감과 깔끔한 뒷맛을 느낄 수 있는 것이 특징이다. 맛은 일반적인 민트를 비롯해 3종류를 상정하고 있다.

② 작성 포인트

▶ 도표를 사용해 자사의 위치, 신상품 투입 목표를 전달한다.

제안서는 3가지 도표를 강조하여 작성했다. 그 중에서 브랜드 포지셔닝은 상하를 성별로 나누고 그 경계선을 그러데이션으로 구분지었다. 가로축은 연령으로 경쟁사의 고객층을 보여주고 있다.

▶ 신상품의 중요성을 느끼게 한다.

이 기획서는 앞에서 결론을 제시하고 있다. 먼저 '어른용 태블릿'이라는 새로운 키워드로 주의를 끌고 난 후, '제안 배경', '상품 설계' 등의 구체적인 설명을 하고 있다.

제안 배경은 3가지 그림을 사용해 설명했다. 어른용 태블릿이 시장의 어떤 소비자를 대상으로 삼고 있는지, 왜 그 대상에게 사업 기회가 있는지를 간결하게 작성한 것이다.

'상품 설계' 부분에서는 어떤 상품인지 쉽게 떠올릴 수 있도록 되도록 많은 키워드를 제시하고 있다. 이 제안서는 어디까지나 상품 개발의 필요성과 콘셉트를 제안한 것으로 어른용 태블릿이라는 제안에 충분한 흥미를 가지게 하는 것이 가장 큰 목적이다. 상품에 대한 자세한 사항은 나중에 첨부자료 등을 통해 보충하도록 하자.

4 구체적인 대책을 제안하는 전술 제안서 작성법

구체적인 해결책을 제안하는 전술 제안서는 3가지 구성 요소로 작성한다. 우선 목적과 제안 내용, 일정, 비용·효과를 구체적으로 제안한다. 그리고 활용사례나 성공사례를 더하면 보다 설득력을 높일 수 있다.

구성 요소 : ① 목적 ② 전술 제안 ③ 일정, 예산·효과

● 기본 패턴

| ① 목적(제안명) |
| ② 전술 제안 |
| ③ 일정, 예산·효과 |

● 응용 패턴 A

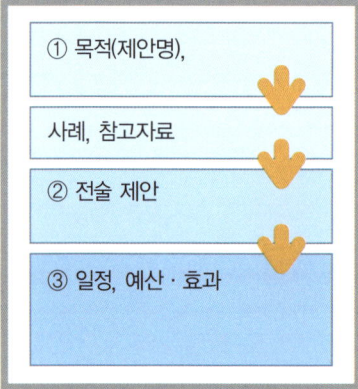

사례, 참고자료를 넣어 4단 구성으로 하는 방법으로 과제가 보다 명확해진다.

● 응용 패턴 B

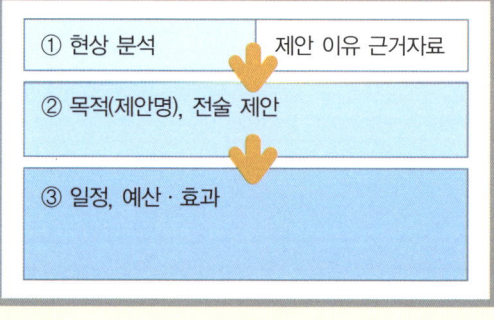

기획서의 순서가 현상 분석부터 시작되는 논리적인 구성으로 된 기획서이다.

1 실시 방법을 구체적으로 제안한다.

전술 제안서는 전략을 '어떻게 실시할지를 구체적으로 제안하는' 것이다. 전략을 어떤 방향으로 진행할지를 작성한 전략 제안서와는 달리 그 전략을 어떻게 실시할지를 제안하는 것이 전술 제안서이다. 그러므로 '실시 내용을 구체적으로 명확히 제안하는 것'이 중요하다. 제안서에서 가장 많은 공간을 차지하고 있는 것은 '전술 제안'이다. 물론 공간적 여유가 있어 근거자료를 추가하면 보다 설득력이 향상된다. 그러나 근거자료는 가능한 한 전체 공간의 10~20% 정도만 사용하도록 하자. 이에 대한 내용은 129쪽과 147쪽의 기획서 사례 등을 통해 볼 수 있다.

2 구체적인 전개 방법과 내용을 제시한다.

전술 제안서는 더욱 구체적인 전개 방법과 전개 내용을 제시하는 것으로 상대에게 제안 내용을 강하게 어필할 수 있다. 앞으로 소개할 기획서 사례처럼 매장 제안에서는 '매장의 레이아웃 이미지', 쿠폰 제안에서는 '쿠폰 내용', 조사 제안에서는 '앙케트 질문 항목'에 근거한 제안으로 보다 설득력을 높이도록 하자. 또 이미지 사진 등을 넣으면 제안 내용에 대해 더욱 구체적으로 쉽게 검토할 수 있다. 만일 제안 내용이 많아 A4 한 장으로 충분히 설명할 수 없는 경우, 기획서에는 전체적인 내용을 작성하고 별도의 첨부자료로 도면과 관련 자료 등을 준비하도록 하자.

3 활용사례, 성공사례 등이 있으면 설득력을 높일 수 있다.

전술 제안서는 자사가 제안하는 구체적인 제안 내용뿐 아니라 '타사와 다른 업계에서의 활용 사례를 제시'함으로써 제안 내용을 보다 잘 이해시킬 수 있다. 기획서 사례에 있는 사회적 네트워크 서비스(SNS) 제안에서는 '판촉 활용사례'를, 시험적인 사용 방법 제안에서는 '시험적인 사용 방법을 활용하고 있는 업계, 상품 사례'를 소개하고 있다. 또 '성공사례' 등을 포함시키면 제안을 받는 측에 객관적인 판단 자료를 제공할 수 있으므로 한결 설득하기 쉬워진다. 123쪽의 '고객 소개 캠페인 실시 제안서'와 150쪽의 '건강음료 '매장 POP' 판촉 제안서' 등의 기획서 사례를 참고하기 바란다.

4 일정, 비용, 예상 효과를 명시한다.

구체적인 실시 제안을 위해 제안에서 실시까지의 일정과 이 제안에 얼마의 비용이 드는지, 또 이 제안서를 실시했을 때의 예상 효과를 표시한다.

일정은 쉽게 파악할 수 있도록 제안이 채택되고 나서 실시까지의 '준비 기간', 그 기획을 실시하는 '실시 기간', 지원 업무가 있는 경우에는 '지원 기간'까지 제안한다. 공간이 적을 경우에는 글로 표현하면 되지만 공간적인 여유가 있을 경우에는 세로축에 항목, 가로축에 기간(연월)을 쓰고 그 사이를 화살표로 표시하면 시각적으로 표현할 수 있다. 화살표는 점선, 실선 등을 사용하거나 색을 넣어서 준비 기간과 실시 기간의 차이 등을 한눈에 알 수 있게 한다.

비용은 총비용으로 제시하거나 큰 항목으로 제시한다. 상세한 내용은 별도의 견적서를 첨부하도록 하자.

예상 효과는 이 제안을 실시했을 경우의 효과를 예상하는 것으로 필수적인 요소는 아니다. 그러나 제안서에 들어 있으면 설득력을 높일 수 있으므로 가능한 한 제시하도록 한다. 제안 실시 효과는 그 업무의 실무 경험과 타사에서의 실시 자료가 없으면 좀처럼 예측하기 어렵다. 그러므로 평소부터 실시 효과 자료를 수집하기 위해 노력하도록 한다.

CASE 28

••• 고객을 통한 신규 고객 소개 제도를 성공시켜라

'고객 소개 캠페인' 실시 제안서

고객이 고객을 소개하는 고객 소개 캠페인은 업계에서는 이미 중요한 판매 수단 중 하나가 되었다. 적은 비용으로 실시할 수 있는 이 제도를 성공시키기 위한 노하우를 제안한다.

고객 소개 제도 캠페인을 성공시키는 3가지 핵심 사항

1. **고객만족도가 높지 않으면 고객을 소개받을 수 없다.**
   - 고객만족도가 높은 고객에게 한정적으로 실시한다.
   - 고객만족도가 높은 고객, 단골의 경우, 자발적으로 소개한다.
   - 충성도가 낮은 고객에 대한 소개의뢰는 효과가 없을 뿐 아니라 기업이 신뢰성을 잃게 된다.

2. **소개한 고객을 만족시키지 못하면 실패한다.**
   - 고객을 소개하면 사례를 한다는 것을 강조하면 사례를 노린 소개를 하게 된다.
   - 소개한 고객에게 감사한 마음을 전달하는 방법을 통해 오랫동안 제도가 지속될 수 있다.

3. **고객소개 캠페인이 성공하기 위해서는 독자적인 방법이 필요하다**
   - 고객소개 캠페인은 기업비밀이므로 공표되지 않는다.
   - 안이한 대응으로는 성공할 수 없다.
   - 자사의 상품 특징에 적합한 캠페인을 벌여야 한다.
   - 고가상품과 서비스 부문은 신뢰성이 높은 고객으로부터 다른 고객을 소개받는다.

→ **사례, 참고 자료**

↓

제안 내용

성공 사례
주택 시공업체 이사, 통신판매 의사 등은 소개가 많다.

현재 상황
1. 고객만족도가 높다.
2. 충성도가 높은 고객의 데이터를 보유하고 있다.
3. 구매한 고객의 추천을 받고 구매하는 사람이 많다.

낮은 비용
다른 고객을 소개하면 특전이 주어지므로 낮은 비용으로 실시 가능

고객소개 캠페인이 쉽게 성공할 수 있는 조건을 갖추고 있다.

→ **① 목적(제안명)**

소개 제도 'Thanks 캠페인' 실시 제안

실시 방법: 고객만족도가 높은 고객에게 친한 고객을 소개받는 것.
타이틀: 평소 감사한 마음을 담아서! 'Thanks 캠페인'
소개특전: 소개하는 사람 '감사선물' 증정, 소개받는 사람 '10,000원 상품권'
소개자 선정: '고객만족도가 높은 A랭크, B랭크' 고객. 3,000명.
소개방법: 소개하는 사람에게 DM발송.
'감사선물' DM, 내용 – 인사, 감사선물, 소개카드(상품권 첨부)

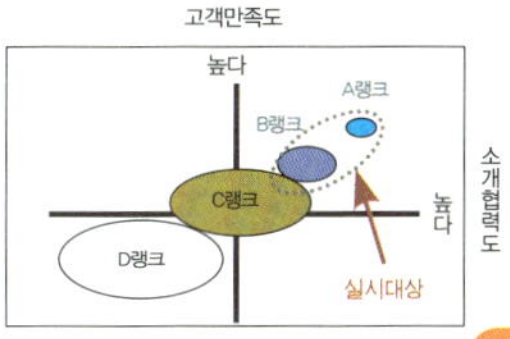

(고객만족도/소개협력도 그래프: A랭크, B랭크, C랭크, D랭크 — 실시대상)

→ **② 전술 제안**

↓

일정
- 준비 기간: 3개월
- 제도 실시 기간: 2개월

비용: 고정비용 0000만 원, 변동비용 @0000원(소개에 응해 발생한 비용)
예상 효과: DM배포 수의 16% 소개

→ **③ 일정, 예산·효과**

1 기획 개요

▶ **고객 소개 캠페인을 성공시키는 3가지 핵심 내용을 다룬다.**

'고객 소개 캠페인'은 '고객 만족도 향상', '소개하는 고객 만족시키기', '자사의 상품 특징에 맞는 독자적인 캠페인 실시'로 확실히 고객을 유치하는 것이 핵심 내용을 이룬다. 고객 소개 캠페인의 효과는 알려지지 않은 것이 많아 정확한 실태를 파악하기가 쉽지 않다. 따라서 캠페인을 안일하게 실시할 경우 거의 효과가 나타나지 않는다. 이 제안서에서는 자사에서 실적을 향상시킬 수 있는 보다 효과적인 고객 소개 캠페인을 제안하고 있다.

▶ **현상을 분석하고 부족한 부분을 보충하는 제안을 한다.**

제안처인 기업은 '고객 만족도가 높고', '충성도가 높은 고객의 자료를 보관하고 있으며', '구매 고객의 권유로 구입하는 고객이 많은' 등 고객 소개 캠페인이 성공하기 쉬운 조건을 갖추고 있다. 이런 기업에게 요구되는 것은 '기존 고객의 소개'와 '각 기업에 적합한 방법 도입' 등이다. 그래서 이를 보충하기 위해 'Thanks 캠페인'을 제안하고자 했다. 효과적인 고객 소개 캠페인을 위해서는 기존 고객을 몇 개의 그룹으로 나누고 그 중에서 소개를 부탁할 수 있는 고객들을 선발한다. 제안서에서는 고객을 만족도가 높은 순서대로 A랭크, B랭크, C랭크, D랭크로 나누고, A랭크, B랭크를 대상으로 고객 소개 캠페인을 실시하도록 제안하고 있다. 소개해준 고객에게는 감사 선물을 보내 만족도를 더욱 높이도록 한다.

기획제안 힌트 매장 내 체험을 통해 판매하는 '홈시어터' 판매 테크닉

홈시어터 관련 상품이 인기를 얻고 있다. 매장에서 직접 상품을 사용해볼 수 있는 것이 판매량 증가의 원인이다. 현재 홈시어터 매장은 슬림형 TV와 음악을 조합시킨 홈시어터를 고객의 가정과 같은 공간에서 실제로 체험하게 함으로써 성공적으로 판매를 하고 있다. 보통 각 상품은 상품별로 판매되기 때문에 PDP, 프로젝터, DVD 등과 영상, 음향 시설이 따로 전시된다. 그러나 이런 전시로는 홈시어터의 우수성을 직접 느낄 수 없었다. 그래서 일반적인 소비자의 가정과 비슷한 크기의 방에서 고객이 제품을 직접 사용할 수 있게 했고, 이것이 판매의 성공 요인이 되었다. 이 외에 에어컨 방, 자동차 네비게이션, 디지털 카메라, 음향 시설 등의 체험 행사가 성공을 거두고 있다.

2 작성 포인트

▶ 논거를 가장 먼저 제시해 제안 방침을 명확히 한다.

제안서는 '제안 타이틀', '제안 내용', '일정·비용·예상 효과'처럼 기본 패턴으로 이루어져 있다. 그러나 서두에 '고객 소개 캠페인을 성공시키는 3가지 핵심 사항'을 넣어 제안서가 올바른 방향을 제시하고 있다는 것을 논리적으로 설명하고 있다. 이렇게 논거를 서두에 내세움으로써 제안 내용이 설득력 있게 보이도록 했다.

2번째 단락의 현상 분석에서는 왼쪽에 성공사례, 오른쪽에 낮은 비용을 제시했다. 이 단락에서는 블록 화살표가 중앙을 향하도록 했다. 이것은 제안 내용의 설득력을 높이는 '보조 장치' 역할을 하고 있다.

제안 내용에서 중요한 것은 3번째 단락으로 캠페인의 개요를 항목별로 작성해 읽기 쉽게 만들었다.

▶ 중요한 부분은 그림으로 전달한다.

제안서에서는 두 가지 그림을 사용해 제안 내용을 알기 쉽게 전달하고 있다.

첫 번째는 '귀사의 현재 상황' 부분으로 현재 갖추고 있는 3가지 장점을 보여주기 위해 그림으로 작성했다.

두 번째는 포지셔닝맵이다. 포지셔닝맵은 기존 고객을 4개 그룹으로 나눌 때 어떻게 나누고 어떤 고객을 중시할지를 보여주고 있다. 대상인 A랭크, B랭크의 고객은 타원 모양의 점선으로 표시했다.

이와 같은 실시 제안서는 캠페인 내용을 전달하는 것뿐 아니라 향후 일정과 비용, 예상 효과와 같은 요소도 깔끔하게 작성해 두는 것이 중요하다.

CASE 29

••• 캐릭터를 기용해 인지도를 높이고 시험구매하게 하라

새 미용음료 광고 전술 제안서

기능성 음료가 시장에 정착되면서 업체마다 대대적으로 그 효능을 홍보하고 있다. 홍보를 통한 타사와의 차별화 전략으로 '계속해서 즐겁게 마실 수 있는 음료'로 느낄 수 있도록 여성을 대상으로 한 상품 홍보를 제안한다.

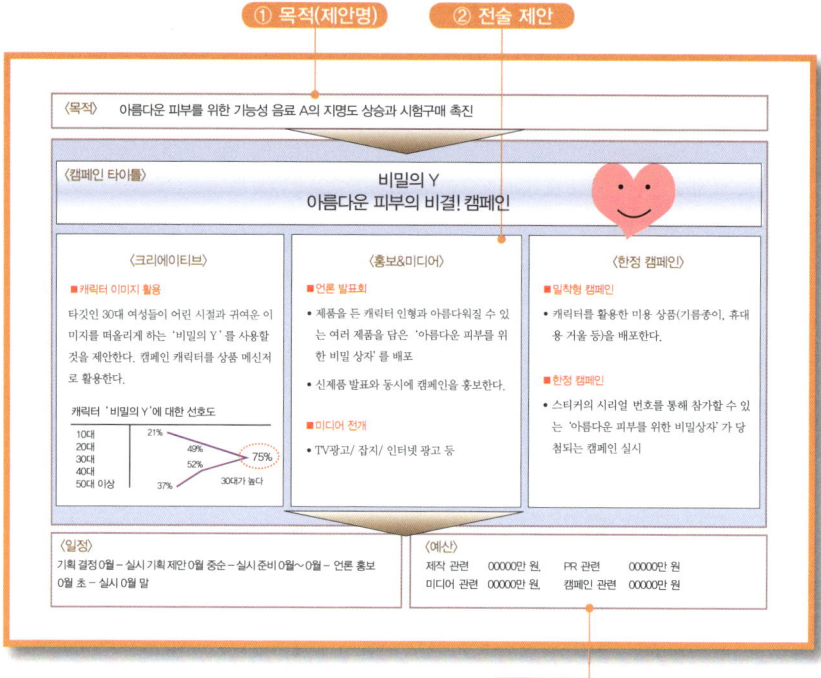

① 목적(제안명) ② 전술 제안 ③ 일정, 예산·효과

파워포인트 테크닉 ★★
줄 간격 조정으로 글자가 큰 부분도 읽기 쉽게 편집한다.

줄과 줄 간격을 보통 간격보다 넓히거나 좁히고 싶을 때에는 [홈] 항목의 [단락] 기능을 사용한다. 줄이거나 넓히고자 하는 글 범위를 선택한 상태에서 이 기능을 사용하면 나타나는 '단락' 창에서 줄 간격을 조정할 수 있다. '줄 간격' 값은 '1'로 설정되어 있는데 이는 0.01 단위로 변경이 가능하다. 또 항목별로 줄 간격을 바꾸고 싶을 때에는 '단락 앞', '단락 뒤'로도 줄 간격을 설정할 수 있다.

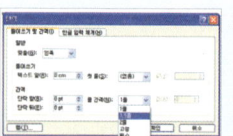

◀ '줄 간격' 상자에서 '줄 간격' 값을 바꾸면 실제 줄 간격 폭도 바뀐다. 또 '단락 앞', '단락 뒤'도 조정할 수 있다.

▶ 텍스트 상자 안이나 도형 안에 입력된 글자도 같은 방법으로 줄 간격을 조정할 수 있다.

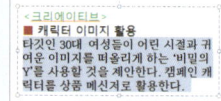

1 기획 개요

▶ 신규 진입 상품의 최대 과제는 인지도 상승이다.

정착되고 있는 기능성 음료 시장에서의 신상품 진입 광고를 제안한다.

신상품이 시장에 진입할 때에는 일반적인 광고로는 효과가 나타나지 않는다. 그래서 기존의 '기능을 직접 홍보하는' 방법이 아닌 '계속해서 즐겁게 마실 수 있는' 인상을 심어주는 전략을 제안하기로 했다.

이 상품의 타깃은 30대 여성이다. 이 타깃을 대상으로 한 방법으로는 '아름다워지기를 원하는' 여성이 닮고 싶어하는 여자 연예인을 기용하는 방법과 캐릭터를 사용해 상품 인지도를 높이는 방법이 있다.

대부분의 음료 제조업체는 전자를 선택하고 있다. 이 제안서에서는 반대로 캐릭터를 활용해 화제를 불러일으키는 전략을 선택했다.

▶ 캐릭터와 연관된 홍보를 한다.

타깃인 30대 여성을 대상으로 캐릭터에 대한 호감도를 조사한 결과 고상한 이미지를 지닌 Y씨에 대한 호감도가 75%로 상당히 높은 것을 알 수 있었다. 따라서 제안서에서는 이 데이터에 근거해 Y씨를 주요 캐릭터로 기용했다.

신제품 발표와 동시에 제품을 안고 있는 캐릭터 인형을 이용한 캠페인 실시를 구체적인 전략으로 삼는다.

▶ 밀착형 홍보를 위한 캠페인을 한다.

매장에서는 '밀착형 홍보'를 위해 기름종이, 휴대용 거울 등의 미용 상품을 증정한다. 스티커의 시리얼 넘버를 사용해 판매용 상품을 담은 '아름다운 피부를 위한 비밀 상자'를 선물하는 제한적인 캠페인도 캠페인 시작부터 끝날 때까지 실시할 것을 제안한다.

② 작성 포인트

▶ 각 구성의 특징을 통해 전체 흐름을 알기 쉽게 설명한다.

캠페인에 필요한 '크리에이티브', '홍보 & 미디어', '한정 캠페인' 등에서 각 특징을 도출해 제안서를 작성했다.

전체 구성은 목적, 타이틀, 일정, 예산 등 제안처가 알고 싶은 정보를 중심으로 간단하게 작성했다. 이때 캠페인이 어떻게 시작되고 어떻게 종료되는지 전체 흐름을 떠올릴 수 있도록 해야 한다.

▶ 캐릭터의 이미지와 채택 근거를 명확히 한다.

이 캠페인에서는 시작부터 종료까지 캐릭터를 충분히 활용하는 것이 중요하다. 그리고 캠페인의 이미지가 잘 전해지도록 Y씨의 사진을 되도록 앞쪽에 두어 눈에 띄게 표시하도록 해야 한다.

또 Y씨를 기용한 이유도 명기해 두어야 한다. 캐릭터를 사용한 캠페인은 캐릭터의 인기에 따라 주목받는 정도가 크게 달라지고 효과도 달라지기 때문이다.

제안서에서는 Y씨에 대한 연령별 호감도를 그림으로 작성해 실었다. 그림은 원그래프나 막대그래프 등을 선택할 수 있지만 이 제안서는 전체적으로 간결한 구성으로 되어 있으므로 여기에서는 반대로 숫자만으로 표시하였다.

CASE 30

••• '단순한 선물보다 마음'을 중시하는 시대, 데뷔의 기쁨을 전달하라

'데뷔 기념일' 제안서

단순한 선물보다 마음이 담긴 선물에 대한 관심이 높아지면서 축하 이벤트 사업이 각광을 받고 있다. 그 중 하나가 기념일이다. 거기에 주목해 새로운 사업 기회를 제안한다.

---

① 목적(제안명)

마음어린 선물 각광시대
- 서비스 소비 확대
  - 서비스소비가 40%를 돌파, 점점 확대비!
- 문화 붐
  - 요리, 꽃꽂이, 다도, 서예, 춤, 악기 배우기 등에 대한 관심이 증가하고 있다.
    - ★볼펜 필사
    - ★컬러 코디네이터
    - ★출판, FP, 노래방 등
- 전문가 수준 데뷔
  - 취미에서 전문가로!

데뷔 축하, 기쁨을 전달하는
데뷔 기념일
제안

당신의 데뷔를 기념일로!
당신의 작품데뷔를 기념일로!
당신의 프로데뷔를 기념일로!

발표의 장이 없다
- 작품을 보여주고 싶다
  - 애써 만든 작품을 보여줄 곳이 없다.
- 조금 더 알리고 싶다
  - 홍보의 장이 없다.
  - 누군가에게 알리고 싶다.
- 작품을 판매하고 싶다
  - 판매의 장이 적다.
  - 판매할 수 있는 곳이 없다.

제안 자료 / 근거 자료

기념일 데뷔 가능성		기념일 데뷔 방법	
내용		수요	방법
첫 데뷔 • 새로 시작하는 기념일 '첫 데뷔 기념일'		**데뷔 메시지** • 시작한 것을 선언해 중도포기를 방지한다.	● 데뷔 기념일 포털사이트 • 데뷔선언 • 요리, 꽃꽂이, 다도, 서예, 춤, 악기 등을 시연
작품 완성 데뷔 • 첫 작품을 완성하는 기쁨 '즐거운 데뷔 기념일'		**데뷔 발표회** • 완성한 작품을 모두에게 보여주고 싶다.	● 작품전 • 실제 장소 커피숍, 건물로비 • 인터넷 상 발표회
자격증 취득 데뷔 • 노력해서 취득한 가치 있는 '당당한 데뷔 기념일'		**데뷔 파티** • 취득한 자격에 대해 소개하고 싶다. • 사업을 시작하고 싶다.	● 사업 소개 • 실제 장소 기념파티 • 인터넷 상 취득자 소개
프로 입문 데뷔 • 자신의 작품과 일로 돈을 받을 수 있는 '감격적인 데뷔 기념일'		**데뷔 파티** • 작품을 팔고 싶다. • 사업을 시작하고 싶다.	● 데뷔 기념일 • 실제 장소 기념파티, 작품 전시 • 인터넷 상 전문가 소개 코너 작품 소개와 판매

② 전술 제안

일정: 준비 기간: 3개월 / 실시 기간: 1년

비용·효과: 비용: 0000만 원 / 예상 효과: 판매 목표 00000만 원

③ 일정, 예산·효과

1 기획 개요

▶ **취미 관련 분야에는 기념일이 많다.**

문화에 대한 소비가 증가하면서 전문가 수준의 능력을 보유한 일반인이 늘어나고 있다. 무언가를 만드는 취미를 가지고 있는 사람들에게는 데뷔 작품이 평생의 기념이 된다. 또 취미를 통해 자격증을 취득하는 날이나 작품을 판매하는 날 등 많은 데뷔 기념일이 있다.

이 제안서는 백화점을 대상으로 작성한 것이다. '많은 사람들에게 작품을 보이고 싶다', '그 분야의 전문가로 데뷔하고 싶다'와 같은 생각을 가진 사람들의 수요를 바탕으로 데뷔를 통해 꿈을 실현시킬 수 있는 장소를 갖출 것을 제안한다.

▶ **기념일 데뷔와 관련된 사업 기회를 찾는다.**

취미와 관련된 기념일 중에서는 '첫 데뷔 기념일', '행복한 데뷔 기념일', '당당한 데뷔 기념일', '감격인 데뷔 기념일', '프로 입문 데뷔' 등 많은 기념일이 있다. 이를 통해 많은 사업 가능성이 있음을 알 수 있다. 이런 기념일을 사업으로 발전시키기 위해서는 각 기념일을 축하할 수 있는 환경을 조성해 주는 것이 필요하다.

처음으로 무엇인가를 시작하는 것을 축하하는 모습을 포털 사이트에서 발표하거나, 첫 작품 완성을 축하하기 위해 여러 가지 데뷔 작품을 모은 작품전을 준비하는 것을 그 예로 들 수 있다. 취미를 통해 전문가가 된 사람을 대상으로 사업을 소개하거나 데뷔 기념 파티를 열 수도 있다.

기획제안 힌트: 마인드맵을 이용해 기획 발상을 확대한다.

요즘 마인드맵이라는 발상법(發想法)이 화제가 되고 있다. 마인드맵은 토니 부잔이 제창한 도해 표현 기법의 하나로 부잔 법인의 상표 및 등록상표이다. 표현하고자 하는 테마에 관한 키워드 등을 중앙에 배치하고 관련 키워드를 빠르게 펼쳐서 이미지와 연관 지어 발상하는 방법으로 기획 발상에서 크게 활용할 수 있다. 마인드맵을 사용하면 사고가 유연해지고 제한 없이 상상할 수 있어 폭 넓게 생각할 수 있게 된다. 또 부족한 부분을 찾거나 아이디어를 떠올리는 것 등에 효과적이다.

▶ 기념일 데뷔 방법을 제시한다.

포털 사이트를 통해 작품전 데뷔 발표회를 연다든지, 데뷔를 기념하는 파티를 연다든지 등의 방법을 제시함으로써 데뷔 기념일을 사업의 기회로 전환시킬 수 있게 하였다.

② 작성 포인트

▶ 2단 구성으로 알기 쉽고 간결하게 작성한다.

이 제안은 상단에 '데뷔 기념일의 의의'를 작성하고, 하단에 '데뷔 기념일 사업 전개'를 작성했다.

상단의 콘셉트 부분은 '데뷔 기념일'에 어떤 소비자의 수요가 있는지를 다루고 있다. 기획서는 자칫 딱딱해지기 쉽다. 그러나 사진을 활용해 사람들을 즐겁게 해주는 사업인 것을 보여주면 효과적인 기획서로 만들 수 있을 것이다.

좌측에 있는 '가능성'을 어떻게 사업으로 전개할 수 있을지를 알기 쉽게 설명하기 위해 하단의 제안 부분은 표로 작성했다.

▶ '워드아트 갤러리' 기능을 사용해 매력적인 기획서로 만든다.

데뷔 기념일의 타이틀은 파워포인트의 워드아트 갤러리에서 스타일을 선택한 후 작성한 것이다. 글꼴 스타일은 글 위주의 제안서를 화려하게 만들어준다. 만일 타이틀에서 이 기능을 사용할 경우에는 어느 정도 공간을 확보하고 있어야 한다. 글자에 색을 넣거나 음영 효과, 그러데이션 효과를 사용하는 것도 좋은 방법이다.

워드아트 갤러리는 다양한 기능을 갖추고 있다. 주요 타이틀 등은 색을 넣은 글자뿐 아니라 워드아트 갤러리를 사용해 다양하게 표현한다면 보다 매력적인 기획서를 작성할 수 있을 것이다. 타이틀 아래에 데뷔 작품(그림, 서적, 유리 세공) 사진을 삽입한 것도 제안서가 평범해지지 않도록 하고 있다. 전체적으로 글자 수가 많지 않은 경우는 그림을 사용해 균형이 잘 잡혀보이도록 해야 한다.

••• 사회적 네트워크 서비스(SNS)를 활용하라

CASE 31 애완동물 가게의 고객 유치 제안서

사회적 네트워크 서비스(SNS) 이용자가 증가하고 기업이 이를 판촉 방법으로 활용하는 경우가 늘고 있다. 이 제안은 소비자 간의 정보 교환으로 단골고객이 증가하고 있는 SNS를 애완동물 가게에서 활용하는 제안이다.

제안 내용

SNS를 활용한 애완동물 가게의 고객 유치 제안

사회적 네트워크 서비스(SNS)란 자신의 정보를 인터넷 상에 공개하고 서로 소개하는 등 인터넷 상에서 친구를 만드는 것이다. 미국에서 탄생한 SNS는 인터넷 상의 새로운 커뮤니티로 급속히 보급되고 있다. SNS에서는 각종 커뮤니티를 만들 수 있어 많은 가입자가 서로 대화를 주고받을 수 있다. 그 SNS를 활용해서 애완동물 가게에 고객을 유치하는 것이 이 제안의 목표이다.

① 목적(제안명)

판촉 활동 사례

'다이어트에 관심 있는 사람들의 모임'	'여행 관련 회사의 조직화'	'음악팬의 조직화'
여성 대상의 회원제 다이어트 지원 커뮤니티에서는 다이어트에 관심이 있는 사람들 간의 의견교환이 적극적으로 이루어지고 있다. 다이어트 관련 기업 지원을 받고 있다.	여행 관련 회사가 운영하는 '마이 레이지클럽'에는 스포츠, 음식, 미용, 온천, 가족 등 많은 커뮤니티가 있다. 포인트 특전 등이 있어 인기를 얻고 있다.	음악애호가를 모은 커뮤니티이다. 아마추어의 작품 발표회장과 참가자들 간의 의사소통에 활용, 작품을 완성한 사례도 있다. 또 악기 구입으로 이어지기도 한다.

사례, 참고 자료

애완동물이 있는 최고의 라이프스타일 제안 Pet Best Life (SNS)

제안 내용

명칭 애완동물이 있는 최고의 라이프스타일 제안
'Pet Best Life'

목적 애완동물 가게의 단골 확보로 매출 확대

가입 방법 애완동물을 키우고 있는 사람이라면 누구나 가입할 수 있다. 마이페이지에서는 애완동물을 주로 소개한다.

커뮤니티 후보 애완동물이 있는 생활과 관련된 모든 커뮤니티 예정. 식생활, 기르는 법, 병, 산책 가능한 공원, 고령화, 사진판, 함께 식사할 수 있는 레스토랑, 숙박 가능한 호텔, 재주 한 가지 맞선, 친구같은 품종) 등

이벤트 안 사진 콘테스트, 특기 대회, 운동회 등

온라인 매거진 발행 가입자 대상 온라인매거진 발행

② 전술 제안

운영 방법

운영 관리
ASP서비스를 이용한다.
운영관리는 자사가 대행
• 악성글 체크
• 활성화 촉진책
보안대책을 철저히 한다.

고지 활동
PR 활동
• 뉴스 발표
광고 활동
• 매장 내 광고, 전문잡지 등
• 어필리에이트(성과 보수형)·프로그램 실시

목표
1년 후 목표 가입자 수 3,000명

일정

준비 기간 : 3개월 간
모집 기간 : 2개월 간
운영 기간 : 지속적으로 운영. 매년 재검토

비용 및 효과

비용 : 초기 투자 - 1억 원
      유지 비용 200백 원(매월)
기대되는 효과
      단골고객 만들기(고객만족도 상승)
      구입 촉진

③ 일정, 예산·효과

1 기획 개요

▶ SNS에 대한 많은 관심을 사업으로 활용한다.

사회적 네트워크 서비스(SNS)란 자신이 가지고 있는 정보를 인터넷 상에 공개하고 교환해 인터넷 상에서 친구를 만드는 것이다. 그리고 공통 관심사를 가지고 있는 사람들의 참여로 커뮤니티도 생겨난다.

이런 SNS의 특성을 애완동물 가게의 단골을 만드는 데 활용할 것을 제안한다. 현재 개나 고양이 등으로 대표되는 애완동물의 수는 계속적으로 늘어가고 있는 추세이다. 이렇게 애완동물을 키우는 많은 사람들은 서로 정보를 공개하거나 공유하고자 한다. 따라서 애완동물 가게의 고객 유치는 SNS에 적합한 테마라고 할 수 있다.

▶ SNS 'Pet Best Life'로 고객을 유치한다.

애완동물 가게에서는 단골 확보와 고객 유치로 매출을 확대하기 위해 SNS를 활용한다. 대상은 애완동물을 기르고 있는 사람과 기르고 싶다고 생각하는 사람이다. 그래서 SNS 테마는 '애완동물이 있는 최고의 라이프스타일'로 했다.

SNS를 활용할 때 가장 중요한 것은 커뮤니티에서 가입자가 활발하게 활동하게 하는 것이다. 따라서 다양한 커뮤니티를 갖추어 자유롭게 의견을 나눌 수 있도록 노력해야 한다.

매장 한쪽에 카페를 개설해 매출을 늘린다.

편의점의 대기 시간은 기껏해야 7~8분이다. 작은 가게에서의 대기 시간도 이와 비슷할 것이다. 이 시간을 조금이라도 연장할 수 있다면 고객이 더 많은 상품을 구입하도록 유도할 수 있다. 그러기 위해서는 매장에서 얼마나 즐겁게 시간을 보낼 수 있는지를 제안해야 한다. 최근 고객의 상품 구입을 촉진하기 위해 매장 내에 고객이 쉴 수 있는 '카페'를 개설하는 가게도 생기고 있다. 구두 매장에 '커피 음식 코너', 가전 제품 매장에 '카페', 편의점에 '음식 코너'를 설치하는 경우와 매장뿐 아니라 은행 등의 대기실에도 비슷한 움직임이 나타나고 있다. 카페라고까지는 할 수 없지만 휴식 공간을 늘리는 가게도 있다.

② 작성 포인트

▶ 키워드를 나열해 이미지를 쉽게 떠올릴 수 있게 만든다.

제안서는 '제안 내용', '판촉 활용 사례', '제안 내용(타이틀 포함)', '일정, 비용 및 효과' 등 4단 구성으로 작성했다. 어떤 SNS가 될지 쉽게 떠올릴 수 있도록 작성한 것이 제안의 핵심이다.

제안서에서는 1년 이내에 3,000명이 가입하는 것을 목표로 명기하고, 그와 관련된 '커뮤니티 후보'에 대해 자세히 소개했다. 또 식생활, 키우는 법, 병, 산책할 수 있는 공원, 고령화, 사진관, 함께 식사할 수 있는 레스토랑, 숙박 가능한 호텔, 재주 한 가지, 맞선과 같은 키워드를 나열해 SNS가 확대되고 있는 것을 보여주고 있다. 그리고 사진 콘테스트, 특기 대회, 운동회와 같은 구체적인 행사안도 제안하고 있다.

▶ 글 중심의 제안서에는 사진을 넣어 변화를 준다.

SNS뿐만 아니라 새로운 방법을 도입할 때에는 서두에서 관련 설명을 상세히 해야 한다.

실제 사례를 활용하면 고객 유치 효과를 간단히 설명할 수 있다. 전례가 없는 경우에는 다른 업계의 사례를 들어도 무방하다. 이 제안서에는 다이어트를 테마로 한 SNS, 여행 관련 회사가 운영하는 SNS, 음악 애호가가 모인 SNS를 실제 사례로서 소개하고 있다.

SNS를 활용하면 다른 분야의 이야기라도 유사한 사례를 통해 어떤 효과가 나타나는지를 보여줄 수 있다. 그럴 경우 제안처의 흥미를 강하게 유발할 수 있어 프레젠테이션도 쉽게 할 수 있을 것이다.

글 위주의 제안서는 강한 인상을 주기 때문에 동물 사진을 사용해 부드러운 이미지를 주었다. 이 제안서는 글자 수가 많다. 그러나 효율적으로 글을 배치해 사진을 실을 수 있는 공간을 확보했다는 것이 장점이다.

CASE 32

●●● 이용률을 높이는 '레인보우 쿠폰' 제도

새 쿠폰을 이용한 손님끌기 전술 제안서

쿠폰은 신규 고객 확보에 효율적이지만 모든 가게가 쿠폰을 발행하면 신선함이 사라져 효과가 감소한다. 그래서 색다른 아이디어를 모은 쿠폰 발행을 제안한다.

① 목적(제안명)

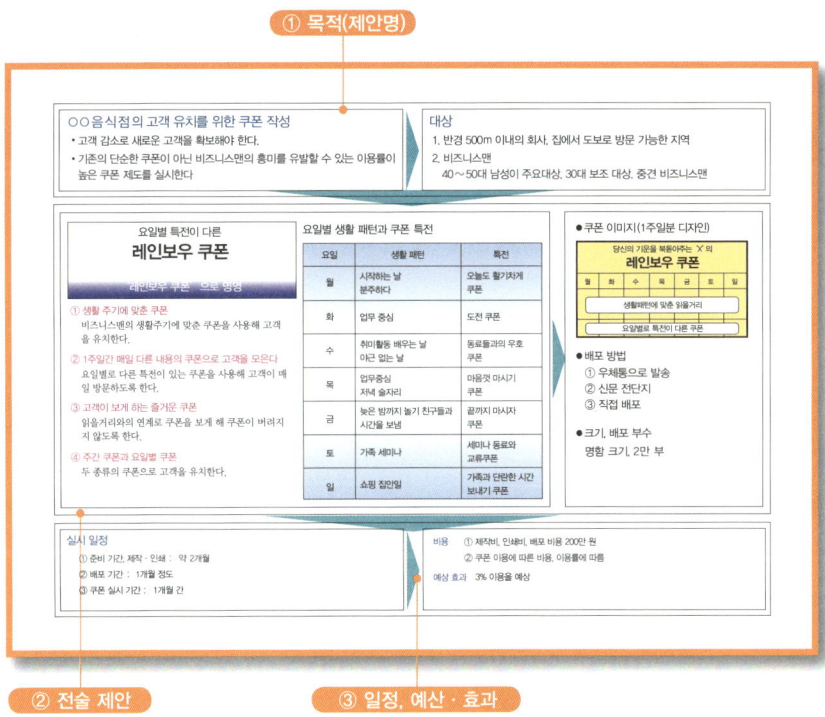

② 전술 제안　　③ 일정, 예산·효과

 도형 속에 글자를 넣는다.
도형 위에 글자를 겹쳐 쓴다.

도형 위에서 마우스의 오른쪽 버튼을 클릭하여 메뉴에서 '텍스트 추가'를 선택하면 도형 속에 글자를 입력할 수 있다. 이때 도형을 클릭하기만 해도 입력할 수 있다. 편집할 때에는 도형 속의 문자 부분을 블록 지정하여야 한다. 글이 여러 행에 걸쳐질 경우에는 도형 안이 아닌 도형 위에 텍스트 상자를 만들어 텍스트 상자에 글을 입력하는 편이 편리하다. 문자의 크기와 색은 서식 설정 툴바의 '글꼴 크기', '글꼴 색'을 사용해 지정할 수 있다.

▲ 도형(모서리가 둥근 직사각형) 안에 글을 입력한 예. 도형을 이동시키면 텍스트도 함께 이동한다.

▲ 이것은 배경에 있는 도형 위에 텍스트 상자를 입력한 예. 도형과 텍스트 상자를 따로따로 다룰 수 있다.

① 기획 개요

▶ 신선함이 사라진 쿠폰 대신 새로운 제안을 한다.

프리 페이퍼가 유행하고 모든 가게가 쿠폰을 발행하고 있다. 쿠폰은 고객에게 좋은 점이 있지만 너무 많이 발행될 경우 식상해져 버려 매력이 감소된다. 음식 배달업계에서도 이런 매너리즘이 생겨나고 있다.

그래서 이용자의 수요를 다시 분석해 생활 속에서 사용할 수 있는 쿠폰을 제안한 것이 이 제안서이다. 여기에서는 생활주기에 맞춘 새로운 형태의 쿠폰으로 고객을 유인할 것을 제안하고 있다.

▶ 생활 패턴에 연관시켜 이용률을 높인다.

비즈니스맨의 생활 패턴을 분석하면 크게 '1개월'과 '1주일'을 단위로 주기를 패턴화할 수 있다. 이 제안서에서는 1주일 주기를 바탕으로 요일별 생활 패턴을 조사하여 나타내었다.

가령 월요일은 한 주일을 시작하는 날로 바쁘고 화요일은 일에 집중하는 날이다. 이런 패턴을 비즈니스맨의 기본 생활 패턴으로 가정하고 이를 바탕으로 매일 다른 내용의 쿠폰을 만들고자 하는 것이 이 제안서의 주요 내용이다.

▶ 다양한 쿠폰의 종류가 필요하다.

쿠폰의 종류는 월요일엔 1주일분의 기운을 축적해서 받는 '오늘도 힘차게 쿠폰', 화요일은 '새로운 것에 도전하는 도전 쿠폰', 금요일은 '끝까지 마시자, 심야 쿠폰' 등이 있다.

이 쿠폰은 7일, 7가지 쿠폰으로 되어 있으므로 레인보우 쿠폰이라 이름지었다. 또 발행 요일과 관련된 읽을거리를 넣어 이용률을 높이도록 하고 있다.

❷ 작성 포인트

▶ 상중하의 균형을 맞춰 균형 잡힌 레이아웃으로 만든다.

제안서는 상단이 '목적, 대상', 중간 부분이 '레인보우 쿠폰에 대한 내용', 하단이 '일정, 비용, 효과'이다.

주요 내용인 중간 부분에 많은 공간을 할애하고 상단과 하단은 같은 넓이의 공간을 사용해 균형 잡힌 레이아웃으로 완성했다.

타이틀과 쿠폰에 대한 내용을 쓴 2개의 표는 색을 사용해 강조했다.

▶ 실물 사진을 통해 이미지를 떠오르게 한다.

이 쿠폰의 핵심은 '요일별로 내용이 다르다'는 것이다. 이 부분을 강조하기 위해 쿠폰의 특전에 대한 내용을 적은 표는 가장 눈에 띄는 중앙에 배치하였다.

주간 쿠폰은 일주일분의 쿠폰을 요일별로 떼어서 사용할 수 있게 만들었다. 기획서의 중간 단락 오른쪽에는 실제 쿠폰의 이미지를 넣었다. 사실상 말로 설명해도 쿠폰의 이미지를 떠올리기는 쉽지 않다. 따라서 말로 복잡한 설명을 하기보다는 이런 이미지를 상대방에게 보여줌으로써 원활하게 프레젠테이션을 하도록 한다.

이런 제안서에서는 쿠폰의 내용과 신선함을 강조하는 것도 중요하다. 그러나 실시 효과에 많은 영향을 주는 쿠폰의 크기, 배포 방법, 지역, 발행부수와 같은 내용도 상당히 중요하다. 따라서 이것에 대해서도 명기해 두어야 한다.

••• 저가의 '사용(試用) 상품'으로 고객을 유치하라

CASE 33 건강식품 '시용 상품' 판매 기획서

건강에 대한 관심이 높아지면서 건강식품 붐이 일어나고 있다. 여기에 착안해 통신판매를 활용해서 신상품을 발매하게 되었다. 이 제안서에서는 예상 고객 선별을 목적으로 건강식품의 시용 판매를 제안한다.

---

① 목적(제안명)

제안 내용

건강식품, 샘플 상품 판매 기획서

해조를 원료로 사용한 획기적인 건강식품을 통신판매에서 신 발매에 맞춰 예상고객을 선별하기 위해 시용 상품을 판매할 것을 제안한다.

제안 이유

1. **사용 판매로 상품의 우수성을 이해시킨다**
   - 상품의 우수성은 실제로 사용하지 않으면 모른다. 사용하지 않으면 느낄 수 없는 상품(건강 상품, 화장품 등)에 많이 이용되고 있다.
2. **많은 통신판매기업에서 사용, 성공하고 있다**
   - 특히 통신판매의 경우 직접 만져볼 수 없으므로 상품을 이해할 수 없다. 때문에 시용 판매 방법이 판촉 수단으로 효과적이다.
3. **사용 후 구입 비율은 70%에 달한다**
   - 사용에서 구입으로 이어지는 경우는 상품마다 다르지만, 건강식품 등의 저가 상품의 경우, 구매율이 70%나 된다는 조사도 있다.

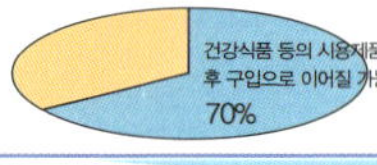

건강식품 등의 시용제품 사용 후 구입으로 이어질 가능성은 **70%**

참고자료

시용판매 방법을 활용하고 있는 업계·상품사례

1. **건강식품**
   - 많은 건강식품은 첫 고객을 위해 저렴하고 시험적으로 써볼 수 있는 사용 상품을 갖추고 있다.
2. **화장품**
   - 화장품 부문의 고객 확보는 대부분 다른 브랜드에서 옮겨오는 경우가 많다. 제품을 테스트하지 못하면 구매하지 않으므로 샘플을 제공하거나 테스트장을 마련해 테스트기회를 제공한다.
3. **식품·일용잡화**
   - 각종 음료와 일용잡화도 획기적인 신상품을 발매할 경우 시용방법이 많이 사용된다.
4. **자동차 등 내구 소비재**
   - 자동차 시승회, 가전제품 매장에서의 시용 등 내구재에서도 시용 방법이 사용되고 있다.

사례, 참고 자료

실시 방법

1. **저가 사용 상품을 사용해 사용 상품을 구매하게 한다**
   - 어느 정도 제품에 대해 느끼게 하기 위해서는 조금 오랫동안 시용 상품이 필요하므로 저가 시용 상품을 유료 판매하는 방법을 사용한다.
2. **상품 가격은 쉽게 구입할 수 있도록 10,000원으로 한다**
   - 20,000원 정도(20일 정도 사용)의 상품을 하나로 묶어 10,000원에 판매한다.
   - 원가보다 싸질 가능성도 있지만 예상 고객 추출 방법으로 생각하고 판촉 방법으로 실시한다.
   - 지속적으로 구입되기 시작하고 사업 기회가 된다
3. **신문 전단지 등으로 홍보한다**
   - 효과적인 지역을 선정해 그 지역에 한정된 미디어나 대상에 적합한 잡지, 프리페이퍼 등을 사용한다. 효과를 보고 지역, 매체를 확대한다.

참고자료

사용 방법의 일반적인 실시 방법

1. **샘플 상품을 무료로 거리에서 배포한다**
   - 판매 상품의 대상이 비교적 폭넓은 경우나 낮은 비용으로 실시할 수 있는 경우에 실시한다. 홍보도 반복해서 실시한다.
2. **사용 상품을 광고를 통해 모집하고 무료로 보내준다**
   - 사용 상품을 무료로 제공하고 제품에 대해 느껴보게 하는 방법. 무료이므로 해당 상품을 그리 필요로 하지 않는 사람에게까지 청구될 가능성이 있다.
   - 무료이므로 응모자 수가 많아진다.
3. **사용 상품을 광고를 통해 모집 저가에 판매한다**
   - 상품 특징을 명시하고 그 상품을 필요로 하는 잠재 고객에게 시용품을 비교적 저렴하게 제공한다.

② 진술 제안

비용과 예상 효과

CPO를 지표로 효과를 예상한다
예상 효과는 CPO(비용/주문)라는 구입자 1명당 얼마만큼의 비용이 들었는지를 지표로 판단한다.

5,000만 원의 비용으로 CPO를 100,000원으로 한다
5,000만 원을 광고에 투입해 500건을 판매하는 것을 목표로 한다.

③ 일정, 예산·효과

기획 개요

▶ 시용 상품 판매는 통신판매에서 빠뜨릴 수 없는 판매 전략이다.

통신판매는 매장에서 판매하는 것과는 달리 고객에게 직접 말을 걸어 구입하게 할 수 없다. 그 때문에 어떻게 첫 구매를 하게 하는지가 상당히 중요하다.

건강식품 등은 특히 시식을 하지 않으면 맛 등을 알 수 없으므로 시용 상품 판매는 필수불가결하다. 이 제안서에는 시용 상품 판매를 통한 재구입뿐 아니라 시장에서 어떤 계층이 고객이 될지를 조사에 포함시켰다. 시용 상품을 통해 얻은 정보는 앞으로의 상품 개발과 구입자에 대한 애프터서비스, 지속적인 구입에 대한 지침으로 활용할 수 있다.

▶ 무료가 아닌 10,000원에 판매하는 이유가 있다.

시용 상품은 크기가 너무 작을 경우 맛을 알 수 없다. 또 건강식품의 경우 1회 분량으로는 효과도 알 수 없다. 그래서 이 제안에서는 20일 분량의 상품을 10,000원에 판매하는 것을 제안했다. 시용 상품의 원가는 20,000원이다. 그래서 시용 상품 구입이 상품 구입으로 연결되지 않으면 이익을 낼 수 없다. 무료로 배포하는 방법도 생각할 수 있지만 '무료라면 무엇이든 좋아하는 사람'도 있어 이익률이 더욱 하락할 수도 있다. 그래서 이 제안에서는 저가의 유료 시용 상품을 판매할 것을 제안했다.

시용 상품을 원가 이하로 판매할 경우 수익성은 어떻게 될 것인지를 적은 것이 하단의 '비용과 예상 효과'이다. 이 제안서에서는 CPO(비용/주문)로 계산하고 주문 1건당 비용 설정을 10만원이 되도록 하였다.

> **기획제안 힌트 — 당장은 손해를 보더라도 미래의 이익을 도모할 수 있는 무료 시공품&시용 상품 판매**
>
> 시공품을 제공하거나 합리적인 가격의 시용 상품을 취급하는 가게가 증가하고 있다. 또 화장품과 식품 등 시공품 전문점이나 다이어트 식품, 애완견 음식, 홍차, 입욕제 등을 무료로 제공하는 가게가 증가하고 있다. 식품 등의 신상품은 우선 맛을 보는 것이 구매 계기가 될 수 있으므로 시공품 배포는 상당히 유효한 수단이라 할 수 있다. 또 화장품을 무료로 시용할 수 있는 쇼룸도 화제가 되고 있다. 사용하는 브랜드를 잘 바꾸지 않는 화장품도 스스로 마음껏 사용할 수 있게 함으로써 구입으로 이어지게 될 가능성을 상당히 높일 수 있다. 지금 당장은 손해를 보더라도 미래의 이익을 도모할 수 있는 방법이라 할 수 있다.

2 작성 포인트

▶ **너무 많은 자료를 사용해서 제안의 흐름을 방해하지 않도록 한다.**

이 제안서는 글이 많은 것이 특징이다. 우선 '제안 내용', '제안 이유', '실시 방법', '비용과 예상 효과'로 분류하고 각각을 화살표로 연결해 흐름을 명확히 보여주었다.

또 쉽게 읽을 수 있게 하기 위해 제안 이유, 실시 방법 등의 내용을 모두 3가지로 요약하였다.

제안 내용을 늘릴 경우 참고자료의 글자 크기를 줄이거나 별도 자료를 작성하도록 한다.

▶ **참고자료를 효과적으로 활용한다.**

'제안 이유', '실시 방법'에서는 '참고자료'를 위한 공간을 오른쪽에 준비해 제안의 근거자료와 판단자료로 제공한다.

제안의 흐름은 오른쪽에 작성하고 왼쪽은 필요에 따라 읽을 수 있도록 구성했다. 왼쪽에서 오른쪽이라는 일반적인 방향과 반대로 되어 있으므로 이것은 화살표를 이용해 흐름을 보여주었다.

참고자료 부분의 특징은 건강식품뿐 아니라 여러 업계의 사례를 들고 있다는 것이다. 예상 효과의 관련 자료와 과거의 성공사례, 노하우에 대한 도움말과 같은 자료를 제공할 수 있으면 제안 설득력이 한층 높아질 것이다.

••• 발길이 뜸한 휴면 고객을 발굴하라

CASE 34 매장 방문을 촉진하는 DM 기획 제안서

고객을 대상으로 한 다이렉트 메일(DM)은 고객 리스트에만 의존해서 발송된다. 따라서 쓰레기통으로 직행하는 DM이 증가하고 있다. 여기에서는 고객의 구매 내역에 근거한 전략적인 DM을 제안한다.

DM 실시 목적

내점하지 않는 과거 고객에게 재방문을 위한 DM을 보낼 것을 제안한다.
내점하지 않는 고객은 틀림없이 경쟁지점을 이용하고 있다고 생각되므로 강력한 내점 촉진 판촉이 요구된다.
그래서 고객을 되찾기 위해 적극적인 내점 촉진책이 있는 DM을 제안한다. ← ① 목적(제안명)

실시 DM명 | 잠재 고객에 대한 내점 촉진 DM 기획 제안

DM 대상 설정

이번 DM 대상으로는 내점하지 않게 된 기간을 중시해 소개의 고객 구매력의 RFM 분석을 통해 R인 Recency(최종 구매일)에 착안해 최종 구매일로부터 DM 대상을 선정한다.

대상별 DM 수
- 제1대상: 3개월부터 반 년 이내에 내점하지 않는 고객   1,235명
- 제2대상: 반 년에서 1년 이내에 내점하지 않는 고객   873명
- 제3대상: 1년 이상, 2년 이내에 내점하지 않는 고객   541명
- 합계   2,649명

RFM 분석 ← 사례, 참고자료
Recency(최근 구매일)
Frequency(누계 구매 횟수)
Monetary(누계 구매 금액)에 주목해서 분석하는 방법

DM 내용

① DM 내용

가을 신상품 안내 | 주요 게재 상품, 가을 신상품 소개

② 휴면 고객에 대한 시책

A: 점장이 직접 쓴 메시지
고객 이름 명시, 점장 자필 편지
'○○님, 항상 관심을 가져주셔서 감사합니다.~~' 라고 점장이 고객별 구입내역에 맞춘 메시지가 담긴 DM. 최근 내점하지 않은 고객들에게 매장도 산뜻하게 바뀌고 가을 신상품이 입고되었으니 부디 내점해 달라는 내용으로 고객에게 요청한다.

B: 내점 촉진 구매상품권
최종 내점일별로 금액을 달리한다
구입 시 상품권으로 사용할 수 있는 구매상품권을 발송 대상별로 금액을 달리해 동봉한다. 최종 내점일이 오래된 고객에게 보다 높은 금액의 상품권을 발송한다.
- 제1대상: 10,000원
- 제2대상: 20,000원
- 제3대상: 30,000원

★최고 30,000원의 상품권으로 고객을 유인한다.
상품권 30,000원

← ② 전술 제안

일정
준비 기간: (대상 리스트 작성, 인쇄물 준비 등) 2개월
DM 송부 기간: 세일 직전
상품권 교환 기간: 세일 기간 중(1개월 간)

비용·예상 효과
DM 실시 비용: 5,000만 원
예상 효과: 제1대상: 15%의 이용률
　　　　　제2대상: 8%의 이용률
　　　　　제3대상: 5%의 이용률

← ③ 일정, 예산·효과

1 기획 개요

▶ **휴면 고객을 대상으로 한 한정적인 DM 발송을 제안한다.**

'최근에 내점 고객이 감소하고 있으므로 어떻게든 해보고 싶다'라는 가게에 대한 제안이다. 최근 내점하지 않게 된 고객에게 다이렉트 메일(DM)을 보내는 제안을 하고자 한다. 중요한 것은 '내점하지 않게 된 이유'를 정확히 분석하는 것이다. 매장에서는 고객의 구입 내역을 관리하고 있으므로 이것을 RFM 분석을 통해 원인을 찾는다.

RFM란 Recency(최근 구매일), Frequency(누적 구매 회수), Monetary(누적 구매 금액)의 앞글자를 딴 것으로 3가지 자료를 통해 고객을 분류하는 방법이다. 이번 제안의 대상은 휴면 고객이므로 Recency(최근 구매일)를 사용해 대상자를 선정한다.

언제부터 오지 않게 되었는지를 '3개월~반 년 이내', '반 년~1년 이내', '1년~2년 이내' 등 세 기간으로 나누고 총 2,650명을 대상으로 자료를 추출했다. 휴면 기간이 긴 고객일수록 고액 상품권을 동봉했다.

▶ **점장이 직접 쓴 메시지와 상품권으로 고객을 유인한다.**

내점하지 않는 고객은 다른 가게의 고객이 되어 있을 가능성이 크므로 어떤 매력적인 유인 수단이 없으면 고객을 데려올 수 없다.

이 제안서에서는 고객의 구매 내역을 참고로 점장이 직접 쓴 메시지가 있는 DM을 보내는 것을 제안하고 있다. 인쇄물로만 된 DM은 주목을 끌기 어렵고 그다지 효율적이지도 않다. 그래서 고객의 이름과 코멘트를 점장이 직접 써서 DM을 받은 사람에게 강한 인상을 남기는 것이 목표이다.

철저한 애프터서비스로 다음 주문을 확보한다.

구입한 고객에게 감사 전화를 걸어 '상품을 사용한 느낌은 어떠십니까?'라고 묻는 것도 중요한 애프터서비스 중 하나이다. 그때 상품 사용에 관한 의문이나 수리에 관한 것을 확실히 설명할 수 있으면 단골고객을 늘릴 수 있고 '업셀링(Up selling-기존 고객에게 새로운 상품을 권하는 것)'과 '크로스 셀링(Cross Selling)'도 가능하다. 또 고객에게서 새로운 고객을 소개받을 수도 있을 것이다.

통신판매회사는 전화를 통한 애프터서비스에 중점을 두고 있는 곳이 많은데, 이는 매장 판매와는 달리 고객과 대면하는 기회가 적기 때문에 전화가 중요한 의사소통의 장이 되기 때문이다.

❷ 작성 포인트

▶ 기본적인 구성으로 작성해 쉽게 읽을 수 있게 한다.

제안서는 타이틀 부분을 포함해 모두 5단 구성으로 작성했다. DM 실시 목적, 실시 DM명, DM 대상 선정까지가 분석 보고 내용으로 이 제안의 논거 부분이다.

그 다음의 DM 내용, 일정과 비용 · 예상 효과는 이 제안서의 주요 부분이다. 분석 결과가 포함된 제안서는 글이 많아지지만 되도록 기본적인 순서로 구성해 읽기 쉽게 만든 것이 이 제안서의 포인트이다.

특히 휴면 고객에 대한 시책으로 구입 내역을 통해 파악한 고객의 기호에 맞춘 정보를 점장이 자필로 써서 전달하는 것은 멀어진 고객의 마음을 움직이는 데 큰 도움이 될 것이다. 또 동봉한 상품권으로 고객을 더욱 강하게 유인할 수 있을 것이다.

▶ 윤곽선을 이용해 내용을 명확히 구분한다.

제안명 이외의 4가지는 두꺼운 검은색 윤곽선으로 둘러싸 구분을 명확히 해서 깔끔한 기획서로 만들었다. 그 윤곽선 사이를 화살표로 연결해 흐름을 만들었다.

상품권은 오렌지색의 그러데이션 효과를 사용해 눈에 띄게 했다.

이 제안에서는 RFM 분석을 사용하고 있는 것이 중요하다. 어떤 분석을 어떤 목적으로 사용한 것인지도 공간을 나누어 명기하면 이해하는 데 도움을 준다.

CASE 35

••• 새로운 광고매체인 '영수증 광고'를 제안하라

'영수증 뒷면 광고' 판촉 제안서

광고를 사용할 수 있는 매체는 많이 있다. 광고매체로는 간판, 신문, 전단지, 엽서 등을 들 수 있는데 여기에서는 조금 다른 종류의 광고 수단으로 영수증 뒷면을 사용한 광고를 제안한다.

'영수증 광고' 제안

지금까지 없었던 영수증 광고의 6가지 특징

[제안 자료 / 근거 자료]

높은 광고 효과

① 주부에게 직접 어필할 수 있다
구입 후, 금액을 영수증으로 확인하는 주부의 증가로 주부에게 직접 어필할 수 있는 효과적인 매체이다.

② 70%가 보관하고 있다
영수증을 가지고 돌아가는 사람이 전문점에서는 80% 이상, 슈퍼마켓, 드러그 스토어에서는 70% 이상이다. 포인트 제도와 반품 등을 위해 보관하고 있는 것이다.

③ 컬러로 주목을 끈다
신기술인 컬러 그라비아(사진 등의 인쇄에 쓰이는 요판)인쇄로 영수증 뒷면에 선명한 컬러인쇄를 할 수 있게 되었다. 높은 주목을 끌 수 있다.

→ 주부를 노린 새로운 형태의 광고를 전개할 수 있다

높은 광고매체 가치

① 친환경 광고이다
한 사람당 한 장, 직접 건네지는 영수증 뒷면을 이용한 광고는 한정된 자원의 효율적인 활용을 고려한 새로운 광고매체이다.

② 지역, 가게를 고를 수 있다
광고게재는 실시하는 체인과 지역을 고를 수 있다. 가게에 따라 기간 한정도 가능하다. 또 실시매장에서 행사도 진행할 수 있다.

③ 영수증 한 장당 10원으로 저렴하다
영수증 한 장당 광고단가는 1만 롤에 12원 정도이다.
(실시 체인에 따라 약간 달라진다.)

→ 친환경적인 가치 있는 광고를 실시할 수 있다

---

① 목적(제안명) → 영수증 뒷면에 연속적으로 인쇄할 수 있는 **컬러 광고 '영수증 광고'**

1: 연속적으로 인쇄할 수 있다.
2: 각 체인점에서 주로 사용되고 있는 영수증은 폭이 두 종류가 있다.
  (길이 60㎜)
  A: 폭 58㎜ B: 폭 80㎜
3: 고객이 받는 영수증의 최소 크기는 평균 10㎝.
  상품 하나 구매 시의 영수증의 길이가 평균 10㎝이다.
  하나의 광고디자인을 10㎝로 작성하면
  광고 내용이 끊어질 확률은 낮아진다.

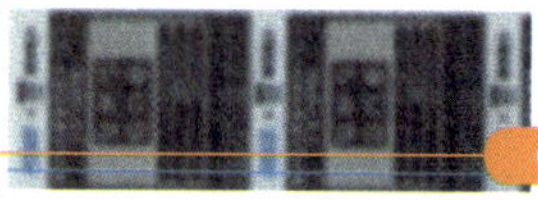

② 전술 제안

→ 아름다운 디자인으로 호소력이 높은 '영수증 광고'를 만들 수 있다.

영수증 광고 활용 방법

여성과 어린이를 대상으로 여러 가지 활용을 할 수 있다.

★공공기업의 캠페인 홍보	★CD발매 광고	★에스테틱 집객(集客) 대책 쿠폰 부착 광고	★행사 홍보
전력, 가스 등 공공광고에 적합한 매체이다.	여성이 대상인 새로운 CD발매에 사용, 판매점과의 연계도 가능	전력, 가스 등 공공광고에 적합한 매체이다.	행사장 주변 가게에서 효율적으로 행사를 홍보한다.
★완구 어린이용 상품 광고	★주부 대상 잡지 광고	★식품·의약품 등의 신상품 발매	★기업의 각종 캠페인 홍보
장난감, 아동복 등의 어린이용품 광고에	주부 대상의 잡지 홍보에 적합 판매처와의 연계도 가능	식품, 의약품, 일용잡화 등의 신상품 홍보에도 적합	슈퍼마켓에서 판매 중인 상품이나 여성용 상품의 발매홍보 광고에 적합

○일정, 비용, 예상 효과 등에 대해서는 방침이 결정되는 대로 제안하도록 하겠습니다.

③ 일정, 예산·효과

1 기획 개요

▶ 예상외로 영수증에는 광고 효과가 있다.

주부들의 쇼핑에 대한 조사를 통해 영수증을 가지고 돌아가는 사람이 전문점에서는 80%, 슈퍼마켓과 편의점에서는 70%나 되는 것을 알 수 있었다. 그래서 그것을 광고로 사용해 주부들에게 직접 어필하려고 하는 것이 '영수증 광고' 제안의 주요 내용이다.

이 광고의 핵심은 광고 방법으로서 '신선함'이 있다는 것이다. 영수증을 가지고 가는 비율을 통해 추측하면 이 광고는 많은 관심을 끌 것을 기대할 수 있다. 그리고 뒷면에 컬러 인쇄를 할 수 있는 등 높은 광고 효과를 기대할 수 있다.

경영면에서 생각하면 기존 광고를 영수증으로 옮기면서 전단지와 엽서 등으로 사용했던 종이 비용을 절약할 수 있다. 광고비는 영수증 한 장당 10원 정도이다. 이 광고를 실시하는 가게와 이용자, 지역을 하나로 모을 수 있기 때문에 보다 높은 광고 효과도 기대할 수 있다.

▶ 광고매체로서 이용 가치가 높은 '영수증 뒷면'을 강조한다.

고객이 받는 영수증의 길이는 최소 10cm이다. 광고는 영수증 뒷면에 연속적으로 인쇄되어 있는데 광고 크기를 10cm 미만으로 하면 모든 고객이 광고 전체를 볼 수 있는 셈이다. 활용 방법은 슈퍼마켓에서 주부를 대상으로 할인상품과 특가상품을 광고하는 방법과 그 외에 쿠폰을 사용해 고객을 유인하는 방법이 있다. 또 공공광고 캠페인, 신상품 홍보, 도서 잡지 광고 등 광고란을 타사에 판매해 광고 수입을 얻을 수도 있다. 이렇게 광고매체로서의 가능성을 보여주기 위해 많은 사례를 포함시켰다.

> **기획제안 힌트** — 서점에서 안경·컴퓨터를 판매하는 등 시대에 따라 변화하는 가게
>
> 종이에서 디지털로 바뀌는 시대의 영향으로 서점 수도 매년 감소하고 있다. 그러나 그런 상황 속에서도 서점에 많은 고객이 모이고 있다. 최근 서점 고객을 대상으로 한 협력의 일환으로 실시한 서점 내 컴퓨터 판매가 화제가 되었다. 안경 매장을 설치한 서점도 있었다. 책을 읽을 때 안경이 필요하다는 연관성이 있어 중·장년층이 많은 서점의 경우 안경 판매가 의외로 성공을 거둘 수 있을 것으로 보인다. 한편 서점도 책을 파는 가게라는 발상에서 진화해 지식산업이 집약된 곳으로 DVD·CD와 문구 등을 판매하는 경우가 증가하고 있다. 또 광고가 들어간 서점 봉투 등 광고매체로서의 활용 사례도 있다.

2. 작성 포인트

▶ 사진을 사용해 이미지를 떠올리게 한다.

이 제안서는 상단이 '광고 효과와 가치', 중간 부분이 '영수증 광고 설명', 하단이 '영수증 광고 활용 방법'으로 된 3단 구성으로 깔끔하게 작성되었다.

이 제안에서 중요한 것은 영수증 뒷면을 어떻게 광고로 이용할 수 있는지 실제 사진을 싣는 것이다. 그래서 중간 부분의 영수증 광고 설명에는 사용 사례를 실물 사진으로 소개했다.

이 제안서에는 광고게재 요금표가 포함되어 있지 않으므로 첨부자료로 광고게재 요금표를 작성하면 좋을 것이다.

▶ 영수증 광고의 활용법을 제시한다.

상단에서는 광고 효과와 광고매체 가치를 각각 3항목으로 나누어 소개하고 간단하게 영수증 광고가 생겨난 배경에 대해 설명하고 있다.

전체 구성은 모든 기업에 제안할 수 있도록 범용성(汎用性) 있는 제안서로 만들었다.

영수증 광고는 폭넓게 활용할 수 있다는 사실을 이해시키는 것이 중요하므로 하단에 8가지 활용 방법을 제시하고 있다. 각 공간은 작지만 윤곽선으로 둘러싸 8가지 방법의 차이를 명확히 하고 상세한 설명도 하고 있다.

CASE 36

•••안심·안전이 테마인 매장으로 고객을 유치하라

콘셉트 매장 만들기 제안서

'물건'에서 '마음'으로 발상을 전환하면 새로운 수요를 만들어낼 수 있다. '편안함'을 추구하는 고객의 수요도 고객의 '마음'을 고려한 발상의 하나이다. 여기에서는 안심과 안전이 테마인 매장을 제안한다.

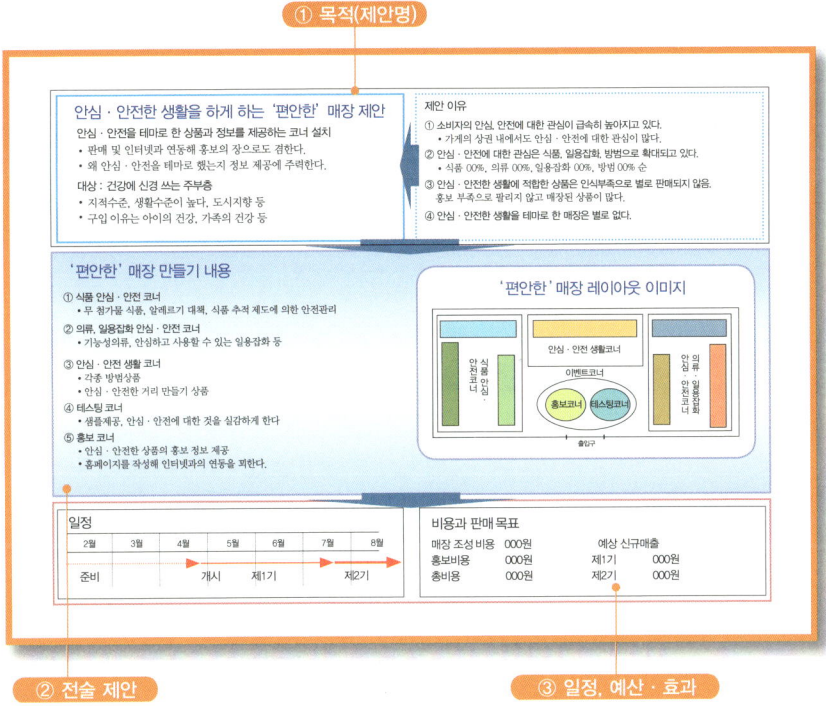

중요한 키워드는 색깔과 글꼴을 바꿔 강조한다.

글자 색을 변경하고 싶을 때에는 색을 변경하고자 하는 글자가 있는 부분을 선택한 상태에서 [홈]에서 '글꼴색'을 사용해 바꿀 수 있다. 마음에 드는 색이 없는 경우에는 '다른 색'에서 선택하면 된다. 글꼴을 변경하고 싶을 때에는 글꼴색 변경과 마찬가지로 변경할 글자가 있는 부분을 선택한 상태에서 [홈]에서 '글꼴'을 사용하면 된다. 글자 크기도 같은 방법을 통해 바꿀 수 있다.

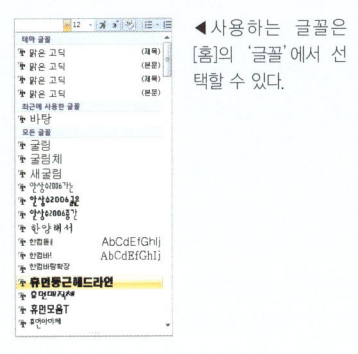

◀사용하는 글꼴은 [홈]의 '글꼴'에서 선택할 수 있다.

1 기획 개요

▶ '안심·안전'에 대한 관심을 사업으로 활용하자.

안심·안전에 대한 관심은 식품뿐 아니라 일용잡화와 거주와 같은 생활전반에 걸친 부분으로 확대되고 있다. 실제 생활의 안심과 안전에 도움이 되는 상품도 많이 판매되고 있다.

그러나 현재 홍보 부족으로 인해 많이 판매되지 않고 있어 매장을 개선해 안심과 안전을 강하게 어필할 것을 제안한다. 핵심은 상품 중심의 '사물'에 대한 발상이 아닌 소비자의 '마음'을 고려한 발상에 근거한 매장을 만드는 것이다.

▶ '마음'을 움직이는 '편안한' 이미지의 매장을 만들 것을 제안한다.

제안서는 매장 이미지로 '편안함'이라는 테마를 잡았다. 이 키워드에 관련된 상품을 모은 매장을 만든다.

'식품 안심·안전 코너'에서는 무첨가 식품, 알레르기 대책 등을, '의류, 일용잡화 안심·안전 코너'에서는 기능성 의류, 안심하고 사용할 수 있는 일용잡화 등을, '안심·안전 생활 코너'에서는 방범 상품, 안심·안전한 거리 조성 상품을 전시하고 판매한다. 상품 전시뿐 아니라 '테스팅 코너'와 '홍보 코너'도 설치해 샘플을 제공하고 안심·안전 상품 홍보와 정보도 제공한다.

▶ 즐겁고 생활에 도움이 되는 공간이 되어야 한다.

이 매장의 목표는 즐겁고 생활에 도움이 되는 공간이 되는 것이다. 홍보 수단으로는 홈페이지를 만들어 인터넷을 통해 고객을 모으는 것이다.

이 제안서는 '편안함'을 테마로 하고 있지만 그 외에도 '음악', '그림', '건강', '미용' 등 '마음'을 통해 고객을 모을 수 있는 다양한 테마에 응용할 수 있다.

 작성 포인트

▶ 화살표를 사용하여 일정을 나타낸다.

제안서에서는 가장 윗부분에 제안명과 제안 이유, 중간 부분에는 제안 내용인 '편안한' 매장 만들기 내용과 매장 배치도, 아랫부분에는 일정, 비용과 판매 목표를 넣어 3단계로 만들었다.

전체 흐름을 보여주는 화살표는 제안서를 시각적으로 강조하기 위해 사용했다. 일정은 표와 화살표를 사용하여 글자로 설명하는 것보다 더 알기 쉽게 작성했다.

▶ 이미지를 떠올리게 하는 배치도가 필수이다.

이 제안서에서 가장 중요한 것은 '편안한' 매장의 배치도이다. 이 그림을 통해 매장 조성 제안에 대한 이미지를 구체적으로 알릴 수 있다.

이런 그림을 작성하는 방법으로는 전문가가 작성한 것을 스캔하는 방법, 모형과 견본 사진을 게재하는 방법 등이 있지만 여기에서는 아직 제안 단계이므로 파워포인트를 사용해 대강의 틀만 작성했다.

이 경우 앞으로 계속 작성해 나갈 것이므로 너무 많은 것을 쓰지 않는 편이 오히려 상상력을 자극해 여러 의견을 이끌어낼 수 있다.

CASE 37

••• '추천 POP'로 충동구매를 촉진하라

건강음료 '매장 POP' 판촉 제안서

판매점에서 무시할 수 없는 것이 소비자의 '충동구매'이다. 충동구매를 촉진하는 데에 많은 효과를 발휘하는 것이 매장에서 구매심리를 자극하는 매장 POP이다. 여기에서는 충동구매를 하게 하는 POP 제작을 제안하고 있다.

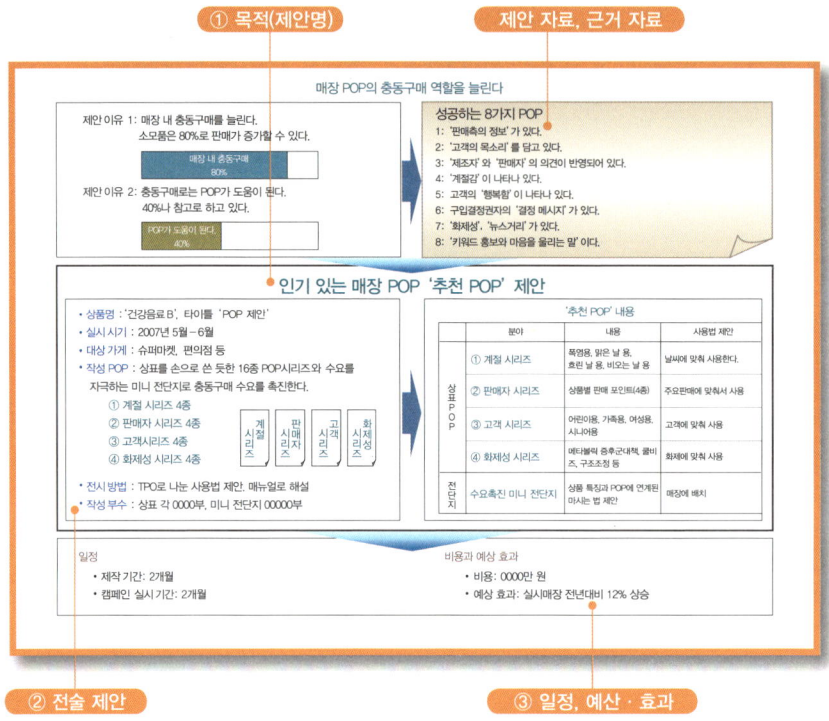

① 목적(제안명)
② 전술 제안
③ 일정, 예산·효과
제안 자료, 근거 자료

 기획서 내에 표를 만드는 방법은 다양하다.

기획서 내에 표를 작성하는 데에는 여러 가지 방법이 있다. 우선, 텍스트 상자에 가로선을 긋는 것만으로도 표와 같은 형식을 만들 수 있다. 또 '삽입'의 '표'를 사용하면 지정한 행수로 표의 형태를 한 괘선이 표시된다. 엑셀에서 작성한 표가 있으면 파워포인트에 붙여 넣을 수 있다. 엑셀에서 복사한 표를 파워포인트에 붙여넣으면 처음부터 파워포인트로 작성한 표와 같이 편집할 수 있다.

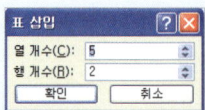

▶ '삽입'에서 '표'를 선택하고 [표 삽입]을 클릭하면 표 삽입 창이 나타난다. 여기서 행과 열 개수를 지정하면 된다. 삽입된 표는 일반 그림 개체처럼 크기나 위치 등을 편집할 수 있다.

1 기획 개요

▶ 매장 POP가 충동구매를 유도한다.

사회가 '원하는 것이 없는' 상태가 될수록 충동구매 비율이 증가한다. 소매점에서는 이런 충동구매에 의한 매출도 많기 때문에 결국 어떻게 충동구매를 유발할지가 매출 상승의 전략이 된다.

충동구매를 유발하는 방법으로 유효한 것이 매장 내 POP(판매 장소에서 직접 행하는 광고)를 활용하는 것이다. 여기에서는 건강식품 매장에서의 충동구매를 촉진하는 POP를 제안한다.

우선 매장 내 어떤 POP가 효과적인지 8가지 정보를 제공해 방법 제안에 힌트를 주고 있는데, '판매자 정보', '고객의 소리', '제조업자 판매업자의 목소리', '계절감', '행복감', '결론 유도 메시지', '화제성 뉴스거리', '키워드 홍보와 마음을 흔드는 말'이 그것이다. 이를 바탕으로 충동구매를 촉진할 수 있는 POP 작성과 전개 방법을 제안하고 있다.

▶ 추천 POP로 상품에 대한 흥미를 유발한다.

이번 제안 대상 상품은 '건강식품'이다. 백화점, 편의점 등 '선반에 상품이 무수히 진열되어 있는' 매장이 대상이므로 '추천 POP'를 만들어 특정 상품에 흥미를 유발하는 전략을 제안한다.

추천 POP의 종류는 4가지 시리즈로 각각 4작품이다. 수요 창출로 이어지는 화제성 있는 말을 사용한 상표 POP 시리즈와 수요를 환기시키는 미니 전단지 등 양면 작전으로 충동구매를 촉진한다.

상표는 계절 시리즈, 판매자 시리즈, 고객 시리즈, 화제성 시리즈를 만들고 이 시리즈들을 날씨, 계절, 고객층 등으로 모두 나누어 사용한다. 미니 전단지는 상품과 연동시켜 매장에 배치한다.

② 작성 포인트

▶ 강조하고 싶은 것에 우선순위를 매긴다.

이 제안서에서는 가장 먼저 '매장 내 POP로 충동구매의 비율이 높아지는 효과'에 대해 다뤄야 한다. 상단에서는 간단한 그래프와 정리한 8가지의 POP 내용을 통해 POP의 중요성을 호소했다.

중간 단락에서는 제안 내용인 '추천 POP'에 대해 설명하였다. 작성부터 사용 방법까지 설명 내용을 되도록 간략하게 작성하고 대략적인 전체 상황을 파악할 수 있게 하였다.

하단의 '일정, 비용과 예상 효과'보다는 상단, 중간 단락이 눈에 띄도록 글자의 크기와 색을 적절히 사용하는 것이 중요하다.

▶ 중요한 메시지에 공간을 할애하고 글자 수는 적게 한다.

기획서에서 강한 인상을 주는 것은 상단 부분으로, 매장 POP의 필요성을 강조한 막대그래프와 성공하는 8개 POP 내용을 주제로 한 표를 제시했다. 제안의 중요성을 느끼게 하고 POP가 중요하다는 것에 대한 설득력을 높이기 위해 여기에서는 글자 수를 줄이고 충분한 공간을 사용해 설명했다.

제안하는 매장 POP의 설명에는 각 상품에 대해 다루고 있다.

이 제안 POP 전략은 건강식품뿐 아니라 일용잡화, 화장품 등에도 응용할 수 있다.

CASE 38

••• 모니터 제도로 정보 수집 & 팬을 육성하라

'패션 모니터 제도' 제안서

소비자의 구매 패턴은 항상 변화하고 있다. 기업은 그러한 동향을 더욱 빨리 파악해 변화에 대응하면서 대책을 강구해 나가는 것이 중요하다. 변화를 알아차리는 방법으로 여기에서는 모니터 제도를 도입할 것을 제안하고 있다

---

① 목적(제안명)

여성용 패션몰의 '패션 모니터 제도' 실시 제안
매장의 번창을 위해 '패션 모니터 제도'를 실시할 것을 제안한다.

사례, 참고 자료

제안의 3가지 이유

고객의 수요를 파악할 수 있다
급격하게 변하는 패션업계에서 고객 수요 파악과 그에 대한 대응은 불가결하다. 정기적, 지속적으로 고객의 수요를 파악해 시대의 변화에 대응할 수 있다.

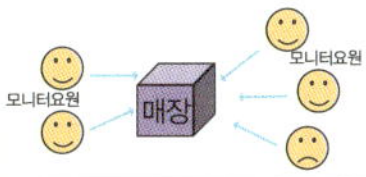

단골고객을 만들 수 있다
모니터 활동을 통해 모니터요원이 된 고객은 매장에 대한 관심이 많으므로 단골고객이 될 수 있다. 고객충성도도 높아진다.

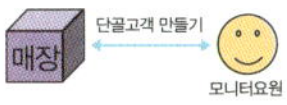

홍보의 거점이 된다
모니터요원을 통해 매장을 홍보함으로써 홍보의 거점이 된다. 모니터요원이 고객을 소개하면 매장의 매출도 상승할 수 있다.

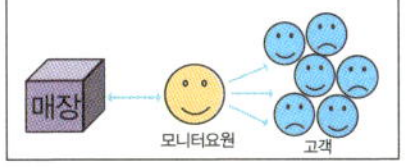

제안 명칭 안

'OO숍 · 패션 · 트렌드 모니터' 제도

② 전술 제안

모집 방법
1. 모집 광고
   - 매장 포스터, DM, 인터넷 등
2. 신청 방법
   - 모니터링 앙케트에 응답
3. 모니터링 앙케트 내용과 채용기준
   - 앙케트 내용
     ① 패션 감각
     ② 기획 제안력
     ③ 영향력 있는 인맥, 네트워크
   - 채용 기준은 위 3항목에서 높은 평가를 받은 사람
4. 모집 기간, 모집 인원
   - 1년간, 제1기 20명
5. 사례
   - 한 사람당 연간 60만 원 상당의 상품권(발행점에서 사용)

운영 방법
1. 모니터 업무
   ① 월1회 모니터 회의에 참가
   ② 모니터링 앙케트에 협력(수시로 시행)
2. 정보 제공
   - 모니터 정보를 인터넷에서 제공
3. 모니터 운영 업무
   - 당사가 대행한다.
     ① 모니터요원 모집업무
     ② 모니터요원 채용업무
     ③ 모니터요원 회의기획, 진행운영, 보고서 작성
     ④ 모니터링 앙케트 기획제안, 집계
     ⑤ 그 외, 모니터 관련 업무전반

일정

기준 기간 : 3개월
모집 기간 : 2개월
운영 기간 : 1개월
  효과를 보고 계속할지 여부를 판단한다.

비용과 효과

- 모니터 요원 모집관련 비용 0000만 원
- 모니터링 사례 비용 0000만 원(상품권)
- 모니터 요원 운영 비용 0000만 원

기대되는 효과는 3가지
1. 상품기획 효과 2. 판매 효과 3. 홍보 효과

③ 일정, 예산 · 효과

1. 기획 개요

▶ 모니터 제도의 3가지 효과를 제시한다.

기업은 급변하는 환경에 민감하게 대처해야 살아남을 수 있다. 이때 중요한 것은 소비자의 정보를 정기적이고 지속적으로 수집하는 것이다.

정보 수집에는 다양한 방법이 있는데 그 중 하나가 모니터 제도이다. 모니터 제도에는 3가지 장점이 있다.

첫째, 고객의 수요를 파악할 수 있다.

둘째, 모니터 요원 중에서 단골 고객을 만들 수 있다.

셋째, 모니터링이 홍보의 거점이 되어 입소문 등을 통해 홍보할 수 있다.

▶ 패션 트렌드 모니터 제도를 제안한다.

이번 제안처는 패션 관련 매장이다. 그래서 모니터 명칭은 '○○숍·패션·트렌드 모니터' 제도로 했다. 모집은 매장과 DM, 인터넷 등에서 필요한 항목을 기입하고 앙케트 응답 등을 통해 실시한다. 기간은 1년으로 모집 인원은 20명이다. 모니터에 대한 사례는 60만 원 상당의 상품권이다.

모니터 요원 선출은 매장 이용도, 패션 감각, 주변 사람들에 대한 영향력 등 앙케트의 응답을 검토해 선정한다. 모니터 업무는 한 달에 한 번 모니터 회의에 참가하고 모니터링 앙케트에 협력하는 것 등이다. 이에 대한 회의 등의 준비, 업무 방법, 실시 등은 모두 제안하는 회사가 맡는다는 내용이다.

모니터 정보는 경영에 반영하고, 공표해도 되는 것은 홈페이지에 정보를 공개한다.

기획자이아 힌트 '동반자 대상 상품 판매'로 대기 시간을 노린 판매전략

자동차 용품을 구입하는 고객은 남성이 많지만 여성과 함께 물건을 구입하는 경우가 상당히 많이 있다. 여성은 남성이 자동차 용품을 고르거나 구입 상품을 계산할 때까지는 시간이 걸린다. 그래서 여성용 상품도 함께 판매하는 매장도 있다. 가령 자동차 용품 판매점에서 여성용 화장품을 판매하는 것도 그 중 하나라 할 수 있다. 그와 비슷한 것이 여성과 함께 신사복 매장에 쇼핑을 하러 오는 고객을 대상으로 개설한 '1000원 숍'으로 치수를 측정할 때 기다리는 시간 동안 쇼핑을 유도해 좋은 실적을 내고 있다. 그 외에도 노래방 내 CD 판매, 커피숍에서의 여행 정보 제공 등의 사례가 있다.

② 작성 포인트

▶ 5단 구성으로 작성한다.

제안서의 구성은 타이틀을 포함해 5단으로 되어 있다. 구성 단계가 조금 많지만 상자와 화살표를 사용해 흐름을 정리했다.

중간 부분의 '모집 방법'과 '운영 방법'은 설명이 중요하므로 되도록 항목별로 써서 알기 쉽게 만들었다. 특히 중요한 것은 앙케트 내용이다. 앙케트 내용을 바탕으로 모니터 요원을 선출하기 때문에 앙케트 항목도 작성해 놓았다.

▶ 설명 부분 그림을 파워포인트로 작성한다.

모니터링의 활용이 어떻게 경영에 영향을 미치는 것일까? 그 흐름을 간단하게 설명하고 있는 것이 파워포인트로 작성한 그림이다. 매장, 모니터 요원, 고객의 관계를 그림으로 알기 쉽게 나타냈다. 이런 그림을 사용할 때에는 화살표를 사용하는 것도 중요하다. 누구에게 어떤 이점이 있는지를 명확히 설명할 수 있기 때문이다.

그림은 사용하기가 번거로워 쓰지 않으려는 사람도 많을 것이다. 그러나 파워포인트의 그리기 도구를 사용하면 이 기획서에 있는 그림 정도는 누구라도 간단히 만들 수 있다. 또 여기에서 사용한 얼굴 모양처럼 표정을 마음대로 바꾸면서 다양하게 사용할 수 있다.

CASE 39

••• 백화점에 선물 시장 판매를 고조시킬 수 있는 제안을 하라

어버이 날 선물 캠페인 제안서

어버이날에는 매년 많은 선물이 오가지만 시대의 변화와 소비자의 취미 변화로 그 추세는 조금씩 달라지고 있다. '시대의 변화에 맞춘 선물'이 이 제안서의 주제이다.

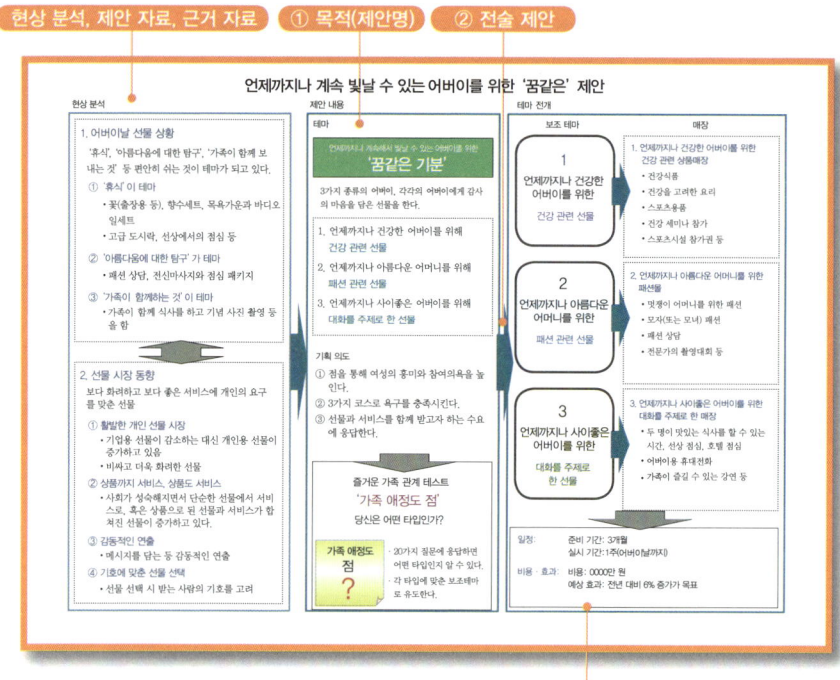

위치 지정 표시를 위한 눈금 및 안내선 사용법 ★★

도형과 글자의 위치를 맞추는 데 편리한 기능이 눈금 및 안내선으로 모두 [보기]의 '표시, 숨기기'에서 '눈금자, 눈금선'을 통해 표시할 수 있다. 눈금은 격자 모양으로 표시되는 점선으로 위치는 고정되어 있다. 눈금선은 십자 모양으로 교차하는 가로·세로 선으로, 마우스로 드래그해서 이동할 수 있다.

◀ 눈금선이 표시된 슬라이드 창에 오른쪽 마우스 버튼을 눌러 [눈금 및 안내선]을 선택한다.

▶ 격자 모양의 점선이 눈금, 십자 모양의 가로·세로선이 안내선이다.

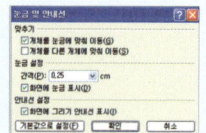

1 기획 개요

▶ 현재 상황 분석을 통해 선물 경향을 파악한다.

어버이날 선물 시장이 매년 성장하면서 많은 가게들에게 '어버이날'은 매출을 올릴 수 있는 절호의 기획이 되고 있다.

중요한 것은 시대와 시장, 소비자 동향의 변화에 따라 선물도 달라지고 있다는 점이다. 여기서는 백화점에 현재의 소비자 변화를 감안한 어버이날 선물을 제안하고자 한다. 현상 조사를 통해 '휴식', '감사', '가족이 함께 보내는 것' 등이 최근 어버이날 선물의 추세인 것을 파악할 수 있다.

▶ 추세를 상품에 대입해 생각해 본다.

이런 추세를 상품에 대입해 생각해 보면 '휴식'은 꽃 선물, 집안 일 도우기 등, '감사'는 여행, 전신 마사지 등, '가족이 함께 보내는 것'으로는 함께 식사를 하고 기념 촬영을 하는 것 등을 들 수 있다. 또 최근의 선물 시장은 보다 화려하고 서비스에 보다 많은 지출을 하고 개인의 요구에 맞춘 선물을 하는 경향이 강해지고 있다. 이를 감안하여 '감동적인 연출', '기호에 맞춘 상품 선택'과 같은 요소도 추가했다.

▶ 어버이를 3가지 타입으로 나누어 타입에 맞춘 상품을 판매할 것을 제안한다.

제안의 테마는 '언제까지나 계속 빛날 수 있는 어버이에 대한 꿈같은 기분'을 선물하는 것이다. 그래서 앞서 분석한 내용을 근거로 어버이를 '건강', '아름다움', '친밀함'이라는 세 종류로 나누어 보았다.

상품 종류는 '언제까지나 건강한 어버이를 위한 건강 관련 선물', '언제까지나 멋진 어버이를 위한 패션 관련 선물', '언제까지나 사이좋은 어버이를 위한 함께 즐길 수 있는 선물'로 타사와의 차별화 전략을 꾀한다. 또한 가족관계를 시험하는 '애정의 점(占)'을 포함하고 있는 것이 특징이다. 점은 여성의 흥미와 참가 의욕을 고취시킨다.

2 작성 포인트

▶ 글자가 많은 제안서는 내용을 정리해 흐름을 명확히 보여준다.

이 제안서는 왼쪽의 현재 상황 분석에서 중앙의 제안 내용, 오른쪽의 테마 전개 순으로 구성되어 있다. 정보량이 많은 경우 A4지를 가로로 사용하면 공간을 효율적으로 사용할 수 있다.

제안서에서는 '테마 전개'에 조금 더 많은 공간을 사용하고 있다. 이런 제안에서는 콘셉트를 전달하는 것도 중요하지만 구체적으로 매장에서 어떻게 전개하고 어떤 상품을 포함시킬지를 설명하는 것도 매우 중요한 부분이다.

글자가 많아지면 읽기 어려워지므로 항목별로 나누어 쓰거나 색을 사용하는 것을 고려하는 것 외에도 윤곽선으로 감싸는 등의 방법을 사용해 정보를 정리하도록 하자.

▶ 타이틀은 중앙에 배치해 강조한다.

설명 위주의 제안서에서는 내용이 시시해 보이지 않도록 시각적인 요소를 잘 활용하는 것이 중요하다. 이 제안서에서는 '가족 애정의 점'이라는 시각적 요소를 넣어 강조하고 있다.

또 제안의 콘셉트인 주제를 강조하고 글자 속에 파묻히지 않도록 주의를 기울였다. '꿈같은 기분'이라는 글자는 중앙에 배치하고, 녹색 배경을 사용하는 등 공간은 크지 않지만 눈에 띌 수 있도록 작성했다.

CASE 40

••• 의류회사+뮤지션 전략을 통한 브랜드파워를 상승시켜라

의류+음악 공동작업 기획서

최근 일반화된 공동작업은 양쪽 모두에게 이점이 없으면 성공적이라 할 수 없다. 확실한 목적 달성을 위한 공동작업 기획을 위해 성공 포인트를 명확히 밝힌 제안서이다.

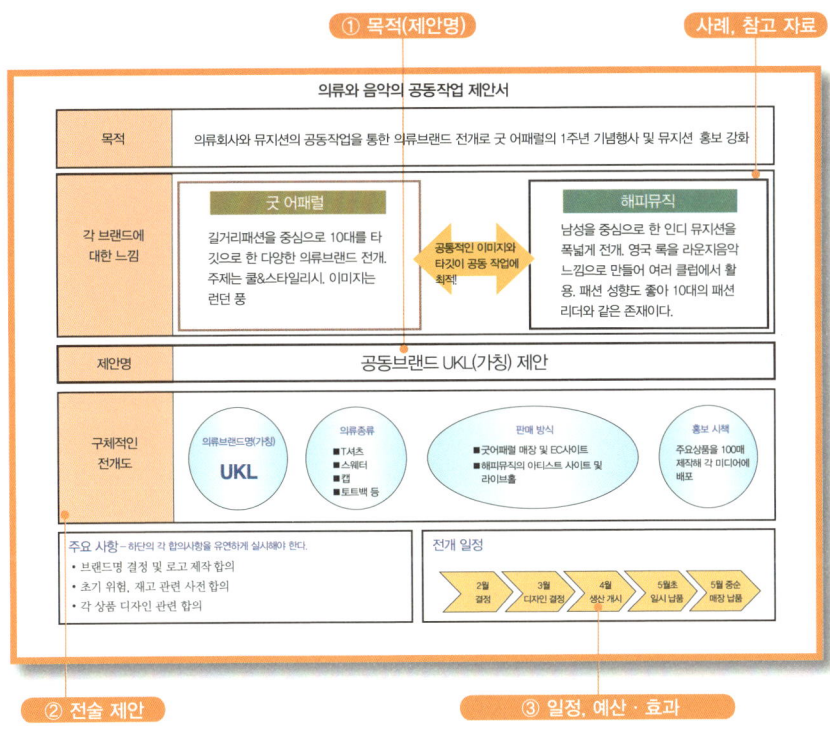

① 목적(제안명) / 사례, 참고 자료 / ② 전술 제안 / ③ 일정, 예산·효과

도형의 위치와 크기를 정확히 정렬하고 싶을 때

여러 개의 도형의 위치를 정렬하고자 할 때에는 정렬하고자 하는 도형을 'Ctrl' 키를 누르고 모두 선택한 상태에서 [홈]에서 '정렬'→'맞춤'을 선택한다.
현재 도형 위치를 기준으로 상하좌우나 중앙에 정렬할 수 있다. 또 도형의 크기를 정확한 수치로 지정하고자 할 때는 도형을 클릭해서 '서식'→'크기'를 선택하거나 크기 확장 버튼을 눌러 크기 및 위치 창에서 세부 항목을 설정한다.

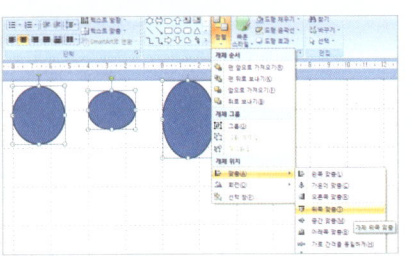

▲ 개체를 모두 선택한 후 개체 위치를 원하는 대로 맞출 수 있다.

1 기획 개요

▶ 공동작업 시에는 양쪽의 이미지와 목적을 명확히 밝힌다.

공동작업이 성공하기 위해서는 각각의 회사에서 추구하는 브랜드 이미지나 느낌 등이 비슷해야 한다. 그래서 공동기획의 경우 이 전제들을 먼저 확인하는 것부터 시작해야 한다.

이번 제안은 의류업체와 뮤지션의 공동작업이다. 의류업체와 뮤지션이 공동으로 의류 브랜드를 설립해 굿 어패럴의 1주년 행사 실시와 뮤지션의 홍보를 강화하는 것이 목적이다.

우선 각 브랜드의 특성을 정리하고 어떤 공통적인 이미지와 타깃이 공동작업에 가장 적합한지를 확인한 후 공동작업을 제안해야 한다.

▶ 공동 브랜드의 전개 이미지를 구축한다.

제안서에서는 공동작업 브랜드로 'UKL'을 제안하고 있다.

관련 상품으로는 티셔츠, 스웨터, 캡, 토트백 등이 있고, 판매 장소는 굿 어패럴 매장, 홈페이지, 해피뮤직의 아티스트 사이트, 라이브홀 등으로 각각에 맞는 홍보 시책도 실시한다.

공동작업은 양측이 동시에 작업을 해나가는 것이므로 기획을 하기 전에 상호간의 규칙을 만들어 확인해 두는 것이 중요하다.

▶ 공동 경영자가 공동작업을 할 때도 있다.

공동작업은 두 종류의 다른 사업을 일정 기간 함께 실시하는 것이지만 상황에 따라서는 공동 경영자가 공동작업을 할 때도 있다. 그 때문에 양자의 목적을 시의적절하게 달성할 수 있는 것이 가장 중요하다.

2 작성 포인트

▶ **각각의 목적을 명기해 목표가 같음을 보여준다.**

제안서에서는 양측의 공동작업이 가장 적합하다는 것을 전달하기 위해 양측을 가리키는 화살표를 사용해 상호 이점이 있다는 효과를 연출하였다. 또 공간과 글자 양도 양쪽이 대등하게 되도록 배려했다.

공동작업 사업은 목적과 실시 내용을 각자 공유하는 것이 전제조건이다. 계약 시에도 이것이 가장 중요한 부분이므로 제안서에도 이 부분이 눈에 띄도록 작성한다.

▶ **일정을 명기해 실패하지 않도록 한다.**

일정도 알기 쉽게 기입한다. 특히 어떻게 해도 미룰 수 없는 일정(신상품 발매 일정이 정해져 있는 등)이 있는 경우에는 그것을 기획서에 명기해야 차후에 생길 문제를 미연에 방지할 수 있다.

양측의 사업 일정에 차이가 발생해 공동작업이 실패로 끝나는 것을 피하기 위해 향후 전개에 대해서도 기획서에 충분히 설명해 두어야 한다. 이 제안서에서는 전개 일정을 5단계로 나누어 표시했다.

••• 쇼핑센터로 평일의 고객을 끌어들여라

CASE 41 휴대전화를 사용한 고객 유치 기획서

휴대전화를 사용한 판촉과 홍보는 매년 점점 복잡해지고 있다. 그러나 소비자에게 너무 복잡한 것은 오히려 역효과를 야기하기도 한다. 기본에 충실해 알기 쉬운 내용의 홍보를 제안한다.

① 목적(제안명) 　현상 분석, 제안 자료, 근거 자료

현재 상황과 과제
① 주말 고객 수 작년 대비 1.2배
② 반면 평일 고객 수는 70%에 머무름.
③ 주말에는 가족동반 고객이 많지만 평일에는 혼자 오거나 두 명 단위의 고객이 많다 ← 개인적인 쇼핑을 위해 내점

향후 전략
휴대전화를 활용한 행사 실시로 집객.
데이터베이스를 구축하고 메일 쿠폰 서비스를 제공해 재구매 고객을 확보한다.

구체적인 실시안

휴대전화로 맞춰보자! 계속 이익을 보자! 캠페인

● 실시 기간 GW 1주간
● 캠페인 방법 쇼핑센터 안의 눈에 띄는 여러 장소에서 특대형의 QR코드를 인쇄한 특대형 포스터 전시.
캠페인 기간 중 접속해 등록한 사람은 그곳에서 추천에 참여할 수 있게 하는 한편 1개월에 2번 정도 쿠폰메일을 발송한다.

① 매장 내 QR코드를 읽는다.
② 사이트에 접속해 메일 주소 등록
③ 추첨 실시 당첨자는 매장에서 상품 수령
④ 2주에 한 번 정도 메일쿠폰 발송

일정
3월 준비 기간　4월 예비고지　GW 실시

예산
임시 사이트 초기 제작 450만 원
DB 및 메일 발송 비용
100만 원/월

예상 효과
• 기간 중 목표 등록자 3,000명
• 월별 목표 재 구매 고객 20%

② 전술 제안　　③ 일정, 예산 · 효과

 글자 배경에 색을 입힌다. 그러데이션효과를 사용한다.

작성 시의 텍스트 상자는 '배경색 없음', '선 없음' 상태로 되어 있다. 그래서 보통 화면에는 글자만 나타나는데, 텍스트 상자에도 도형과 같이 색을 넣거나 그러데이션 효과를 설정할 수 있다. 그러기 위해서는 색을 넣거나 그러데이션 효과를 사용하고자 하는 텍스트 상자를 선택한 상태에서 그리기 도구의 '도형 채우기'를 사용한다. 배경색은 그러데이션이나 질감 등의 다양한 효과를 줄 수 있다.

◀ 텍스트 상자도 도형과 같은 방법으로 배경색과 그러데이션을 설정할 수 있다.

◀ 텍스트 상자에 그러데이션을 설정한 경우, '윤곽선 색채우기'를 사용해 윤곽선과 윤곽선 색을 설정할 수 있다.

1 기획 개요

▶ 평일 고객이 감소하지 않도록 노력한다.

제안처인 쇼핑센터의 주말 고객 수는 작년에 비해 1.2배 증가했지만 평일 고객수는 오히려 70%로 감소했다. 주말에는 주로 온가족이 함께 오는 경우가 많지만 평일은 혼자 오거나 둘이 오는 고객이 많다. 가족 동반 고객이 적은 것이 평일 고객 수 감소의 주요 원인이다.

이 제안서에서는 휴대전화를 활용한 집객 촉진 기획을 실시해 평일 고객을 확보하는 것이 목표이다. 실시하는 것은 '휴대전화로 맞춰보자! 계속 이익을 보자! 캠페인'이라는 행사이다.

데이터베이스를 구축해 메일 쿠폰 서비스를 제공하고 재구매 고객을 확보하는 것이 목표이다.

▶ 평일과 주말 고객층의 차이를 정확히 파악한다.

핵심은 쇼핑센터의 평일과 주말 고객층이 다르다는 점을 파악하는 것이다. 제안서는 이 차이를 정리하는 것을 출발점으로 삼고 있다.

휴대전화를 활용할 것을 제안한 것은 휴대전화가 가족이 아닌 개인의 소유물이기 때문이다. 평일 고객을 모으는 방법으로 개별 메일로 각자에게 이득이 되는 휴대 쿠폰을 발송하는 것을 제안하였다.

▶ 서서히 인지도를 높여가야 한다.

이런 종류의 기획은 1주일 정도의 캠페인으로는 투자 효과가 미미하므로 비슷한 캠페인을 정기적으로 실시해 시스템의 초기 투자 비용을 생각하면서 서서히 효과가 나타나도록 하고 인지도를 높여가는 것이 이상적이다.

② 작성 포인트

▶ 휴대전화를 사용한 QR 코드로 이미지를 구축한다.

제안서는 실시 기간과 캠페인 방법에 대한 설명을 중심으로 전개한다. 또 휴대전화를 사용해 무엇을 할 수 있을지, 어떻게 전개할지를 이해시키기 위해 캠페인의 시작인 QR 코드를 아이콘으로 사용했다.

QR 코드의 아이콘과 그 옆의 설명 부분 외에는 가능한 한 색을 사용하지 않았다. 무엇보다 휴대전화를 사용한 홍보의 필요성을 설명하는 제안서이므로 구체적인 홍보 내용은 아직 다루지 않아도 괜찮을 것이다.

▶ 일정표에 색을 사용해 일정을 강조한다.

일정 표시란은 자세한 일정을 결정하기보다 언제 무엇을 어떻게 전개해 나갈지 전체적인 내용을 보여주는 것이 중요하다. 이 제안의 경우 3월, 4월, GW(goden week) 등 3단계로 나누어 쉽게 알 수 있도록 했다. 일정 표시에서 준비 기간은 흰색으로 시작해 점점 짙은 회색으로 바뀌게 해 실시 기간이 다가오고 있음을 느낄 수 있게 만들었다.

일정 표시 방법으로는 화살표를 사용하거나 글자만 사용하는 방법 등이 있는데, 강한 인상을 남기고 싶거나 눈에 띄게 하고 싶을 때에는 일정표에 색을 사용할 것을 권한다.

CASE 42

••• 상품 발매 전 단기간에 소비자의 동향을 파악하라

인터넷 리서치 제안서

인터넷 리서치는 단기간에 타깃을 설정해 낮은 비용으로 실시할 수 있다. 3박자를 갖춘 인터넷 리서치를 통해 기획 방향성 확보와 발매 직전의 동향 조사에 도움이 되는 제안서를 작성해 본다.

현상 분석, 제안 자료, 근거 자료   ① 목적(제안명)

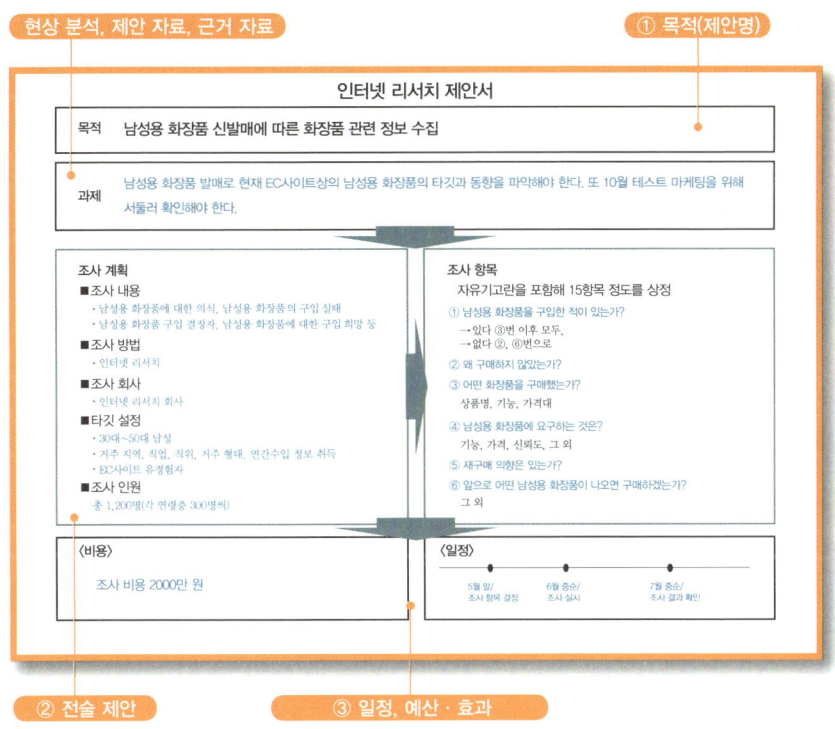

② 전술 제안   ③ 일정, 예산·효과

 세로 된 A4 기획서를 작성할 때는 페이지 설정을 사용해 지정한다.

파워포인트로 기획서를 작성할 때는 화면에 나타나는 슬라이드를 사용한다. 슬라이드는 원래 가로로 되어 있는데 이를 세로로 만들고 싶을 때에는 '디자인'에서 '페이지 설정'을 선택한다. '방향'에서 '슬라이드'를 '세로'로 변경하면 화면의 슬라이드도 세로로 바뀐다. 그러나 같은 파일에서 세로와 가로 형식 슬라이드를 함께 사용할 수는 없다.

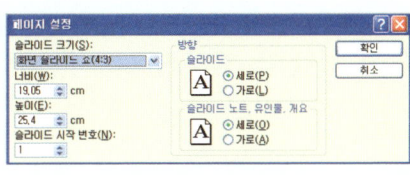

▲ '페이지 설정' 상자가 나타나면 '방향'에 있는 '슬라이드'를 '가로'에서 '세로'로 변경한다.

1 기획 개요

▶ 보다 적절한 정보를 얻을 수 있도록 타깃을 찾는다.

과거 소비자 정보를 대량으로 수집하는 방법은 가정방문 등이 있었지만 요즘에는 인터넷 리서치가 주류이다. 인터넷 리서치는 과거에 실시한 조사를 통해 축적해온 대량의 소비자 정보를 쉽게 정리, 분류할 수 있다. 그래서 연령과 성별뿐 아니라 취미, 체험 유무, 구입 유무 등 다양한 형태로 타깃을 설정해 보다 정확한 의견을 수집할 수 있다.

인터넷 리서치를 활용할 경우 우선 조사 타깃 범위의 대상을 최대한 줄이는 것이 중요하다. 이 제안에서는 남성용 화장품 구매층이 될 수 있는 30~50대 남성을 타깃으로 삼았다.

▶ 한 사람당 적절한 조사 항목 수는 10개이다.

단기간에 많은 정보를 수집할 경우 앙케트 항목은 1인당 10개에서 많게는 15개까지가 적당하다.

또 조사 응답을 미리 상정해 ○표로 둘러싸는 방식이나 설문지에서 응답할 수 있는 질문을 만드는 것도 중요하다. 그러나 자유롭게 기입할 수 있는 자유기고란은 지금까지 깨닫지 못한 새로운 힌트를 얻을 수 있는 기회가 되므로 설문지에 몇 개쯤 섞어 두면 좋을 것이다.

▶ 필요에 따라 두 번에 걸쳐 조사하는 것도 고려한다.

인터넷 리서치의 특징은 빨리 분석할 수 있다는 것이다. 그러나 단순 집계로는 날카로운 분석을 할 수 없다. 또 자유기고란의 분석 등을 할 때에는 시간이 더 많이 필요하다. 보다 효과적으로 조사하는 것을 전제로 필요에 따라서 두 번에 걸쳐 조사하는 것도 염두에 두어야 할 것이다.

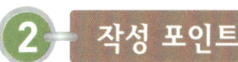 작성 포인트

▶ 전체 계획을 떠올릴 수 있게 작성한다.

이런 제안서에서는 조사 목적과 조사 결과의 용도 등 전체 계획을 명확히 해두는 것이 가장 중요하다. 이 제안에는 '고가 남성용 화장품의 구입 의사, 실태'를 조사해 그 결과를 '신제품 투입 때 참고한다'는 목적이 있다.

조사 방법, 대상 설정, 조사 인원, 조사 시기, 조사 내용 등도 전체 계획을 바탕으로 고려한 것이다. 제안서에서는 '조사 항목'란에 질문 사례를 실어놓았다. 적절한 조사를 할 수 있을지, 쉽게 응답할 수 있을지 등을 고려할 때 이러한 질문 사례를 들면 제안처에서 쉽게 확인할 수 있다.

▶ 조사 목적을 확실히 한다.

무엇을 위한 조사인지, 조사 결과를 어떻게 사용할지를 전달하기 위해 서두에는 크게 '목적'과 '과제'를 써넣었다. 이 부분을 강조하는 이유는 제안처에게 이 조사가 필요하다는 것을 납득시키기 위해서이다.

중간 부분 이후는 세로로 두 부분을 나누어 작성했다. 조사 방법과 조사 항목은 대강의 개요를 보여줄 수 있다면 그 역할을 달성했다고 할 수 있을 것이다.

하단은 비용과 일정에 대한 것이다. 제안서에서는 '10월에 테스트 마케팅을 실시한다', '그 후 신제품을 발매한다'와 같은 예정이 정해져 있으므로 전체 예정을 알 수 있도록 적어 두어야 한다.

••• 주부의 생각을 건강식품 개발에 반영하라

CASE 43 주부의 건강의식 조사 기획서

메타볼릭증후군이 화제가 되고 있는 요즘, 관련 시장의 성패를 좌우하는 것은 가족의 건강을 책임지는 주부이다. 다각도에서 대상자의 마음을 파악하는 정성조사로 주부의 생각을 파악하는 것이 이 제안서의 목적이다.

주부의 건강의식 조사 기획서 ① 목적(제안명)

건강보조식품 개발을 위한 …
- ▶ 주요 타깃은 메타볼릭증후군을 염려하는 30대 후반~50대
- ▶ 구매 결정은 가족의 건강을 책임지는 주부
- ▶ '주부'들도 다양한 가치관을 가지고 있음, 한명 한명의 라이프스타일을 추출할 수 있는 정성조사가 필요함

현상 분석 / 제안 자료 / 근거 자료

주부의 건강의식 조사
- 조사 패널: S회 리더회원 여성 200명
  - 30대~40명, 40대~80명, 50대~80명
- 질문 형식: 자유 기술식
- 해석 방법: KJ법에 의한 정성분석

질문항목 → 목적

- Q1. 가족에 대한 건강 배려도는?(본인/ 남편/ 자녀, 각○점, 그 외 이유) → 1) 현재 상황 추출
- Q2. 본인의 몸에서 염려되는 것
- Q3. 이상적인 몸 상태를 구체적으로((예)3층까지 계단으로 쉽게 올라갈 수 있다) → 2) 이상향 추출
- Q4. 그것을 위해 실천하고 있는 것
- Q5. 바라는 여성상, 이상적인 여성상(탤런트 이름 등) → 3) 행동스타일 추출
- Q6. 건강을 위해 가족에게 바라는 점(남편/ 자녀)
- Q7. 건강보조식품 구입경험 및 상품명((예)건강보조식품, 비유지성 드레싱)
- Q8. 사용해보고 싶은 건강보조식품, 상품에 대한 요구사항 → 4) 구매행동 추출

② 전술 제안

해석·보고 — 1)~4)를 통해 패널을 분류하고 목표 및 수요를 추출하고 그에 맞는 상품 콘셉트, 주요 메시지를 제안

일정: 10월 준비 → 11월 배포/실사 → 12월 회수/분석/보고

예상 비용
- 패널사례금   0000만 원
- 조사실시비   0000만 원
- 해석·보고서 작성비용   0000만 원
- 00000만 원

③ 일정, 예산·효과

① 기획 개요

▶ 정량조사와 정성조사의 차이를 이해한다.

조사 방법은 크게 정량조사와 정성조사로 나눌 수 있다. 정량조사란 인터넷 등을 사용해 많은 샘플에서 통계적으로 전체적인 집단의 경향을 파악하는 방법이다. 그러나 이 방법은 평균적인 결과를 도출하므로 긍정적인 의견과 부정적인 의견이 상쇄되어 각 의견이 잘 반영되지 않는다는 단점도 있다.

정성조사는 기술식 앙케트 등을 통해 앙케트 대상으로부터 직접 들은 의견을 분석하는 방법이다. 이러한 조사는 샘플 수가 적기 때문에 집단 경향 파악에는 적합하지 않지만 조사 대상의 심리를 심층적으로 조사할 수 있다는 장점이 있다. 신제품에 대한 생각과 기존 상품에 대한 불만, 상품 구입 이유 등 개발 관련 조언이 필요할 때 효과적이다.

▶ 각각 다른 생각을 가지고 있는 주부의 건강의식 조사 방법을 선정한다.

이번 조사는 가정과 가계를 맡고 있는 주부의 '건강에 대한 의식'을 조사한 것이다. 정보는 건강보조식품 개발에 사용한다. 행동 패턴이 유형화되기 쉬운 학생이나 회사원과 달리 주부의 가치관과 행동 패턴은 가족 구성과 직업, 세대 수입 등 여러 가지 요인에 영향을 받는다. 그래서 일률적으로 결론을 내릴 수 없으므로 한 사람 한 사람의 라이프스타일을 추출할 수 있는 정성조사를 채택했다.

점심 뷔페의 인기로 새롭게 각광받는 '뷔페형 음식'

일정 금액을 지불하면 원하는 만큼 먹을 수 있는 '뷔페형 음식'이 인기를 얻고 있다. 원하는 만큼 먹을 수 있고, 비교적 '저렴하다는 느낌'과 많은 메뉴 중에서 고를 수 있는 '호기심'을 유발해 여성들의 인기를 모으고 있다. 특히 최근에는 점심 뷔페가 인기를 얻고 있는데 '10,000원짜리 뷔페식', '13,000원 디저트뷔페'와 같은 형태로 실시되고 있다. 지금부터는 건강에 좋은 웰빙 한식, 영양가 있는 중식, 맛있는 이탈리아 음식, 단맛을 줄인 디저트 등 특색 있는 메뉴가 증가할 것이다. 이렇게 되면 음식점들은 고객 수요가 늘어나 이익이 증가할 수 있을 것으로 보고 있다. 그리고 뷔페식 식당은 인건비도 줄일 수 있다.

조사는 자유기술 방식으로 실시했다. 조사 응답의 목적은 주부의 수요를 찾아내어 수요에 맞는 상품 콘셉트를 잡는다. 또 보다 정확한 의견을 얻기 위해 자신의 의견을 표현하는 데 익숙한 패널 중에서 높은 건강의식을 가지고 있는 주부층을 조사 대상으로 했다.

② 작성 포인트

▶ 질문과 상품 개발이 어떻게 결합되는지 알기 쉽게 전달한다.

조사 제안서는 문장 중심으로 전개되므로 내용이 단조로워 평범한 이미지가 되기 쉽다. 그래서 이 제안서에서는 뒤쪽에 살구색 그러데이션 효과를 사용하는 등 배색에 신경을 썼다.

중간 부분에는 질문 항목과 그 목적을 넣었다. 이때 조사하였던 질문이 자사의 제품 개발과 어떤 관련이 있는지 화살표로 연결해 질문의 목적을 명확히 이해할 수 있도록 하였다.

▶ 조사의 필요성을 명확히 전달한다.

이 제안서는 제안처에 조사 필요성을 이해시키는 것에서부터 시작한다. 그래서 윗부분에는 많은 공간을 할애해 3가지 요소에서 조사가 필요하다는 결론을 이끌어냈다.

정성조사의 경우 조사 방법이 복잡하고 글자로 된 설명만으로는 불충분한 경우도 있을 것이다. 그런 경우에는 타사의 성공 사례를 게재하는 것도 효과적이다. 어떤 조사를 하고 어떤 결과를 얻었는지를 적는 것만으로도 조사의 필요성을 쉽게 전달할 수 있기 때문이다. 조사 제안서에서는 누구에게 어떤 질문을 몇 명에게 얼마 동안 할지도 명기하는 것이 좋다.

CASE 44

••• 베이비붐 세대를 대상으로 한 체험교실에서 새 사업수요를 창조하라

활판인쇄 체험교실 제안서

옛것이 재평가되고 있는 시대, 전후 베이비붐 세대의 은퇴가 그런 움직임에 영향을 미치고 있다. 은퇴자들이 인쇄업계의 활판인쇄 교실과 관련 교육에 많은 관심을 보이고 있다. 이에 인쇄업계는 이러한 경향을 사업으로 재창출하려는 움직임을 보이고 있다.

현상 분석
제안 자료
근거 자료

【목적】
◆ 개인 대상의 인쇄물(인사장, 명함)을 취급하는 귀사의 수주 감소 상황 개선
◆ 숙련공의 활용과 젊은 사원으로의 기술(인쇄문화) 계승
◆ 사용하지 않는 기기 활용

→ ① 목적(제안명)

【개요】
【배경】
· 정년퇴직으로 인해 여가활동에 대한 관심이 높아지고 있다.
· 은퇴로 느낄 수 있는 '회상'과 공예품으로 보는 '수작업 감각', '독창성'이 소비자의 지지를 쉽게 얻을 수 있는 키워드이다.
· 대형 인쇄회사가 개최하는 활판인쇄 체험교실은 미술을 전공하는 학생과 중·장년층에게 꾸준히 인기를 얻고 있다.

명칭: 활판인쇄 체험교실, 인쇄소 사장이 가르치는 출판의 즐거움

내용: ① 초급 코스(2시간 X 1회 / 월 3회) 자기만의 명함 제작
② 중급 코스(2시간 X 3회 / 월 1회) 자신만의 책 만들기
③ 공방 대여 ··· 중급 코스 수료자를 대상으로 한 공방 이용 서비스
강사: 자사 숙련공 또는 정년퇴직한 장인
정원: 각 코스당 3~5명
수강료: ① 초급 코스 30,000원(재료비 별도 20,000원 정도)
② 중급 코스 100,000원(재료비 별도 50,000원 정도)
③ 공방 대여(별도 검토)  
고지: ◆ 소규모 지역 정보지에 광고 게재
◆ 노년 세대를 대상으로 한 프리페이퍼, 온라인 매거진에 기사 광고 게재
◆ 포스터 게재(한책방, 미술 관련 대학·전문학교, 지역 상점가 등)
일정: 2007년 7월~8월 귀사와의 조정·고지 준비
2007년 9월~ 고지 개시
2007년 11월~ 초급 코스 개설

→ ② 전술 제안

【비용】
【초기비용】 000만 원
· 광고 게재비용 000만원
· 포스터 제작비 000만원

【운영비】
· 강사료 00만 원/월

【수입·효과】
◆ 수강료 수입/ 재료비 매출 약 000만 원/월
※ 공방 대여 비용은 별도 산출
◆ 수강생으로부터 추가 인쇄 등 신규 수주 연간 약 0000만 원
★ 사업수익보다 사회 공헌 역할 중시

→ ③ 일정, 예산·효과

1 기획 개요

▶ 옛것을 가르치는 수업이 늘고 있다.

해마다 많은 사람들이 정년을 맞이하고 있다. 정신적인 측면에서 정년퇴직 후의 생활을 안정적으로 지탱해주는 것은 여가생활이다. 교육, 여행, 원예 등 사람마다 원하는 것이 다르지만 '그리움', 직접 만드는 '손으로 만든 감각', '독창성'과 같은 데 관심이 높다고 말할 수 있을 것이다. 또한 배우는 것에 대한 관심도 높아 미술 관련 교실이 인기를 얻고 있는 것도 그 일례이다.

이런 배경으로 인해 대형 인쇄회사가 개최하는 활판인쇄 체험교실도 인기를 모으고 있다. 따라서 이 제안서는 사용하지 않는 기기의 활용과 개인을 대상으로 한 체험교실이 사업체의 매출 확보로도 이어질 수 있는 가능성이 큰 사업이라고 제안하고 있는 것이다.

▶ 인쇄소 사장에게 교육받는 즐거움을 사업으로 전환하다.

이 제안서는 중견 인쇄기업을 통한 활판인쇄 체험교실에 관한 제안이다. 수업은 초급 코스, 중급 코스 등 두 가지가 주요 과정이다. 중급 코스 수료자는 공방을 이용할 수 있는 공방 대여 사업도 추가했다.

강사는 숙련된 사원 또는 정년퇴직한 장인을 활용한다. 한 교실당 정원은 5~10명이며 수강료는 초급 50,000원, 중급 100,000원으로 설정한다.

수강생은 지역 생활지에 광고를 게재하거나 인터넷을 통해 모집하도록 한다. 또 헌책방, 미술 관련 전문학원, 대학, 지역 상점가 등에 포스터를 붙인다.

> **기획제작 힌트 — 화장실을 리모델링해 고객을 유인한다.**
> 화장실 업체가 빌딩의 입주율을 높이기 위한 화장실 리모델링을 빌딩주인에게 제안한다. 입주한 기업이 기분 좋게 화장실을 사용하게 하려는 작전이다. 백화점은 고객이 쾌적하게 쇼핑을 즐기게 하기 위해서 또는 항공회사와 철도는 고객이 즐겁게 여행을 즐기게 하기 위해 화장실을 리모델링했다. 화장실은 가게의 숨겨진 부분이다. 그렇지만 더럽고 불결한 화장실은 고객에게 불쾌함을 주어 내점에 영향을 미칠 수 있다. 화장실뿐 아니라 고령자를 위해 휴식공간을 마련한 백화점도 있다. 세세한 곳에 신경을 쓰는 것이 중요하다.

② 작성 포인트

▶ **교실 사업에서는 미리 어떻게 진행될지에 대해 설명할 필요가 있다.**

이 제안의 경우 은퇴하는 직장인이 대상이다. 그래서 회사를 은퇴하면 자기만의 시간이 늘어나 취미활동과 수업에 참가하는 사람이 증가하고 있다는 것을 전달한다. 또 교실 사업 중에서도 과거에 대한 회상이나 손으로 직접 만드는 것, 독창적인 것 등의 키워드가 중요함을 설명한다. 유사한 종류의 성공 사례가 있으면 게재하는 것도 좋을 것이다.

제안서의 핵심은 중간 부분에 소개한 수업 내용이다. 코스와 수강료에 대해 자세히 설명하고 구체적으로 노인들이 즐겁게 공부하는 교실의 모습을 떠올릴 수 있게 하였다.

▶ **광고 투자와 수익성에 대해 자세히 쓴다.**

교실 사업 제안에서 또 하나 중요한 것이 수익성이다. 이 제안의 경우 사용하지 않는 기기를 활용하고 사용하지 않는 장소와 구민회관 등을 활용해 적은 비용으로 개최할 수 있는 것이 핵심이다.

반면 지출 부분에는 광고 투자가 있어 포스터와 온라인 소개 등을 제안하고 있는데, 흩어져 있는 고령자에 대한 홍보가 얼마나 잘 이루어지는지가 사업 성공의 열쇠를 쥐었다고 할 수 있다. 이에 대해서는 하단의 예산 부문에서 정확히 써두었다.

또 경제적인 수익성보다도 사회 공헌을 더 중시하고 있는 점을 마지막에 덧붙여 이 사업이 단순한 이익 사업이 아님을 밝혔다.

5. 모든 것이 담겨 있는 토털 기획서 작성법

종합적으로 전략과 전술을 모두 제안하는 토털 기획서는 4가지 구성 요소로 작성한다. 토털 기획서는 일관성·논리성과 기승전결이 중요하다. 기획서에 담을 요소가 많으므로 구조를 명확하게 만든다.

● 구성 요소 : ① 현재 상황 분석·과제 설정 ② 기본 방침 ③ 해결책 제안 ④ 예산·효과

● 기본 패턴

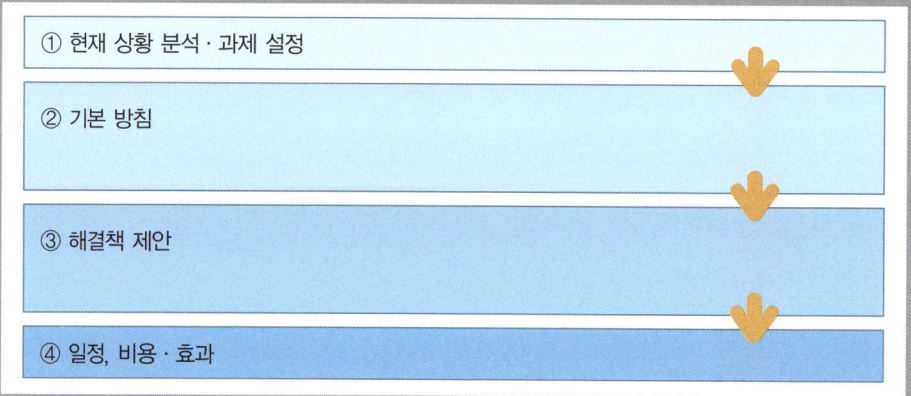

● 응용 패턴 A

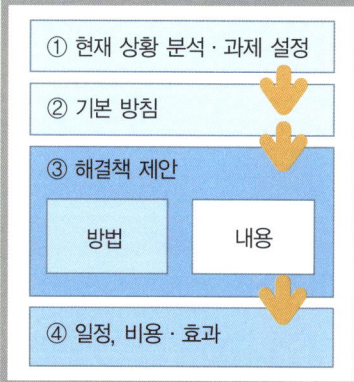

해결책 제안 부분을 두 부분으로 나누는 것으로 방법과 내용으로 나누면 더욱 쉽게 이해할 수 있다.

● 응용 패턴 B

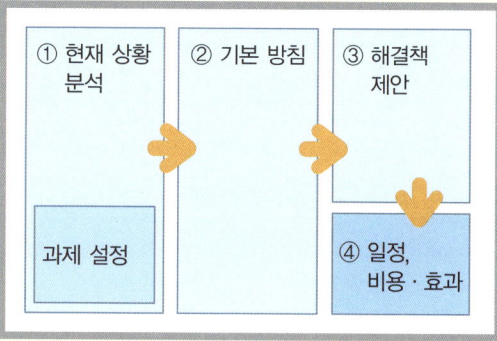

옆으로 3등분하는 방식의 기획서이다. 균형 잡히고 설득력 있는 기획서를 작성할 수 있다.

1 3요소 7단계를 포함시켜 일관성·논리성 있게 작성한다.

'토털 기획서'는 기획서에 필요한 3가지 요소, 7가지 단계의 모든 것을 포함시킨 것으로 앞에서 설명한 전략 제안서와 전술 제안서를 하나로 합친 것이다. 항목은 '현재 상황 분석·과제 설정', '기본 방침', '해결책 제안', '비용·효과' 등 네 가지로 집약되어 있다.

A4 한 장이라는 한정된 공간에 전략부터 전술까지 어떻게 잘 포함시켜 작성할지가 중요하다. 모든 항목을 포함시키되 각 항목의 순서, 정보량은 기획서의 목적에 맞추어 생각하도록 하자.

일반적으로는 제안 내용에 해당하는 '기본 방침', '해결책 제안'이 가장 많은 공간을 사용한다. 토털 기획서에서 무엇보다 중요한 것은 기획서 전체를 일관적이고 논리적으로 작성하는 것이다. 모순이 있는 부분은 제거하고 현재 상황 분석에서 해결책까지를 기승전결에 맞춰 작성하면 설득력 있는 기획서를 작성할 수 있다.

2 기획서의 전체적인 균형이 잘 맞게 배치한다.

토털 기획서는 목적에 맞춰 무엇을 어디에 쓰고 있는지를 잘 알 수 있도록 균형을 잘 맞추는 것이 중요하다. 정보량이 많고 글자가 많은 기획서는 무엇이 어디에 쓰여 있는지 알기 어렵다. 글자가 많고 보기에 좋지 않으면 상대가 바쁠 경우 읽고 싶은 기분이 들지 않을 것이다. 아무리 좋은 제안이라도 보기에 좋지 않고 읽혀지지 않는다면 실패한 기획서가 된다. 그렇게 되지 않기 위해서는 전체적인 균형을 고려해 흐름을 만들고 배치해야 한다.

어디에 무엇을 넣을지, 제목은 어떻게 하는 것이 좋을지를 잘 고려해 쉽게 전달할 수 있는 기획서로 작성해야 한다. 기획서를 깔끔하고 안정적으로 만들기 위해서는 윤곽선의 배치도 중요하다. 좌우가 대칭이 될 수 있도록 균등하게 윤곽선을 배치하면 깔끔하게 작성할 수 있다. 설득력 있는 멋진 기획서는 레이아웃 감각과 디자인 감각이 뛰어나 '보는 순간에 좋은 기획서라고 판단할 수 있는' 것임을 알 수 있다.

3 읽기 쉽게 만들기 위해 글을 많이 쓰지 않도록 한다.

보기에 깔끔한 기획서를 작성하기 위해서는 적절한 양의 글을 쓰는 것이 중요하다. 우선 전체 흐름에 맞는 레이아웃을 고려해 항목을 쓸 윤곽선을 만들고 그 윤곽선 안에 항목에 맞는 내용을 써넣도록 하자. 그때 문장을 '주제'와 '항목별 내용'으로 구성하면 글자의 양을 줄일 수 있다.

주제는 고딕체나 굵은 글자를 사용하고 항목 부분은 작은 명조체 등을 사용해 강약을 조절하면 읽기가 쉬워질 것이다. 또 제목을 눈에 띄는 색으로 하거나 읽기 쉽게 줄 간격을 조정하는 등 신속 정확하게 이해할 수 있는 기획서를 작성하기 위해 노력해야 한다. 많은 사람이 기획서를 작성할 때 사용하는 워드프로세서와 파워포인트에는 다양한 기능이 갖추어져 있으므로 여러 가지 방법을 찾아 보는 것이 좋을 것이다.

4 설득력을 높일 수 있도록 도표를 잘 활용한다.

토털 기획서는 자칫하면 글만 있는 기획서가 되기 쉽다. 그러나 글만으로 구성된 기획서는 읽고 싶은 마음을 사라지게 할 수도 있다. 그러므로 글 중간에 그래프, 사진, 그림 등을 삽입해 쉽게 읽을 수 있게 만들어 기획서의 설득력을 높이도록 하자. 그 예로 현상 분석 그래프, 제안 주제, 타이틀과 관련된 사진과 그림, 대상을 설정하는 포지셔닝맵과 레이더차트, 제안 내용을 설명하는 차트 등을 들 수 있다. 글만으로 구성된 경우에도 윤곽선과 화살표를 활용해 충분히 읽기 쉽게 만들 수 있다.

CASE 45

••• 가족 구성원 중 가장 많은 '독신자'를 노려라

백화점을 대상으로 한 '독신자 공략' 기획서

저출산과 결혼하지 않는 젊은이들의 영향으로 세대수가 감소하고 있다. 그로 인해 세대 구성 인원 비율도 달라져 독신자가 아주 많은 세대를 차지하게 되었다. 여기에서는 독신자 대상의 사업을 제안하고 있다.

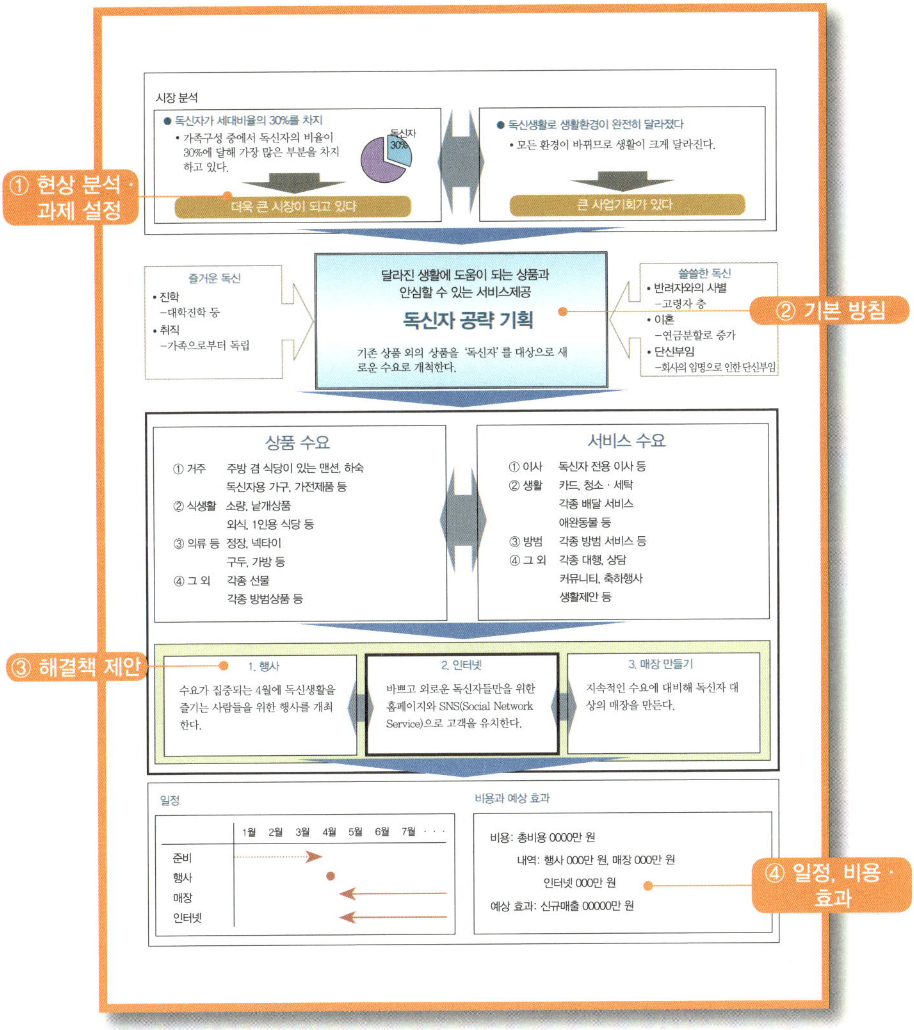

---

① 현상 분석·과제 설정

시장 분석
- 독신자가 세대비율의 30%를 차지
  - 가족구성 중에서 독신자의 비율이 30%에 달해 가장 많은 부분을 차지하고 있다.
  - 독신자 30%
- 독신생활로 생활환경이 완전히 달라졌다
  - 모든 환경이 바뀌므로 생활이 크게 달라진다.

→ 더욱 큰 시장이 되고 있다   → 큰 사업기회가 있다

즐거운 독신
- 진학
  - 대학진학 등
- 취직
  - 가족으로부터 독립

달라진 생활에 도움이 되는 상품과 안심할 수 있는 서비스제공
독신자 공략 기획
기존 상품 외의 상품을 '독신자'를 대상으로 새로운 수요로 개척한다.

쓸쓸한 독신
- 반려자와의 사별
  - 고령자 층
- 이혼
  - 연금분할로 증가
- 단신부임
  - 회사의 임명으로 인한 단신부임

② 기본 방침

상품 수요
① 거주   주방 겸 식당이 있는 맨션, 하숙
          독신자용 가구, 가전제품 등
② 식생활 소량, 낱개상품
          외식, 1인용 식당 등
③ 의류 등 정장, 넥타이
          구두, 가방 등
④ 그 외   각종 선물
          각종 방범상품 등

서비스 수요
① 이사   독신자 전용 이사 등
② 생활   카드, 청소·세탁
          각종 배달 서비스
          애완동물 등
③ 방범   각종 방범 서비스 등
④ 그 외   각종 대행, 상담
          커뮤니티, 축하행사
          생활제안 등

③ 해결책 제안

1. 행사
수요가 집중되는 4월에 독신생활을 즐기는 사람들을 위한 행사를 개최한다.

2. 인터넷
바쁘고 외로운 독신자들만을 위한 홈페이지와 SNS(Social Network Service)으로 고객을 유치한다.

3. 매장 만들기
지속적인 수요에 대비해 독신자 대상의 매장을 만든다.

일정

	1월	2월	3월	4월	5월	6월	7월	···
준비								
행사				●				
매장					←			
인터넷					←			

비용과 예상 효과
- 비용: 총비용 0000만 원
  - 내역: 행사 000만 원, 매장 000만 원
  - 인터넷 000만 원
- 예상 효과: 신규매출 00000만 원

④ 일정, 비용·효과

⑤ 토털 기획서

1 기획 개요

▶ 증가하는 독신자를 대상으로 한 사업을 제안한다.

저출산화와 결혼하지 않는 젊은이들이 증가하면서 현대의 가족 구성에 큰 변화가 일어나고 있다. 과거의 가족은 부부와 자녀들로 구성된 3인 가족, 4인 가족이 중심이었다. 그러나 이제는 독신자 세대가 급속도로 늘어나게 되었다. 그 때문에 독신자 대상의 사업도 다른 관점에서 생각해야 할 필요가 있다. 상품 수요로는 주방 겸 식당이 딸린 아파트 등의 집, 혼자서 쉽게 먹을 수 있는 외식, 소량 판매, 낱개 상품, 방범 상품 등의 수요를 기대할 수 있다. 또 독신생활에 필요한 청소·세탁과 독신자 전용 이사, 대행 서비스 등 각종 서비스도 증가하고 있고 대화 부족을 충족시켜주는 사업에도 기회가 있다.

▶ 독신자의 수요를 분석해 공략법을 찾는다.

이 제안은 백화점을 대상으로 만들었다. 독신자 생활양식의 증가에 따라 달라지는 상품 수요를 근거로 '독신자 공략'을 노리는 기획이다.

독신자가 되는 계기로는 진학, 취직 등 '즐거운 이유'도 있지만 반려자와의 사별, 이혼, 기러기 아빠 등의 '쓸쓸한 이유'도 있다.

이 제안은 이렇게 독신이 되는 계기와 독신생활을 하고 있는 사람에게 도움되는 상품과 서비스를 제공하는 것이 주요 목적으로, 종합적인 서비스로 새로운 기회를 찾도록 하는 데 있다.

기획제안 힌트 — 서비스 지출을 중심으로 한 발상이 중요하다.

소비자는 지금까지 주로 상품에 지출해왔지만 상품 보급이 포화 상태에 달하면서 서비스에 대한 지출이 40%를 돌파하고 있다. 서비스 지출이란 통신비, 여행, 교육비(보습학원과 요리, 꽃꽂이, 다도 등) 등에 지출하는 것이다. 이런 것이야말로 '물건'에 대한 지출에서 '서비스'로의 지출 전환이라고 할 수 있다. 서비스 지출은 서비스 자체에만 돈을 쓰는 것이 아니다. '컴퓨터와 컴퓨터 교실', '악기와 음악 교실', '여행과 카메라 교실' 등 상품과 서비스가 합쳐진 것에 소비하는 것도 포함된다. 즉 이제부터는 '상품'을 생각한 후에도 서비스에 대한 발상이 필수불가결해지고 있는 것이다.

② 작성 포인트

▶ 요소가 많을 때에는 강조하고 싶은 부분을 우선한다.

기획서는 정통적인 4단 구성으로 작성했다. 전달하고자 하는 정보가 많으므로 서두의 시장 분석 부분은 최소한의 공간만 사용했다.

두 번째 항목에서는 독신이 되는 두 가지 계기인 '즐거운 독신자'와 '쓸쓸한 독신자'에서 제안 주제를 이끌어냈다. 그것을 바탕으로 독신자 생활에 어떤 사업이 기획이 될지를 상품 수요와 서비스 수요로 나누어 제안하고 있다.

구체적인 사업 방법으로 '행사', '인터넷', '매장 만들기' 등 세 가지를 제안하고 있다. 또 실시 수단은 TPO(시간, 장소, 상황)를 고려해 인터넷을 활용하기로 했다. 이 부분은 두꺼운 윤곽선으로 둘러싸 눈에 띄게 했다.

▶ 대칭 형태로 기능적으로 작성한다.

4단 구성의 각 단에는 2~3개의 상자를 만들어 보기 쉽게 작성했다. 중요한 것은 수요를 상품과 서비스로 나누어 소개하고 있는 부분으로, 각각에 대해 상세히 기입하고 있다.

이 제안서에는 상자 수가 많기 때문에 전체 흐름을 화살표로 나타내어 일관성 효과를 내고 있다. 또 상품 수요와 서비스 수요, 행사, 인터넷, 매장 만들기 간에 각각 상호 효과가 있는 것을 보여주기 위해서 화살표를 사용했고, 전체를 대칭 형태로 작성해 더욱 보기 좋게 만들었다.

적은 공간을 사용한 '시장 분석'과 '일정' 부분에서는 표를 사용해 되도록 간결하게 작성했다.

CASE 46 ••• 여행회사에 '부유층 대상의 토털서비스'를 제안하라

셀리브리티 컨시어지 도입 제안서

양극화 사회의 시대로 접어들고 있다. 그래서 등장한 것이 셀리브리티라 불리는 부유층이다. 여행과 자녀 교육 등에 돈을 지출하는 셀리브리티를 타깃으로 많은 효과가 있는 서비스를 제안한다.

현재 상황 분석

부유층 대상의 여행은 커다란 사업 기회

수입 양극화로 새로운 부유층이 증가하고 있다
1. 양극화로 부유층이 증가
   - 새로운 부유층이 탄생, IT, 신규 사업의 성공 등
2. 부유층은 물건보다 서비스에 지출
   - 여행, 자녀교육 등에 지출
3. 컨시어지에 대한 기대
   - 바쁘므로 비서의 역할을 원함

부유층에 대한 대응은 '개별적인' 대응이 중요하다
1. 프라이빗 룸, VIP룸으로 대응
   - 금융기관 등은 프라이빗 룸으로 대응
2. 담당자가 빈틈없이 대응
   - 서비스업에서는 담당자를 지정해 일정한 대응을 꾀하고 있다.
3. 부유층을 대상으로 한 무료잡지
   - 부유층을 노린 무료잡지발행이 증가하고 있다.

여행업계에서는 부유층에 대한 대응으로 실적이 상승하고 있다
1. 친절한 상담대응
   - VIP실 등의 운영으로 친절한 상담
2. 설명회 개최
   - 설명회에서 정보 제공
3. 여행+α
   - 건강테마, 미용테마 등의 여행+α가 인기

여행업체에게 부가가치가 높고 부유층대상의 여행은 수익성이 높아 큰 사업기회가 되고 있다.

① 현상 분석·과제 설정

제안 타깃

셀리브리티 컨시어지 의 제안

부유층만을 대상으로 한 서비스를 제공해 고가·고품격 여행수요 확보를 목표로 한다.

★대상: 연간 수입 1억 원 이상 또는 자산 10억 원 이상인 고객
★서비스 내용: 4가지 서비스로 고객확보를 노린다.

고품격 여행

② 기본 방침

제공 서비스

1. 당신의 또 한 명의 비서입니다
바쁜 셀리브리티를 위해서 철저한 고객수요를 파악해 '당신의 비서'로서 서비스를 제공한다.

2. 자유로운 여행을 제안합니다
담당자를 지정하고 의사소통이 원활하게 이루어지도록 하고 고객의 의견을 반영한 여행제안을 한다.

셀리브리티 컨시어지

3. 여행과 서비스의 결합
여행뿐 아니라 여행을 통해 건강과 취미에 대해서도 배려할 수 있는 '여행+서비스' 대응을 실시한다.

4. 안락하고 비공개된 곳에서 상담 받습니다
겉으로 드러나기를 원하지 않는 셀리브리티들에게 적합한 장소에서 상담을 한다. 주변을 신경 쓰지 않고 여유롭게 상담에 응한다.

③ 해결책 제안

일정
준비 기간: 4개월간
셀리브리티·컨시어지 운영:
    테스트 기간 6개월
    상시운영은 테스트 결과를 보고 실시

비용과 예상 효과
비용: 00000만 원
예상효과: 기존효과 대비 20% 상승이 목표

④ 일정, 비용·효과

1 기획 개요

▶ 양극화로 생겨난 셀리브리티 대상 사업을 제안한다.

자유롭게 사용할 수 있는 금융자산을 10억 원 이상 보유하고 있는 사람은 극소수에 불과하다. 그러나 최근에는 10억 원까지는 아니더라도 비슷한 규모의 자산을 보유하고 있는 부유한 IT업계 관계자, 부유한 기업가, 그리고 은퇴한 자산가 등 새로운 부유층이 증가하고 있다. 한편에서는 중산층이 감소하고 저소득층이 증가하고 있는데, 이런 양극화로 부유층을 노리는 사업이 번창한다.

부유층은 자신을 즐겁게 하는 데 필요한 지출을 아까워하지 않는다. 부유층의 소비를 더욱 촉진하기 위해서는 각 수요에 맞춘 치밀한 대응이 필요하다. 따라서 이 제안서에서는 개개인을 고려한 맞춤 서비스를 제안하고 있다.

▶ 부유층을 대상으로 한 '셀리브리티 컨시어지'를 제안한다.

이 제안서는 여행회사를 대상으로 작성한 것으로 '셀리브리티 컨시어지'라는 개인의 만족도를 높여주는 서비스에 대해 다루고 있다.

목적은 부유층만을 위한 서비스를 제공해 비싼 고급 여행상품을 판매하는 것이다. 타깃은 연간 수입이 1억 원 이상이거나 자산이 10억 원 이상인 프티셀리브리티를 선택했다.

특별한 공간에서 특별 서비스, VIP 대우로 소비를 촉진한다.

고객을 특별 대우하는 것으로 만족을 주고 많은 소비를 촉진하는 방법이 있다. 외국 카지노에는 내부에 VIP실이 있고 그곳에서는 고급 고객이 카지노를 즐긴다. 금융기관은 VIP고객에게 VIP실을 제공하고 있으며, 접객 서비스와 배웅 서비스로 고객의 만족감을 높이고 있다.

그 외에도 여행객을 대상으로 공항에서 특별히 VIP석을 이용하는 방법 등 다양한 특별 서비스를 마련하고 있다. 또 부유층 대상의 카탈로그·무료잡지 등과 같은 특별상품 정보를 한정적으로 제공해 보다 고가의 상품을 고객에게 구입하게 하는 방법도 있다.

▶ **4가지 주요 서비스를 설명한다.**

서비스는 4가지 주요 사항으로 이루어져 있다. 첫 번째는 '당신의 또 한 명의 비서'로서 개별적으로 치밀하게 대응하는 것이다. 두 번째는 '자유로운 여행을 제안하는' 것이다. 세 번째는 여행에 서비스라는 부가가치를 더해 '밖으로 드러나지 않도록' 하는 것이다. 그리고 마지막으로 고객에게 '적합한 장소'를 마련해 느긋하게 상담할 수 있도록 하는 것이다.

2 작성 포인트

▶ **다른 셀러브리티 대상 사업과의 차이를 부각시킨다.**

기획서의 구성은 '현재 상황 분석', '제안 타깃과 제안 타이틀', '제공 서비스', '일정, 비용과 예상 효과'로 된 정통적인 4단 구성이다. 타이틀 부분은 입체감을 살려 파워포인트로 작성한 디자인 로고를 사용했다. 셀러브리티를 타깃으로 한 사업이 증가하고 있기 때문에 다른 사업과 무엇이 다르고 어떤 특징이 있는지를 중간 부분의 '제공 서비스'에서 자세히 설명하고 있다.

▶ **시대성을 반영한 제안을 완성한다.**

이 제안은 지금과 같은 양극화 시대로 인해 만들어진 것이다. 그래서 현상 분석과 제안 타깃 부분에도 충분한 공간을 사용해 '지금과 같은 시대이기 때문에 이 제안에 의미가 있다'는 것을 강조하고 있다. 특히 현상 분석 부분은 글이 많지만 사회 변화에 대해 다루고 있어 설득력이 있다. 또 최근 들어 사용되고 있는 셀러브리티라는 단어를 타이틀에 넣어 시대에 맞춘 제안이라는 인상을 주었다.

이 제안서는 설명 사항이 많고 글이 많으므로 타깃을 그림으로 보여주면서 오른쪽에는 사진 한 장을 사용했다. 또 셀러브리티 컨시어지의 구체적인 역할 4항목은 설명선을 사용해 표현함으로써 글로만 이루어져 있는 인상을 주지 않도록 했다.

CASE 47

••• '실패하지 않는' 건강식품 통신판매 진출을 제안하라

통신판매 사업 진출 제안서

최근 물건이 팔리지 않아 문을 닫는 상점 수가 증가하고 있다. 반면 통신판매는 꾸준히 성장해 새로운 유통경로로 자리잡았다. 그렇지만 통신판매라도 무엇이든 판매할 수 있는 것은 아니다. 통신판매에 진출해 실패하지 않기 위한 전략을 제안한다.

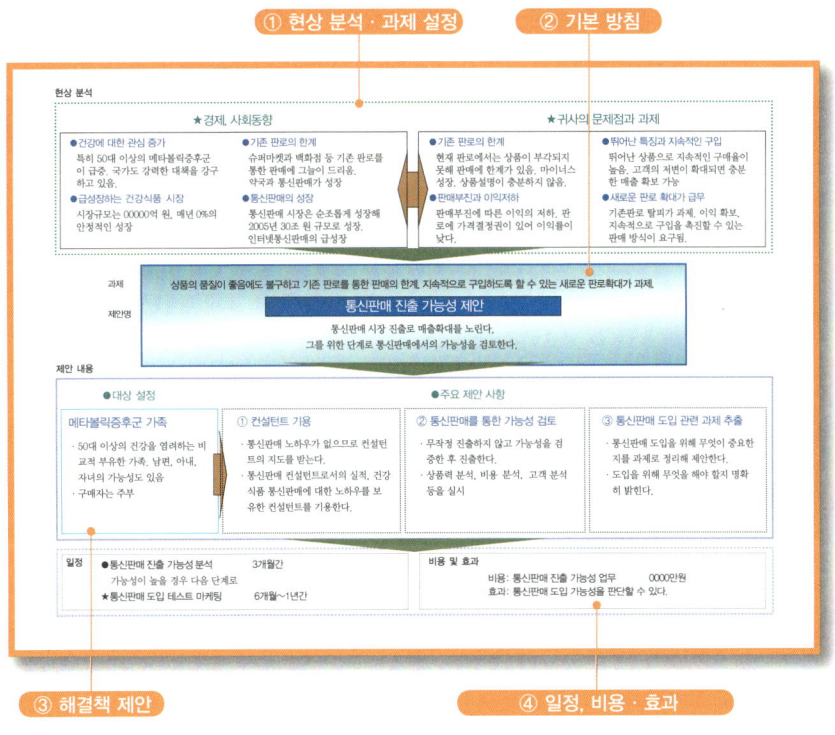

① 현상 분석·과제 설정
② 기본 방침
③ 해결책 제안
④ 일정, 비용·효과

실선, 점선, 이중선 등 다양한 선을 활용한다.

그리기 도구의 '선 스타일' 기능으로 굵기 0.75포인트의 실선을 그릴 수 있다. 실선을 그린 후, 이것을 점선이나 이중선으로 변경할 수 있다. 점선으로 바꾸고자 할 때는 '대시 스타일'을 사용하고, 이중선은 '선 스타일'을 사용한다. 이런 선은 도형과 텍스트 상자에서도 바꿀 수 있는데 이 경우에는 윤곽선이 달라진다. 선 색도 포함해 용도에 맞춰 다양한 선을 사용할 수 있다.

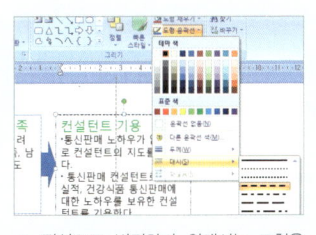

▲ 점선으로 변경하기 위해서는 도형을 선택한 상태에서 '대시스타일'을 사용하면 된다.

1. 기획 개요

▶ **인터넷의 보급으로 통신판매 수요가 크게 확대되고 있다.**

인터넷의 등장으로 기존 유통 방식을 통한 상품 판매가 어려워지고 있는 반면 통신판매는 착실히 증가하고 있다.

특히 주목해야 할 것이 건강식품이다. 건강에 대한 관심이 높아지면서 소비자의 수요는 증가하고 있지만, 새로운 종류의 상품을 매장에서 자세히 설명하는 것은 상당히 어렵다. 그래서 통신판매에 대한 가능성을 제안하게 되었다.

통신판매로 확실히 효과를 얻기 위해서는 어떻게 해야 좋을까? 이 제안서에서는 상품의 특징과 사회 동향을 바탕으로 전략을 제안하고 있다.

▶ **통신판매 시장에서 가능성을 검토하는 제안이다.**

통신판매 상품으로 크게 성공한 것들은 상품이 좋아도 팔리지 않는, 기존 판로를 통한 판매가 한계에 부딪혔다는 공통점이 있다. 여기에서는 새롭게 통신판매 시장에 투입하려고 검토 중인 상품의 판매 가능성에 대해 다루고 있다.

건강식품의 판매 대상을 설정해 가능성을 판단하기 위해서는 어떻게 해야 좋을까? 여기에서는 3가지 사항을 제시하고 있다.

첫째는 '컨설턴트 기용'이다. 통신판매 관련 경험이 있는 컨설턴트를 기용해 통신판매 시장 진입 때의 장점과 단점을 검토한다.

두 번째는 '가능성 검토'로 상품력, 비용 분석, 고객 분석 등을 실시한다.

세 번째는 '통신판매 도입 과제 추출'이다. 실제로 통신판매를 실시할 경우 무엇이 과제가 될지 정리한다. 이 진단에서 가능성이 보이면 테스트 마케팅을 진행한다.

이 제안서는 통신판매로의 진입 가능성을 검토하려는 것이 목적이므로 구체적인 조사 내용에 대해서는 언급하지 않고 있다. 자세한 내용은 이 제안이 받아들여진 뒤 다시 제시하는 것이 좋을 것이다.

작성 포인트

▶ **대칭형의 레이아웃으로 안정감을 준다.**

제안서는 위에서부터 4단 구성으로 되어 있는데 2개, 4개, 2개의 글상자가 균등하게 배치되어 있어 대칭 형태의 균형감 있는 레이아웃으로 작성했다. 겉으로 보이는 안정감이 내용의 신뢰성을 더해 주는 인상을 준다.

만약 추천 컨설턴트가 진행한 통신판매 카탈로그가 있다면 시각적인 요소로 활용해 타이틀 옆에 카탈로그 사진을 제시해둔다면 더욱 효과적일 것이다. 그리고 기획 설명 부분에서 통신판매 컨설턴트의 경력 등을 추가하면 보다 설득력을 높일 수 있다.

▶ **논리적인 제안은 논리적으로 전개한다.**

제안서는 '경제, 사회 동향'과 '귀사의 문제점과 과제'를 출발점으로 삼고 있다. 논리적인 내용의 제안이므로 제안서 자체도 순서대로 논리에 맞게 설명하는 형식으로 작성했다.

위에서 아래로 내려가는 단순한 구성으로 만들고 만일을 위해 화살표로 흐름을 보여 주고 있다.

••• 가정용 로봇을 원활하게 시장에 도입하라

CASE 48
방범 로봇 발매 판촉 제안서

IT기술의 발달로 로봇 개발이 급속히 진전되고 있다. 업무용에서 가정용 로봇 개발로 이어져 가정용 로봇이 본격화될 조짐을 보이고 있다. 가정용 로봇 중 하나인 방범 로봇의 가정 보급 방법을 제안한다.

① 현상 분석·과제 설정 ② 기본 방침 ③ 해결책 제안

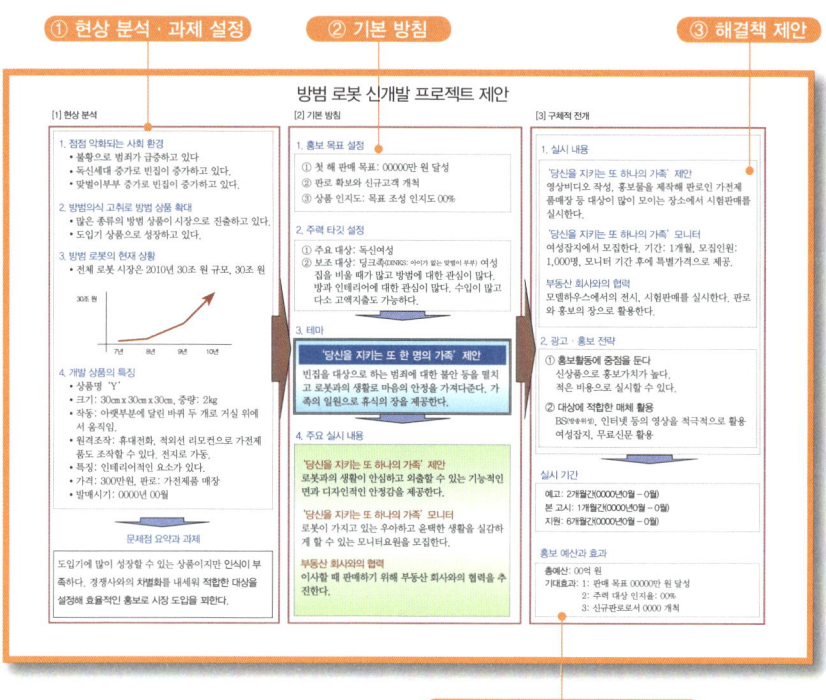

④ 일정, 비용·효과

 파워포인트 테크닉 ★★

도형은 때와 상황에 따라 쉽게 사용할 수 있는 형태로 변형할 수 있다.

'도형'에서 선택한 도형은 필요에 따라 확대와 축소, 변형 등을 할 수 있다. 도형을 클릭하면 주위에 ○표시나 ◇표시가 나타나는데 이곳에 마우스 포인터를 위치시키면 포인터가 양방향 화살표 모양으로 바뀌어 도형을 확대/축소할 수 있게 된다. 단, ◇표시가 나타나지 않는 도형도 있다.

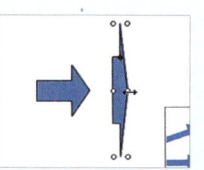

◀ 도형을 선택했을 때에 표시되는 ○표시나 ◇표시에 마우스포인터를 위치시키면 도형의 크기와 형태를 바꿀 수 있다.

▶ 가령 기본 도형 중 하나인 '웃는 얼굴'은 ◇으로 표정을 바꿀 수 있다.

기획 개요

▶ **범죄 다발로 악화되는 사회 환경에 대응한 신상품 판촉 제안이다.**

불황, 독신자 세대와 맞벌이 부부의 증가로 빈집이 점점 늘어나면서 금품을 노린 빈집털이 범죄가 많이 발생하고 있는 상황이다. 그래서 인기를 끌고 있는 것이 방범 대책 상품이다. 그 중에서도 주목받고 있는 것이 방범 로봇이다.

로봇 시장은 2010년에는 30조 원 규모가 될 것이라는 추산이 있을 만큼 잠재수요가 큰 것이 특징이다. 이 제안서에서는 가격이 300만 원인 'Y'의 발매를 맞아 효과적인 홍보 전략을 제안하고 있다.

그런데 중요한 것은 방범 로봇에 대한 인지도가 낮다는 것이다. 또 경쟁사와의 차별화를 보이기 어렵다. 그래서 상품 특성을 근거로 효과적인 홍보를 하는 것이 목표이다.

▶ **독신여성에게 '또 한 명의 가족'이 생긴다.**

이 상품의 주요 판매 대상은 집을 자주 비우는 독신여성이다. 부수적인 대상은 딩크족(아이가 없는 맞벌이 부부) 여성을 선정했다. 테마는 '당신을 지키는 또 한 명의 가족'이다.

이 제안서의 핵심은 방범 로봇을 단순히 방범을 위한 기계로 보지 않고 가족의 일원으로 홍보하고 있는 것이다. 또 마음을 기댈 수 있는 대상으로서의 효과도 내세우고 있다.

실시 내용으로는 '당신을 지키는 또 한 명의 가족'에 대한 제안으로 마음의 안정을 가져다주는 방범 로봇과의 즐거운 생활을 제안하고 모니터링을 통해 제품을 시험하게 해 인지도를 높이는 것과, 부동산 회사와의 협력으로 이사할 때의 기회를 활용하는 것이 있다.

② 작성 포인트

▶ 안정감 있는 구성으로 전개한다.

가로로 작성하는 기획서를 크게 3등분하여 왼쪽은 '현상 분석', 중간은 '기본 방침', 오른쪽은 '구체적 전개'로 구성했다. 방범 제품을 제안하는 것이므로 안정감 있게 기획서를 작성하는 것이 중요하다.

글자 양은 다소 많지만 기획 내용을 쉽게 알 수 있게 전달할 수 있도록 항목에 번호를 달았다. '현상 분석'에서 '홍보 예산과 효과'까지 순서대로 읽어 나갈 수 있도록 작성했다.

▶ 테마의 독특함을 강조한다.

중요한 타이틀은 파란 글자를 사용하고 나머지 본문은 검은 글자를 사용해 깔끔한 인상을 줄 수 있게 작성했다.

왼쪽에 삽입한 그래프는 제안의 설득력을 높이기 위해 고안한 것이다.

이 기획에서 중요한 것은 '당신을 지키는 또 한 명의 가족'이라는 테마와 그 전개에 흥미를 갖게 하는 것이다. 로봇을 가족으로 취급한다는 발상을 독특하다고 받아들이게 하기 위해서 테마 부분에 그러데이션을 사용해 눈에 띄게 했다.

이 기획서처럼 고객에게 전달하고자 하는 점과 설명하고자 하는 내용이 많고 글 위주로 되어 있는 경우는 눈에 띄는 기획서로 만들기 어렵다. 그럴 때에는 색과 여러 효과를 사용해 더 좋은 기획서를 만들 수 있도록 연구해야 한다. 보기 쉬운 기획서를 작성해 상대방이 읽고 싶게 만드는 것이 중요하다.

••• CD · DVD를 사용한 새로운 형태의 입체 DM

CASE 49 입체 DM 제안서

다이렉트 메일(DM)이 매너리즘에 빠지고 있다. 영상시대의 도래로 종이만으로는 소비자를 설득하는 데 한계를 보이고 있기 때문이다. 그래서 영상과 종이를 융합한 DM을 제안한다.

현상 분석

① 종이로 된 DM은 한계에 다다랐다
매일 많은 DM이 배달된다. 특히 부유층에게는 수많은 DM이 배달된다. 일반적인 DM은 뜯기지도 않고 쓰레기통으로 직행될 가능성도 있다. 소비자를 설득하는 효과를 높이기 위한 고민이 필요하다.

② 영상을 활용한 정보 제공을 늘린다
인터넷사회에서 활용하는 영상이 주류가 되어 DVD 홈비디오 사용자는 수천만 명에 달하고 있다. 주력상품인 8센티 DVD는 연간 천만 장 이상이 발매되어 영상을 통해 정보를 제공하는 시대가 되고 있다.

① 현상 분석 · 과제 설정

미디어와 종이의 융합으로 탄생한 새로운 DM이 등장했다

사람의 무의식적인 행동예측에서 탄생한 개봉하면 저절로 영상이 떠오르는 새로운 CD · DVD
영상이 떠오르는 독특한 입체 DM

특징
① 개봉하면 CD · DVD영상이 떠오른다.
② 수신자는 놀라운 충격을 받는다.
③ 삼차원적인 시각으로 보다 선명한 임팩트를 준다.
④ CD · DVD 내의 URL표시로 간단하게 볼 수 있다.

② 기본 방침

광고 활용에 대한 추천

우수 사용자에 대한 접근

사용 방법
많은 고객 중에서 특히 중요한 고객인 우수 사용자를 엄선해 '영상이 떠오르는 입체 DM'을 사용해 한정된 선정 상품을 영상으로 송부해 고객에게 큰 감동을 줘 구입을 유도하는 것이다. 고객만족도 향상으로도 이어진다.

추천 업종
· TV통신판매회사
· 통신판매잡지
· 각종 통신판매회사
· 백화점 · 카드회사 등

영상 홍보가 최적인 상품 DM으로 사용

사용 방법
음악, 영상 등 CD와 DVD 등을 판매하는 기업과 영상을 사용해 보다 효과를 발휘할 수 있는 사업에 '영상이 떠오르는 독특한 입체 DM'을 활용할 것을 권한다. CD와 DVD를 효과적으로 DM으로 발송한 후에 CD · DVD 영상으로 홍보 효과를 보다 높일 수 있다.

추천 업종
· 예능과 음악사무소
· 고급아파트, 단독주택
· 건강 체크, 미용 다이어트
· 신차 발표
· 호화여행 등, 호화여행 이미지

③ 해결책 제안

일정	비용과 예상 효과
준비: 기획제작업무 등 2개월간 실시: 일괄배송	비용: 0000만 원 예상효과: 기존 방법 대비 20% 상승 효과

④ 일정, 비용 · 효과

1 기획 개요

▶ **영상이 많이 사용되는 시대성을 DM에도 활용한다.**

가정에는 매일 많은 DM이 날아온다. 그러나 그 수가 너무 많으면 흥미를 유발하지 못하며, 특징이 없는 것은 개봉되지도 못하고 쓰레기통으로 직행해버린다. 이런 이유 때문에 확실한 홍보 효과를 가지고 있는 DM이 필요하다.

반면 인터넷 회사는 호조를 보이고 있다. 지금은 수천만 명이 인터넷을 활용하고 그 중에서도 영상을 활용하는 사례가 늘어 DVD 홈비디오 사용자는 엄청나게 늘었다.

광고도 종이에서 영상을 이용하는 시대가 되었다. 이 제안서에서는 미디어와 종이를 융합해 탄생한 새로운 DM 활용을 제안한다.

▶ **영상이 떠오르는 입체 DM을 제안한다.**

제안하는 것은 개봉하면 저절로 영상이 떠오르는 독특한 CD·DVD이다. 이것을 DM으로 발송하는 전략이다.

개봉하면 CD와 DVD가 흐르면서 떠오르기 때문에 받은 사람은 충격을 받게 된다. 중요한 것은 3차원적인 시각에서 보다 선명한 효과를 준다는 사실이다. 발송하는 CD와 DVD에 URL을 명기하므로 간단하게 자사의 홈페이지에 접속할 수 있게 하는 형식이다.

활용 방법이 폭넓은 것도 특징이다. 우수 사용자를 대상으로 선정한 상품 광고를 영상으로 송부해 구입을 촉진시킬 수 있다. 또 음악과 영상을 판매하는 기업은 샘플을 DM으로 보낼 수 있다.

저렴한 가격으로 구입하게 하는 '합리적 판매'

정가에 대한 소비자의 불신으로 단순히 정가의 몇 %를 할인해주는 것으로는 상품이 판매되지 않고 있다. 이에 반해 소비자에게 '그 상품이 왜 저렴한지, 그 판매 방법이 왜 저렴한지를 정직하게 설명하고 납득시켜 판매하는' 합리적인 판매 방식이 인기를 얻고 있다. 이는 '2등품으로 매장에 진열하지 않는 채소', '태풍으로 떨어진 과일', '구형 신상품', '신고품(新古品 : 제품은 새것이지만 기종 등이 구형이므로 중고판매점에서 판매되는 상품)', '보이지 않는 곳이 파손된 상품' 등 가격이 저렴한 이유를 명확히 밝혀 현명한 소비자를 납득시켜 구입하게 하는 판매 방식이다.

아이디어 여하에 따라 다양하게 전개할 수 있는 것은 종이가 아니라 영상이기 때문에 가능한 것이다.

❷ 작성 포인트

▶ 신상품 네이밍은 특징을 직접적으로 보여준다.

기획서는 4단 구성으로 되어 있다. 가장 윗부분의 '현상 분석'은 두 번째 항목부터 향후 방향성을 제시하고 두 번째 항목의 '타이틀과 상품 소개'로 이어지는 흐름이다.

'영상이 떠오르는 독특한 입체 DM'으로 상품의 신선함을 직접 표현하는 타이틀을 붙였다.

세 번째 항목에서는 타깃과 사용 방법을 구체적으로 제안하고 있다. 광고로서의 활용은 두 가지 관점에서 제안했다. 그림과 이미지 사진을 함께 사용하면 이미지를 보다 현실적으로 보이게 한다.

▶ 사업 확대를 떠올리기 쉽게 한다.

글 위주의 기획서에 악센트를 주기 위해 DM의 실물 사진을 중심부분에 실어 현실적인 제안서를 작성했다. 이 제안에서 중요한 것은 쓰레기통으로 직행하기 쉬웠던 DM을 홍보력 있는 광고로 바꾸었다는 점이다. 그리고 모든 업종에서 활용할 수 있다는 점이다.

타깃인 우수 사용자에 대한 설명 부분에는 삼각형을 사용했다. 엄선된 고객을 위한 새로운 광고 전략이라는 것을 시각에 호소해 설명하고 있으며, 또 몇몇 추천 업종의 예를 들어 이 DM이 다양한 용도로 활용될 수 있다는 것을 강조하고 있다.

CASE 50
••• 통신교육으로 기획 플래너를 육성하라

기획서 첨삭 강좌 개강 제안서

'설득력 있는 기획서를 작성하고 싶다'라는 수요의 배경에는 '제멋대로 쓴 기획서에 자신이 없다'라는 고민이 있다. 이런 수요에 대응한 통신교육을 통한 기획서 첨삭 강좌를 제안한다.

현상 분석

1. 기획 초보자의 상황
- 자신이 만든 기획서가 제멋대로인 건 아닌지 염려한다.
- 사외 전문가에게 첨삭지도를 받을 수 있기를 원한다.
- 기획서가 매너리즘에 빠져 있는 것은 아닌지 염려한다.

2. 기획서 학습자의 상황
- 책을 통한 학습으로는 지식을 습득할 수 있어도 기술을 습득하는 것은 어렵다.
- 실천할 수 있는 기획서 작성을 지도 받는다.

3. 3급 취득자의 상황
- 에비스 기획학원의 3급 플래너 자격을 인정받고 다음 단계로 실천적인 기획서 작성기술을 익히고자 한다.

① 현상 분석·과제 설정

문제점과 과제

직접 사용할 수 있는 기획서 첨삭 지도 희망이 많다

초보자는 직접 사용할 수 있는 기획서 작성에 대한 지도를 받기 위해 자신이 만든 기획서에 대한 철저한 첨삭 지도를 해줄 것을 바라고 있다. 특히 과제발견, 기획구축, 기획서 작성법에 대해서는 능력부족을 실감하고 있다.

제안대상 기획서 작성 능력 (레이더 차트: 기획서 작성법, 현상 분석, 과제 발견, 기본 전략, 해결책 전개, 전문 지식, 전문 기술, 기획 제안력 / 능력 부족분)

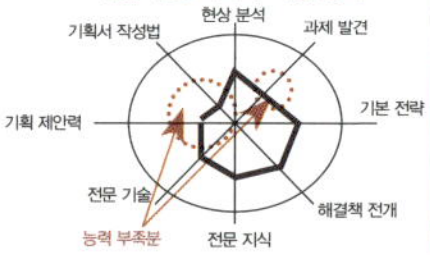

수수 검정 인증서 예시사진

제안명: 통신교육을 통한 기획서 작성 첨삭강좌
2급 플래너 기획서 작성 강좌

대상: 전국의 기획서 작성 초보자 클래스
- 기획서 작성 경험이 없다.
- 기획서 관련 서적을 숙달했지만 실천력이 약하다.
- 에비스 기획학원 3급 플래너자격 취득자.

방법: 통신교육을 통한 기획서 작성 강좌

강좌명: 2급 플래너강좌 기획서

특징:
1. 수강자의 상태에 맞춰 참가할 수 있다.
2. 스스로 작성한 기획서를 첨삭 받을 수 있다.
3. 전문가로부터 직접 지도받을 수 있다.
4. 15만 원이라는 합리적인 수강료

수강 기간: 4회, 3개월 코스(첨삭지도 3회)

수강료: 15만 원(2급 인정서도 포함)

커리큘럼:
1회分 텍스트와 3회分 과제에 대한 기획 제안

- 제1회: 텍스트(파워포인트)를 통한 재택학습 과제에 대한 기획 제안
- 제2회: 기획제안에 대한 첨삭과 과제를 대상으로 한 장 짜리 기획서 작성
- 제3회: 과제 기획서에 대한 첨삭과 자유주제에 의한 졸업 기획서 작성
- 제4회: 졸업 기획서 제출, 첨삭, 총합평가 후 학원장이 인정한 2급 플래너 자격 수여

광고 방법:
홈페이지, 홈페이지와 강사의 강연장 등에서 고지한다.

② 기본 방침

③ 해결책 제안

★**일정**
준비: 텍스트 작성, 모집요강 작성 등 2개월간
실시: 제1기생 모집은 0000년 0월

★**비용과 예상 효과**
비용: 000만 원
예상 효과: 제1기생, 000명 수강 예상

④ 일정, 비용·효과

기획 개요

▶ 대중적인 플래너의 시대 도래

과거 기획서는 플래너라는 직업을 가진 사람이 작성했다. 그러나 지금은 어떤 업종이라도 기획 제안을 할 수 없으면 업무를 진행하기 어렵다. 즉, 대중적인 플래너 시대가 도래한 것이다.

기획서를 처음 쓰는 사람은 작성법을 몰라 참고도서를 보고 써도 어딘가 불안하다. 조금 더 높은 수준의 기획서를 쓰고 싶어하는 사람들도 있다. 이런 종합적인 수요를 위해 첨삭 지도하는 통신강좌를 제안한다.

▶ 첨삭으로 실력을 쌓는 통신강좌를 제안한다.

이 제안서는 기획 학원이 개강하고 있는 수업을 대상으로 작성했다. 통신교육으로 기획력을 익히는 강좌를 개강하는 제안이다.

이 학원에서는 현재 입문 수준의 기획서 작성 강좌(3급 플래너 입문 강좌)를 개강하고 있다. 그리고 통신강좌는 더 높은 수준을 원하는, 기획서를 몇 번 써본 경험이 있는 입문 수준의 사람들을 대상으로 삼았다. 강좌명은 '2급 플래너 기획서 작성 강좌'로 스스로 기획서를 자유롭게 쓸 수 있는 플래닝 디렉터 수준을 목표로 하는 강좌이다.

특징은 '수강자의 상황에 맞춰 수강할 수 있고', '기획서 첨삭을 받을 수 있으며', '전문가로부터 직접 지도받을 수 있고', '수강료가 합리적인 것' 등 4가지를 들 수 있다. 수강 기간은 3개월로 수료 기획서를 제출하고 완성된 기획서를 종합적으로 평가해 2급 플래너 자격을 취득할 수 있는 시스템이다.

> **기획제안 힌트** 마음을 움직이는 '한마디 말'이 판매에 결정적인 영향을 미친다.
>
> 어떤 것을 사면 좋을지 고민하고 있는 고객에게 점원의 한마디가 판매에 결정적인 영향을 미친다. 점원의 한마디가 고객을 안심시키고 납득시킬 수 있기 때문이다. '지금 가장 잘 팔리고 있다', '모두 사용하고 있다', '나도 사용하고 있다', '당신에게 잘 어울린다', '진심으로 추천한다', '절전 상품이다', '친환경 상품' 등이 있다. 물론 상품 관련 정보 제공도 중요하므로 '상품 탄생 비화', '상품 선택 요소' 등이 효과적이다. 한편 최근 증가하고 있는 '열심히 노력한 자신에게 상을 주는 자기 보상'도 권장할 만하다.

2 작성 포인트

▶ 수강 대상을 레이더차트로 보여준다.

강좌 개설 제안에서는 우선 타깃을 명확히 해야 한다. 그리고 대상이 되는 사람의 기획서 작성 능력을 레이더차트로 표시했다.

항목은 '현상 분석', '과제 발견', '기본 전략', '해결책 전개', '전문 지식', '전문 기술', '기획 구축력', '기획서 작성법' 등 8개이다. 그리고 제안 대상자의 능력을 표시해 이 강좌가 어떤 부분의 능력을 갈고 닦을 수 있는지 설명하고 있다.

▶ 누구를 위한 어떤 강좌인지를 정의한다.

이 강좌는 3급 정도의 기획서 작성 능력을 갖춘 사람의 '더 높은 수준의 기획서를 쓰고 싶다'는 요구에 응한 것이다. 우선 그런 요구가 있는 것과 2급에 대한 정의를 명확히 해서 이 사업이 사업성이 있다는 것을 설명한다.

타이틀에는 '2급'이라는 문구를 넣었다. 이렇게 함으로써 3급 취득자가 흥미를 가질 수 있을 뿐 아니라 기획서를 작성해본 적이 없는 초보자가 첫걸음으로서 3급 강좌에 흥미를 가지게 할 수도 있다.

이 강좌는 수료 검정으로 인증서를 발급하므로 실제 인증서 이미지를 시각적으로 사용해 기획서에서 보여주고 있다.

••• 시대의 요구에 맞춘 내용으로 개정하라

CASE 51

'회사 소개서' 개정 제안서

회사 소개는 기업의 얼굴이기도 하다. 그러나 그것이 오래되어 회사의 이미지를 손상하고 있는 경우도 종종 볼 수 있다. 이 제안서에서는 급격하게 변화하는 시대에 맞춘 매력적인 회사 소개서로 쇄신할 것을 제안한다.

회사 소개 개정 제안서

① 현상 분석·과제 설정

현상 분석
1. 현재의 회사 소개문이 5년 전에 작성한 것이므로 시대에 맞지 않다.
2. 새롭게 책정한 기획이념에 맞지 않다.
3. 인터넷 홈페이지와 연동되지 않는다.
4. 영업활동과의 연계도 불충분하다.

과제: '시대의 요구와 경영방침에 맞출 것'

목적
① 기획이념, 비전을 명확히 밝히고 오랜 거래처에 철저히 밝힌다.
② 신규 고객 개척 도구로 활용한다.
③ 홈페이지와의 연동시킨다.

② 기본 방침

방침
① 기업이념을 명확히 내세운다.
② 업무의 전문성을 어필한다.
③ 업계별 사례를 게재한다.
④ 컨텐츠 추가·교환을 가능하게 한다.
⑤ 홈페이지 연동 시스템을 만든다.

실시 방법
● 기업 소개문 작성위원회를 발족시킨다.
● 의뢰업자 선정 및 경쟁형식 방식을 채용한다.

★ 선정·후보
 기업 소개문 제작전문회사
 광고대행사 등

③ 해결책 제안

사양
형식: A4크기, 본서 32쪽, 4C×4C(전체 컬러)
삽입: 사례 16쪽, 4C×4C(전체 컬러)
 CD-R첨부(홈페이지와 연동)
종이 재질: 고급
부수: 10,000부

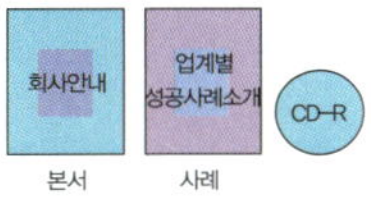

[회사안내 본서] [업계별 성공사례소개 사례] [CD-R]

내용
① 새로운 기업이념을 명확히 어필한다.
② 업무 내용의 전문성을 강조하는 시스템, 사람, 실적 등을 고려한다.
③ 업무 사례를 효과적으로 소개하는 영업활동으로 연결시킨다.
④ 컬러 등 기업이미지 전략을 포함시킨다.
⑤ 홈페이지와 연동시킨다.

④ 일정, 비용·효과

일정

	4월	5월	6월	7월
사내검토				
외주처 검토·의뢰				
인쇄				

예상 비용
제작비 000만 원
인쇄비 000만 원(CD-R포함)
총비용 000만 원

기대 효과
기업이미지 상승, 사원 사기향상
영업활동 보완 기대

1 기획 개요

▶ 오래된 회사 소개서로는 통용되지 않는다.

과거 30년으로 여겨졌던 회사의 수명은 15년으로 단축되었고 업종에 따라서는 5년에서 10년으로까지 단축되고 있다. 한편 사회 변화 속도는 빨라져 겨우 5년 만에 전혀 다른 세상이 된다. 최근 5년을 살펴보아도 IT의 진화, 개인 정보 보호, 정보 공개 등 다양한 변화가 일어났다. 기업의 회사 소개서는 이러한 변화에 대응해 '다음 5년, 10년을 내다보고 있는 회사'라는 것을 전달해야만 한다.

제안처인 기업은 5년 전 제작한 회사 소개서를 사용하고 있다. 가장 큰 문제는 지금 시대에 전혀 맞지 않는다는 것이다. 새롭게 제정한 기업 이념에도 적합하지 않고 홈페이지와도 충분히 연계되지 않고 있다. 이런 과제를 바탕으로 하여 회사 소개서 개정을 제안하였다.

▶ 변화하는 시대성과 경영 방침에 맞추는 것

많은 기업들은 먼저 3~5년간 중장기적으로 큰 방침을 세우고 그것을 바탕으로 단기 계획을 생각한다. 회사 소개서도 시대상을 반영한다는 점에서 단기 및 중장기적으로 방침을 세워 리뉴얼하는 것이 바람직할 것이다.

이 제안서에서는 회사 소개를 담은 본서에 중장기적인 대응 내용을 모아 수록하고, 다른 회사의 성공 사례와 CD-R을 첨부하는 방식을 채택하고 있다. 또 이를 이미지로 보여주어 효과를 살렸다. 성공 사례와 CD-R은 다음 단기 방침을 세웠을 때에 바꿀 수 있도록 만들었다.

기획제안 힌트 | 자투리 공간을 활용한다.

대여 박스를 활용해 판매하는 방식이 있다. 빈 가게나 가게 내 자투리 공간에서 상자 하나(각 변이 35센티미터 정도)를 고객에게 빌려주고 고객은 그것을 자신의 갤러리로 삼아 직접 만든 액세서리와 소품 등을 판매하는 방식이다. 대여료는 장소에 따라 다르지만 시내의 입지가 좋은 곳에서 10만 원 정도의 상자 임대료와 15%의 판매수수료가 포함되는 형태로 운영 중인 가게가 있다. 대중 예술 문화에 대한 붐이 일고 있지만, 자신의 작품을 전시할 수 있는 장소가 없는 것 등에 대한 불만 해소와 소규모 사업으로도 대여 박스가 효과적인 활용 수단으로 기대되고 있다.

❷ 작성 포인트

▶ 기업 이념을 중심으로 사회와의 접점을 어필한다.

시대상을 반영시키기 위해 '기업 이념, 비전을 명확히 한다', '신규 고객 개척 도구로 활용한다', '홈페이지와 연동시킨다' 등의 세 가지를 목적으로 들었다.

그 중에서도 중요한 것은 최신 기업 이념을 명확히 내세우는 것이다. 회사 소개서의 원래 목적이 기업의 전문성 및 방향을 사회에 널리 알리는 것이기 때문이다. 이런 요소를 '방침', '내용' 등의 부분에서 강조하고 회사 소개서 리뉴얼의 중요성과 결과물의 이미지를 쉽게 전달할 수 있도록 제안하고 있다.

▶ 현상 분석으로 과제를 명확히 한다.

팸플릿 등의 개정은 현상 과제를 해결하는 것을 출발점으로 한다. 그래서 제안서에서는 우선 '현상 분석'으로 문제점을 나열하고 과제를 설정한 후 '목적을 명확히 밝히는' 순서를 따르고 있다.

제안서는 타이틀을 포함해 6단 구성으로 길게 되어 있는데 제안서를 꾸미는 것은 윤곽선만을 이용해 간결하고 읽기 쉽게 했다.

과제와 목적 등 항목을 조항별로 쓴 부분은 번호를 달아두어 설명할 때 편리하게 하였다.

이 기획서는 회사 소개서를 어떤 방향으로 진전시킬지를 확인한 것이므로 글 위주의 무미건조한 기획서가 되었다. 디자인적인 요소는 이 제안이 결정되고 난 후 시각적 요소를 포함해 제안하면 좋을 것이다.

CASE 52

•••3가지 대책으로 순수익 부진을 타개하라

쇼핑몰 홈페이지 개선 제안서

인터넷 시장이 활성화되면서 현재 홈페이지를 개설했지만 불충분한 사후 관리로 인해 투자한 만큼 효과를 보지 못하는 기업이 증가하고 있다. 여기에서는 '3가지 대책'으로 홈페이지를 부활시킨다.

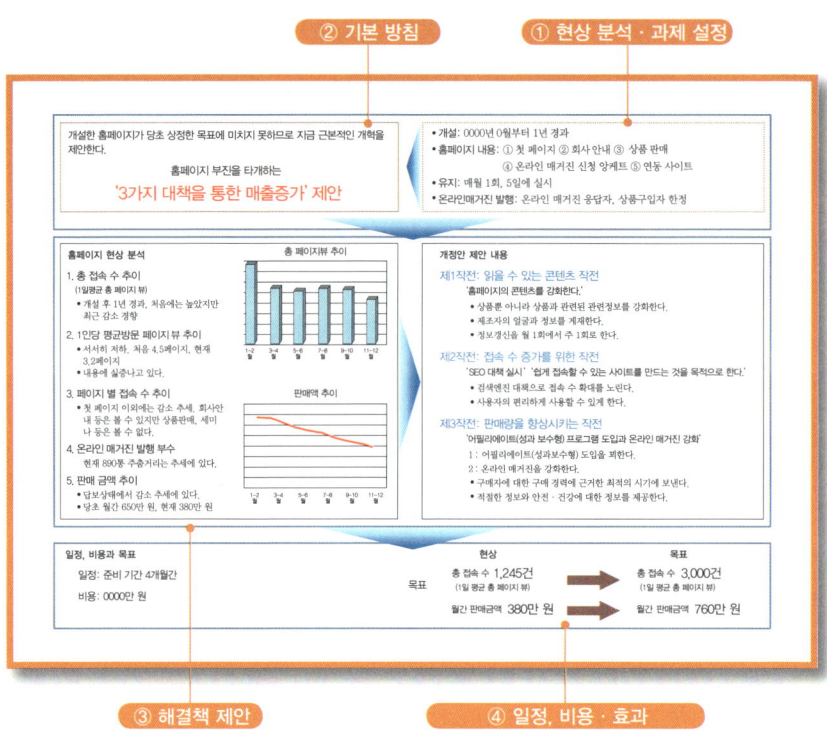

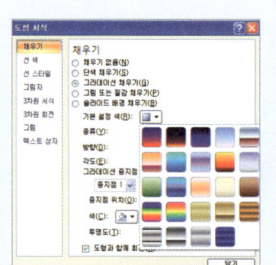

도형에 색을 넣는다. 그러데이션을 사용한다.

도형에 색을 넣고 싶을 때에는 색을 넣고자 하는 도형을 선택한 상태에서 그리기 도구의 '도형 채우기'를 사용한다. 도형 채우기 옆의 🔽 으로 메뉴를 표시해 사용하고자 하는 색을 선택하거나 '그 외 색'을 선택해 색을 지정한다. 그러데이션을 사용하고 싶은 경우에는 같은 메뉴에서 '채우기 색 효과'를 선택해 '그러데이션'을 설정한다. 색과 종류를 선택하는 것만으로 다양한 패턴의 그러데이션을 사용할 수 있다.

◀그러데이션은 색과 밝기, 종류 등을 선택하는 것만으로 설정할 수 있다. '두 가지 색'을 선택하면 두 가지 색의 그러데이션을 적용할 수 있다.

1 기획 개요

▶ **홈페이지는 만드는 것만으로 끝이 아니다.**

인터넷 시대의 목표는 홈페이지를 개설하는 것이 아니라 홈페이지를 통해 매출을 올리는 데 있다.

효과를 보지 못한 경우는 사후 관리가 제대로 되지 않는 것이 대부분으로 자주 갱신되지 않아 접속하기 어렵고 정보가 불충분한 것이 대부분이었다. 제안처 기업의 홈페이지도 그 중 하나로 1년 전 회사 안내와 판매를 위해 홈페이지를 개설했지만 서서히 접속자 수와 페이지 뷰 수가 감소했다.

그래서 콘텐츠 강화, 검색 엔진 대책, 새로운 프로그램 도입 등 3가지 방법을 통해 홈페이지 부활을 제안했다.

▶ **어려운 사이트는 상품 판매의 적이다.**

인기 없는 홈페이지는 대부분 홈페이지 제작자의 아이디어 부족에서 시작되었다. 또 접속하기 어려운 구조상의 문제도 있다. 애써 좋은 내용의 사이트를 만들어도 컴퓨터를 잘 모르는 여성이나 고령자들은 첫 페이지만 보는 경우가 많기 때문에 결과적으로 상품 판매와 연결되지 않는다.

▶ **쉽게 접속할 수 있는 사이트를 만든다.**

중요한 것은 이용자의 입장을 고려한 '쉽게 접속할 수 있는 사이트'로 만드는 것이다. 매장에서 판매하는 것처럼 '어서 오세요'라는 말로 고객을 맞이하고 '감사합니다' 하고 배웅하는 느낌이 있는 사이트여야 한다.

이 기획서는 그 느낌을 콘텐츠 강화와 온라인 매거진 확충과 같은 방안을 실시할 것을 제안하고 있다.

② 작성 포인트

▶ 그래프를 사용해 위기감을 보여준다.

기획서는 3단 구성으로 되어 있다. 가장 윗부분은 제안 타이틀과 제안을 하게 된 경위, 중간 부분은 현상 분석과 제안 내용, 하단은 일정과 비용·목표이다.

리뉴얼 내용에 대해서는 중간 부분에서 상세히 설명해 두었다. 좌측에는 '총접속자 수', '방문 페이지 뷰', '페이지별 접속 수', '온라인 매거진 발행 부수', '판매 금액'과 같은 현상 분석을 하고 각각의 문제점과 과제를 간단하게 설명하고 있다. 그래프에서 감소하고 있는 모습을 보여준 것은 위기감을 느끼게 하기 위해서이다. 이를 바탕으로 한 대책을 오른쪽에 배치했다.

▶ 3가지 개정안을 알기 쉽게 보여준다.

이 제안의 핵심은 가운데 항목 왼편의 '개정안 제안 내용'이다. 보기 쉽게 3가지로 정리했다.

개정 방침은 매너리즘 타파이다. 우선 콘텐츠를 강화해 내용의 매너리즘을 타파한다. 지금까지 상품 소개만 있었던 내용에 상품 주변 정보, 상품 기획과 상품 제조에 관련된 사람의 의견 등을 포함시켜 상품에 대한 생각과 관심을 느끼게 하는 작전이다.

다음으로 SEO(검색 엔진 최적화) 대책을 실시해 검색 사이트의 접속 수를 증가시킨다. 또 쉽게 사용할 수 있는 사이트로 바꿔 인터넷에 익숙하지 않은 사람들도 쉽게 사용할 수 있도록 배려했다.

또 사용 시간을 늘리는 작전으로 어필리에이트(성과 보수형) 프로그램을 도입하고 온라인 매거진 등을 강화하도록 하였다.

CASE 53

••• 과자 제조업체들이 함께 공동 Web 판촉을 하라

Web 프로모션 제안서

Web 캠페인은 하나의 상품으로 실시하기보다는 여러 브랜드를 묶어서 실시하는 편이 보다 효과적이다. 그래서 초콜릿 제조업체에 시리얼 넘버를 사용한 캠페인을 제안하고자 한다.

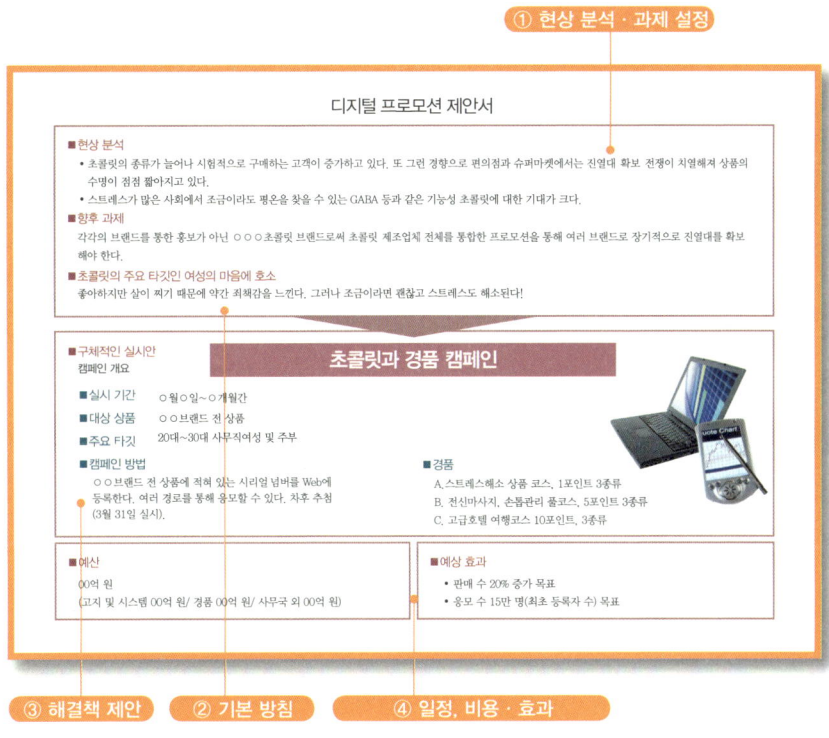

① 현상 분석·과제 설정
② 기본 방침
③ 해결책 제안
④ 일정, 비용·효과

 흰 글자를 사용해 중요한 주제를 강조한다.

흰 글자는 짙은 색의 배경색과 함께 사용한다. 글자가 입력된 도형과 텍스트 상자의 사용법은 같다. 배경색은 그리기 도구의 '도형 채우기'에 있는 색이나 '다른 채우기 색'에서 짙은 색을 선택한다. 글자색은 '글꼴색'에서 흰색을 선택한다. 글자색 설정은 반드시 대상이 되는 문자 범위를 선택한 상태에서 실시한다.

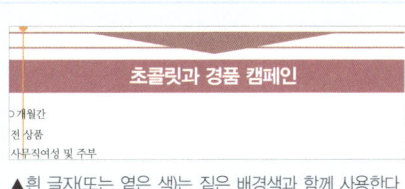

▲ 흰 글자(또는 옅은 색)는 짙은 배경색과 함께 사용한다.

1 기획 개요

▶ **개별 브랜드가 아닌 전체 제조업체에 대한 인지도를 높인다.**

초콜릿은 스트레스가 많은 사회에서 '스트레스 해소 상품'으로 계속해서 사랑받아 오고 있다. 그러나 그 종류가 늘어나면서 맛보기용으로 일회성 구매를 하는 고객이 증가하고 있다. 또 편의점과 슈퍼마켓에서는 진열대 확보 전쟁이 격화되어 상품의 수명이 짧아지고 있다.

그런 가운데 매장 진열대를 장기적으로 확보해 소비자가 계속적으로 구입할 수 있게 하기 위해서는 각각의 브랜드로 나서지 않고 제조업체 전체가 초콜릿 상품을 모아 대형 캠페인을 실시하는 것이 효과적이다. 여기에서는 시리얼 넘버를 이용한 대대적인 캠페인 실시를 제안하고 있다.

▶ **여러 브랜드의 공동 마케팅의 장점을 설명한다.**

여러 브랜드가 함께 모여 공동으로 실시하자고 제안하는 이유는 캠페인 참가자가 그만큼 증가할 수 있기 때문이다. 또 초콜릿은 상품 수가 많고 하나의 상품에 집중되기 어렵다는 이유도 있다.

이 제안은 현장에서 무엇인가 당첨되는 즉석복권이 아니라 시리얼 넘버를 매겨 나중에 소비자가 경품에 당첨되는 형태의 방식이다. 따라서 보다 많은 제조업체의 초콜릿 상품을 대상으로 삼을수록 응모자가 늘어 캠페인 자체가 성공할 가능성이 높아진다. 이밖에 포인트를 적립할수록 더 좋은 상품이 당첨되는 구조도 필요하다. 대상 상품이 하나일 경우에는 포기해버리지만 몇 개의 상품이 대상이 되면 포기하기 어렵게 되므로 제조업체의 다양한 상품을 알릴 수 있는 기회도 된다.

캠페인 제안에 최소한으로 실어야 하는 것은 실시 기간, 대상 상품, 주요 타깃, 캠페인 방법, 경품 등의 5가지이다. 여기에서는 이에 대한 제안도 5항목으로 간추려 작성하였다.

② 작성 포인트

▶ 여성이 대상임을 강조한다.

제안은 우선 초콜릿의 주요 타깃인 여성을 분석하는 것부터 시작한다. 주요 타깃인 여성들이 '좋아하지만 살이 찌기 때문에 약간 부담을 느낀다. 그러나 조금씩이라면 괜찮고 스트레스도 해소된다!' 라는 심리를 가지고 있는 것을 밝혀내 그것에 대한 답을 찾으면서 제안서를 전개한다.

그 답 가운데 하나가 '초콜릿과 경품 캠페인' 이라는 캠페인 타이틀이다. 또 상품으로 전신 마사지와 손톱 손질을 준비한 것도 여성을 의식했기 때문이다. 여성이 흥미를 가지는 것을 캠페인 내용으로 작성한 것이다.

▶ 복잡하지 않은 단순한 구성으로 작성한다.

이 제안서는 전체적으로 글자 수를 줄여 읽기 쉽게 만든 것이 특징이다. 그렇게 한 이유는, 캠페인은 시리얼 넘버를 등록해 포인트를 적립하고 응모해야 하는 등 순서가 복잡하다. 따라서 단순한 제안으로 보이게 해서 고객이 쉽게 응할 수 있다고 느끼게 하는 것이 가장 중요했기 때문이다.

••• 명확한 차별화로 브랜드 이미지를 확립하라

CASE 54

지역 상품 브랜드 전략 제안서

브랜드의 중요성이 강조되는 시대이지만, 브랜드의 의미를 이해하고 있지 못하는 상점 소유자가 많은 것이 실정이다. 여기에서는 지방 제조업체의 상품에 브랜드 전략을 도입하는 제안을 한다.

기업 이미지 분석

상품에 대한 인지도는 어느 정도 있지만 브랜드 이미지가 확립되어 있지 않다.

1: 'ㅇㅇ(사명)'의 △△△(상품명)'이라는 지명도는 76%로 어느 정도 인지도는 있다.

2: △△△의 브랜드 이미지는 명확한 것은 적고 미확립 상태이다. 브랜드 이미지 확립이 요구된다.

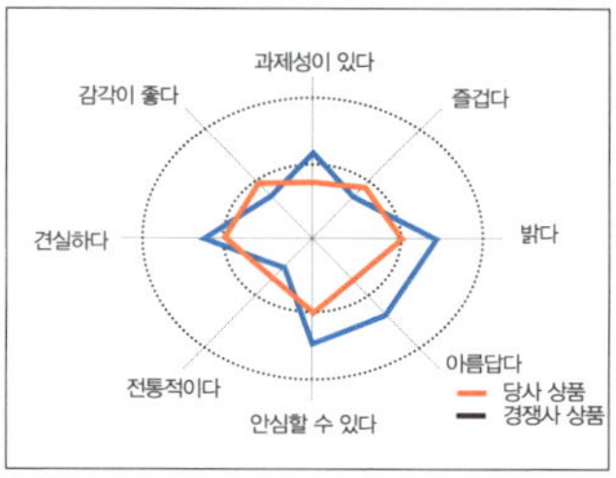

(레이더 차트: 과제성이 있다, 즐겁다, 밝다, 아름답다, 안심할 수 있다, 전통적이다, 건실하다, 감각이 좋다 — 당사 상품 / 경쟁사 상품)

① 현상 분석 · 과제 설정

상품 스토리 만들기를 통한 '브랜드 전략' 제안 ← **② 기본 방침**

제안 시책

1. **상품에 알맞은 스토리 제안**
   왜 그 상품인지 브랜드이미지 만들기를 '스토리 만들기'와 연동해 실시하는 것을 제안한다. 스토리 만들기의 힌트는 '상품에 대한 애착(소재, 제조 방법 등)', '탄생비화', '점주의 애착' 등에서 얻을 수 있다.

2. **심벌 디자인 등 표현에 의한 철저한 '지각인지'**
   상품에 적합한 '이야기'가 완성되면 그것을 고객에게 전달하기 위해 '색상, 로고와 심벌마크' 등 상징이 되는 디자인을 작성한다. 컬러전략, 키워드 등도 포함해 검토한다. 품질관리도 포함해 상품브랜드 전략을 철저히 하는 '브랜드매뉴얼'을 작성한다. 사용법도 철저히 관리한다.

3. **광고, 판촉, 판매의 장에서의 명확한 브랜드 정체성**
   브랜드 전략은 '상품', '조직', '사람', '심벌디자인' 등 철저히 '브랜드매뉴얼'에 따라 전개한다.

4. **철저하고 지속적인 대응으로 브랜드 충성도를 높인다.**
   철저하고 지속적인 대응으로 브랜드 이미지가 인지, 정착할 수 있다. 그것의 철저한 반복으로 브랜드 충성도가 상승한다.

③ 해결책 제안

(다이어그램: 브랜드 충성도를 높이는 모든 것을 철저히 구축한다. — 조직 / 상품 / 사람 / 심벌디자인 / 브랜드 정체성)

★일정
준비 기간: 3개월
조사 기간: 5개월간, 제작 기간: 3개월간
브랜드 전개: 1년간, 이후 조사검증을 통해 계속

★비용
브랜드 구축까지 총 비용 : 00000만 원
★효과
조사로 검증한다.

④ 일정, 비용 · 효과

기획 개요

▶ 브랜드 이미지가 없는 상품은 팔리지 않는다.

브랜드는 원래 다른 상품과 구별하기 위해 만들어진 것이다. 요즘은 상품과 서비스의 상징, 부가가치로서의 브랜드 전략이 중요해졌다. 일반적으로 브랜드가 신뢰를 얻어 소비자의 충성도를 높이는 것이 판매 촉진의 가장 좋은 방법이라고 본다.

그러나 상품 인지도와 브랜드 파워는 같은 것이 아니다. 상품명은 많이 알려져 있어도 상대적으로 브랜드 파워가 약해 상품으로서의 부가가치가 전달되지 않는 경우도 많기 때문이다. 여기에서는 지방 제조업체에 대해 어느 정도 인지도가 있는 상품에 브랜드로서의 매력을 부여하는 제안을 하고 있다.

▶ 스토리 만들기로 브랜드 이미지를 창출한다.

상품의 브랜드 이미지를 만드는 법은 여러 가지가 있지만 이 기획서에서는 상품의 제조 방법, 탄생 비화, 사업주의 생각 등과 같은 이야기를 재미있게 전달하는 방법을 채택했다.

중요한 것은 개발자의 상품에 대한 애착, 상품 비화, 사업주의 애착 등이 상품 자체의 알맹이로 변해야 매력이 된다는 것이다. 이야기를 얼마만큼 알기 쉽고, 성실하게 전달하는지가 브랜드 만들기의 중요한 요소가 된다.

기획제안 힌트 검정(檢定), 지수 등의 평가를 더해 상품에 대한 관심을 높인다.

'실용영어 기능검정(영검)', '비서 검정' 등 사업 능력을 묻는 것을 비롯해 'TV드라마 검정', '한자 검정', '뉴스 검정' 등 지식 등을 겨루는 것까지 많은 '검정'이 화제가 되고 있다. 또 '기상 지수', '세탁 지수', '비만 지수' 등도 수치로 수준을 나타내어 생활에 도움이 되고 있다. 이런 기준을 나타냄으로써 고객의 상품에 대한 관심을 높일 수 있다. 가령 '바바셔츠(여성용 내복) 지수'는 추위에 맞춰 바바셔츠의 필요성을 지수로 나타내 구입을 촉진한다. 이와 같이 '맥주 지수', '아이스크림 지수' 등도 구입 촉진에 활용된다.

❷ 작성 포인트

▶ 레이더차트를 사용해 이미지의 차이를 파악한다.

제안서는 타 경쟁사의 상품과 자사 상품을 비교하는 것부터 시작한다. 이런 경우에 쉽게 볼 수 있는 것이 레이더차트이다.

이 부분의 핵심은 제안처인 기업의 상품에 브랜드 이미지가 약하다는 사실을 알리고 객관적인 시각으로 부족한 요소를 파악하도록 하는 것이다. 제안서에서는 8가지 항목에서 자사 제품의 브랜드 이미지의 약점을 지적하고 있다.

제안 부분에서는 이야기를 통해 브랜드 이미지를 만들고, 생각한 아이디어를 어떤 방법으로 컬러, 로고, 심벌마크 등에 넣을지, 또 광고와 판촉에 어떻게 활용할지를 순서대로 설명하는 형식으로 작성했다.

▶ 브랜드 충성도를 높이기 위한 방침을 그림으로 나타낸다.

브랜드 이미지는 상품뿐 아니라 회사의 조직, 그 외 상품, 판매 방침, 판매 방법, 종업원의 행동에 이르기까지 모든 것을 철저히 구축해 나가야 한다. 제안서는 상품의 브랜드를 재인식시켜 인지도를 높이는 것이 회사에 좋은 영향을 미친다는 것을 중심으로 전개하고 있다.

중간 단락 왼쪽에서는 브랜드를 중심으로 한 향후 전개를 파워포인트로 작성된 그림으로 보여주고 있다.

이런 방향성을 보여주는 시각적인 요소가 있으면 보는 사람의 눈도 멈추고 구체적으로 무엇을 해나갈지를 검토하는 지침이 된다. 그러므로 제안서에 내용 정보의 이해를 돕는 이미지와 그림을 적극적으로 사용하기를 권한다.

CASE 55

••• 인터넷쇼핑에 익숙하지 않은 사람들을 종이 매체로 끌어들여라

웹 유도형 무료정보지 제안서

인터넷이라는 시장이 일상화된 지금도 인터넷에 친숙하지 않은 주부와 고령자 등에게는 아직 잠들어 있는 시장이라고 할 수 있다. 그래서 주문형 상품에 의한 Web 전략을 제안한다.

주문형 무료정보지 제안서

■ 제안 이유
- 전자상거래 판매경쟁이 치열한 가운데 완전히 파악하지 못한 타깃에 대한 시책이 필요하다.
- 수요는 있지만 Web에 익숙하지 않는 계층에 대해 종이를 통해 공략한다.
- 인터넷쇼핑의 편리성을 인지시켜 Web사이트로 유도한다.
- 고령자층도 대상에 포함시키고 기업의 인지를 확대한다.
- 통신판매 매출 증가율이 높은 상품에 집중한다.

■ 시장 분석
◆ 분야별 통신판매 매출 추이 비교 (2008년 / 2009년)
건강식품, 화장품, 식품, CD·비디오
(출처: ○○통신판매협회)
인터넷에서의 식품매출이 눈에 띄게 크게 확대되고 있다.
→ 수요가 있어 앞으로도 성장한다!

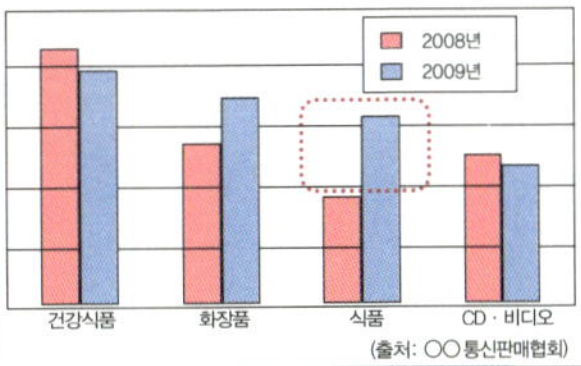

① 현상 분석·과제 설정

핵심 타깃: 20대 ~ 60대의 인터넷 쇼핑에 아직 익숙하지 않은 여성
무료정보지(종이매체)로 홍보! → Web 유인

'마음을 설레게 하는 주문형 무료정보지'
전국의 맛 집 + 지역 정보 → 초보자 Web 유도 도구

② 기본 방침

지면 내용	광고 타킷 이미지	배포 방법
• 전국의 주문 상품	• 전국관광협회	• 포스팅
• 지역 자치단체에 대한 매달 1가지 특집	• 지방 유명가게	• 슈퍼마켓에 설치
• 해당 지역 역사	• 개인 산지직송 상점	• 교외 역
• 해당 지역 관광정보	• 여행회사	• 서점
• 입소문 정보	• 지방 음식점	• 편의점에 설치
• 상품 제안	• 지방 숙박시설	• 영화관
• 계절상품 제안	• 리조트 관련시설	• 은행

③ 해결책 제안

매출 효과 기대치: 신규 고객 개척 매출, 총매출 중 점유율 5% 확보 목표

④ 일정, 비용·효과

1 기획 개요

▶ Web 통신판매 회사가 인터넷에 익숙하지 않은 대상을 노린다.

전자상거래 판매가 급격히 증가하고 있다. 관련업계의 조사에 따르면 인터넷 거래 시장은 수천억 원에 달했다고 한다. 앞으로도 인터넷 통신판매는 더욱 확대될 것으로 보이며 경쟁도 증가할 것으로 보인다.

그래서 중요해지고 있는 것이 현재 Web에서 완전히 파악하지 못한 대상에 대한 시책을 찾는 것이다. 이 제안서는 Web에 중점을 두고 판로 개척을 전개하고 있는 식품회사를 대상으로 작성했다. Web에 익숙하지 않은 계층에 대해 우선 종이로 된 매체를 이용해 소비자에게 접근해서 인터넷으로 유인한다는 제안이다.

▶ 타깃을 명확히 해 읽힐 수 있도록 아이디어를 짜낸다.

인터넷 시장이 확대되는 한편 무료신문과 생활정보지의 발간부수도 증가하고 있다. 이들 정보지에 있어 중요한 것은 '소비자가 읽게 하는 아이디어'이다. 제안에서는 지역 역사와 관광정보를 싣는 것 외에 지역에서 나온 광고 정보 등과 관련을 맺어 지역정보지의 성격을 포함하도록 계획하고 있다.

타깃은 20~60대로 인터넷 통신판매에 익숙하지 않은 여성이다. 고령자층도 대상에 넣어 인지도 확대를 목표로 한다. 무료신문과 생활정보지의 내용은 타깃을 명확히 한 후에 고객이 흥미를 가지는 것으로 해야 한다.

기획제안 힌트 — 내구 소비재의 교체 주기가 늘어나도 판매 기회는 있다.

내구 소비재의 상품 교체 주기가 전반적으로 늘어나고 있다. 조사에 따르면 내구 소비재의 교체주기는 승용차 11.1년, 컴퓨터 4.6년, 휴대전화 2.7년이라고 한다. 상품의 교체시기가 길어져 판매하는 것이 어려워지더라도 후퇴를 생각하지 않고 적극적으로 상품 교체를 촉진해 매출 확대에 힘써야 할 것이다. 사용 중인 상품의 개량 모델이 발매될 때에 교체하게 하는 것도 하나의 방법이다. 가령 절전형 냉장고는 낡은 냉장고에 비해 에너지 소비효율이 좋아 연간 전기료도 상당히 절약할 수 있다. 그 차액을 구체적으로 제시하고 교체 시 이익이 되는 것을 금액으로 명시하면 교체를 촉진할 수 있다.

▶ 배포 방법이 중요하다.

무료정보지는 어떻게 배포하느냐가 가장 중요하다. 이 제안서에서는 슈퍼마켓이나 교외의 역, 서점, 편의점, 영화관, 은행 등에 진열하여 사람들이 자연스럽게 가져가 볼 수 있는 방법을 제시하고 있다. 이렇게 배포 방법까지 제시함으로써 주문형 무료정보지 제안서에 들어갈 내용이 모두 완성되었다.

② 작성 포인트

▶ 제안의 필요성을 그래프로 강조한다.

이 제안이 왜 기업을 제안처로 하고 있는지를 알리기 위해 서두에서는 그래프를 사용해 '식품 분야의 통신판매 매출에 대한 기대가 크다', '수요가 증가한다'와 같은 점을 명확히 내세웠다.

신규 고객을 점차 인터넷으로 유인해가는 구조는 항목별로 왼쪽 윗부분에서 보여주고 있다.

중요한 것은 전국의 맛집과 지역정보를 하나로 묶어 정보지로 만들어 타깃으로 하는 대상에게 송부하는 것이다. 그리고 이것을 시작으로 해서 인터넷으로 소비자를 유도해 나가는 것이다. '정보지를 인터넷 유인 도구로 사용한다'는 테마를 눈에 띄도록 가운데에 배치했다.

▶ 지면 내용은 항목별로 정리해 알기 쉽게 한다.

제안 내용은 '마음을 설레게 하는 주문형 무료정보지'이다. 어떤 정보지가 될지는 지면 내용, 광고 타깃, 배포 방법 등으로 나누어 하단에 작성했다.

무료 정보지의 지면에는 전국의 주문 상품을 싣고 매달 지역 특성을 명확히 보여준다. 또 지방의 유명한 가게, 산지 직송점, 여행 회사 등을 통한 광고도 목표로 한다.

표지와 지면 이미지의 추가 자료가 있으면 보다 설득력 있게 만들 수 있다.

●●● 입욕제 샘플 배포로 인지도를 높여라

CASE 56 신상품 샘플 배포 판매 확대 제안서

식품, 음료, 일용잡화 등의 신상품 발매에 없어서는 안 될 것이 샘플링을 통한 홍보이다. 새로운 가치가 있는 신상품을 샘플링을 통해 알리는 전략을 제안한다.

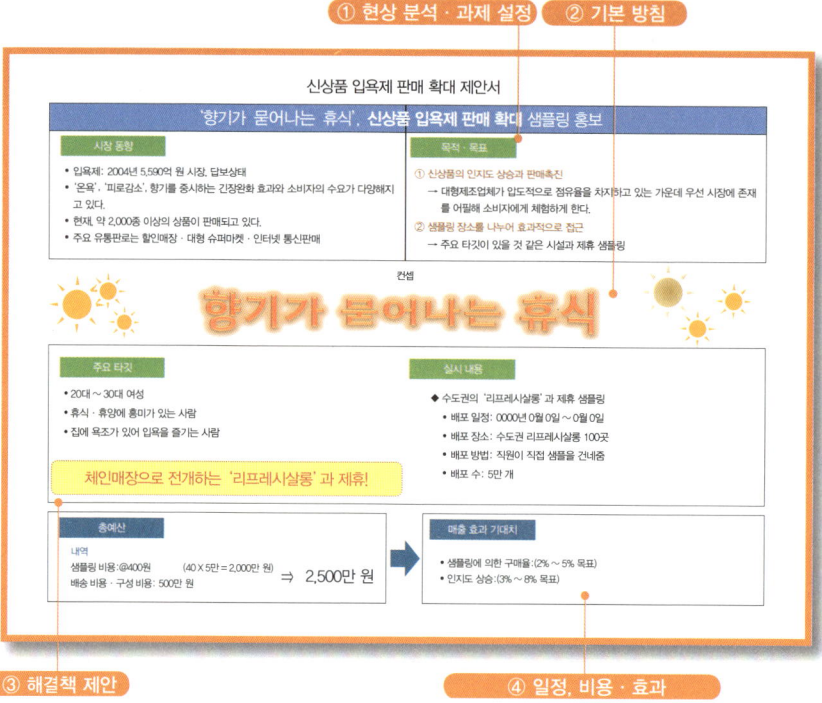

① 현상 분석·과제 설정 ② 기본 방침
③ 해결책 제안 ④ 일정, 비용·효과

전달하고자 하는 이미지를 워드아트 스타일을 이용해 표현한다.

파워포인트에는 워드아트라는 디자인 기능이 있다. 이 기능을 사용하기 위해서는 [삽입]의 '워드아트'를 선택하고 원하는 글자 효과를 선택한 후 그리기 도구의 '워드아트 스타일'에서 '변환'에서 글자의 휘기 모양을 선택한다. 갤러리에서 사용하고자 하는 스타일을 선택하고 표제어나 타이틀을 입력하기만 하면 된다. 또 작성 후에는 도형과 같은 방식으로 조정할 수 있다.

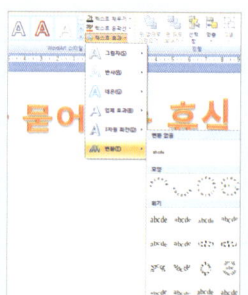

◀워드아트 사용 시 표시되는 '워드툴바 갤러리' 화면. 사용하고자 하는 스타일의 글자를 선택할 수 있다.

1. 기획 개요

▶ 꾸준히 수요가 증가하고 있는 목욕 보조 상품 시장을 소개한다.

최근에 웰빙 사우나 시설이 유행하면서 온욕, 피로 감소, 향기가 묻어나는 휴식에 대한 기대도 높아지고 있다.

목욕 보조 상품의 판로는 할인매장, 대형 슈퍼마켓, 인터넷 등이다. 대형 제조업체의 시장 점유율이 높고 신상품의 시장 투입이 어려운 상황 속에서 샘플링으로 존재감을 어필하는 것을 제안한다.

▶ 콘셉트는 '향기가 묻어나는 휴식' 이다.

샘플링 제안 대상의 주요 타깃은 20~30대 여성 및 휴식과 휴양에 흥미가 있고 집에 욕조가 있어 목욕을 즐기는 사람이다. 비용 관련 효과를 높이기 위해 주요 타깃이 좋아하는 시설과 제휴해 샘플링을 실시한다.

구체적으로는 수도권 매장의 직원이 신상품을 직접 건네는 방식으로 샘플링을 실시하는 것이 있다. 이 샘플링을 통해 구매율을 2.5%, 인지도를 3.8% 올리는 것을 목표로 설정하고 있다.

▶ 주요 사항을 정리해 알기 쉬운 제안서로 만든다.

상품 콘셉트는 상품 특징과 타깃의 수요를 통해 '향기가 묻어나는 휴식'으로 설정했다. 이것을 중심으로 제안 전체를 작성해 간다.

샘플링을 하는 장소는 도심 인근의 리프레시(refresh) 살롱이다. 그곳을 선택한 이유는 매장이 급속히 확대되고 있는 것과 20~30대의 비교적 부유한 여성층이 많이 이용하기 때문이다.

이 제안에 의한 이익 효과는 하단에 써놓았다. 예산, 매출 효과와 함께 중요한 부분만을 수치화해서 적어두었다.

2 작성 포인트

▶ 강조하고 싶은 부분을 2가지로 압축한다.

이 제안의 핵심은 '리프레시(refresh) 살롱과의 제휴'와 '샘플링을 통해 인지도를 높이는 것' 등 2가지로 집약된다. 그래서 추가 정보는 넣지 않고 시장 동향의 글자 수도 줄여 전체적으로 두 가지만을 강조하여 전달되도록 구성했다.

구체적인 실시 내용은 중간 부분에서 설명하고 있으며, 특히 살롱과 제휴하는 것을 강조하고 있다.

▶ 디자인으로 효과를 배가한다.

또 타이틀을 보여주는 방법으로는 '향기가 묻어나는 휴식'이라는 글자로 이미지를 나타내고 있다. 아래 칼럼에서 소개하고 있는 것처럼 여러 가지 스타일을 사용할 수 있는 워드아트에서 옆으로 퍼져 보이는 디자인을 선택해 '향기가 묻어나는' 듯한 느낌을 주었다.

또 주위에 배치한 향기를 나타내는 이미지도 파워포인트의 '기본 도형'을 사용한 것이다. 기본적인 도형이라도 '도형'에서 도형을 삽입한 후 그러데이션 효과를 사용하거나 색을 바꾸는 것만으로 보다 특색 있는 기획서로 만들 수 있다.

CASE 57

••• 고객의 실태를 파악해 지속적으로 구매하게 하라

고정 고객 육성 제안서

시장의 확대를 기대할 수 없는 상황에서는 고정 고객을 만드는 것이 경영의 핵심이다. 이 제안서에서는 고정 고객 확보로 이어지는 고객 만족도를 중시한 경영 전략을 제안한다.

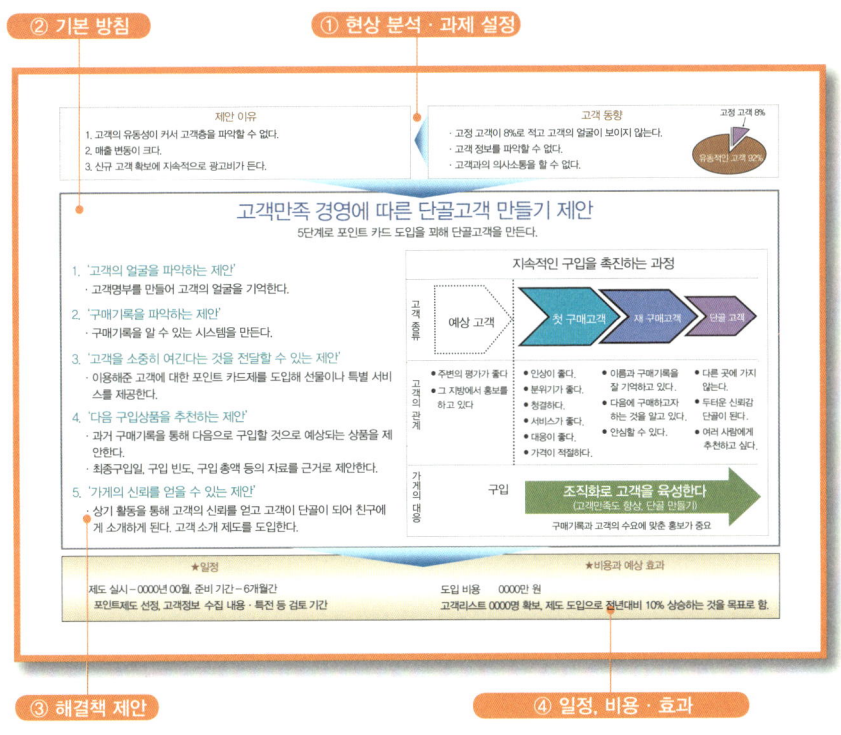

① 현상 분석 · 과제 설정
② 기본 방침
③ 해결책 제안
④ 일정, 비용 · 효과

 필요한 곳에 선이나 화살표, 선을 사용한다.

기획서 내의 필요한 부분에 선을 긋고자 할 때에는 그리기 툴바의 '선'을 사용한다. 이때 'Shift' 키를 누른 채로 드래그하면 수평이나 수직으로 선을 그을 수 있다. 화살표가 붙은 선을 그릴 때에도 그리기 툴바의 '화살표'를 사용한다. 또 선의 두께와 색은 '선 스타일', '선 색'을 사용하고 화살표의 종류와 방향은 '화살표 스타일'을 사용하면 변경할 수 있다.

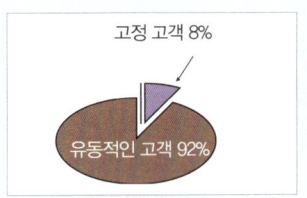

▲ 그림과 그래프의 중요한 곳에 설명을 덧붙일 때 직선이나 화살표가 붙은 직선을 사용하면 쉽게 파악할 수 있다.

1. 기획 개요

▶ 고정적인 고객 확보가 안정적인 경영으로 이어진다.

신규 수요가 생기기 어려운 시장에서는 기존 고객을 중요시해 단골 고객으로 육성해 나가는 것이 필요하다. 그 생각을 전략으로 활용한 것이 이 제안서이다.

고정 고객 확보란 결국 안정적인 경영을 위한 단계이다. 고정 고객의 존재가 정기적으로 매출을 향상시켜줄 뿐만 아니라 신규 고객에 대한 광고, 신규 고객을 대상으로 한 불필요한 할인과 같은 지출을 막아주기 때문이다.

제안처인 기업의 경우 고정 고객이 적어 고객 정보를 파악할 수 없었다. 따라서 먼저 현상 분석을 실시해 부족한 부분을 인식하는 것부터 시작했다.

▶ 포인트 카드 도입을 위한 5단계 과정을 만든다.

재구매 고객을 만드는 가장 간단한 방법은 포인트 카드 제도를 도입하는 것이다. 이 제안에서는 포인트 카드를 도입하기 위한 다음의 5단계를 통하여 단골고객 만들기를 실시하려 한다.

첫째는 '고객의 얼굴을 파악하는 제안'으로 포인트 카드 가입을 통해 고객의 정보를 얻을 수 있다.

두 번째는 '구매 기록을 파악할 수 있는 제안'이다. 구매 기록을 남겨 구매 경향을 파악한다.

세 번째는 '고객을 소중히 여기고 있는 것을 알리는 제안'으로 선물 등의 특전을 사용해 단골고객을 늘린다.

네 번째는 '다음 구입상품을 추천하는 제안'이다. 구매 기록을 활용해 다음 상품 구입으로 연결시킨다.

다섯 번째는 '가게의 신뢰를 얻을 수 있는 제안'으로 단골이 된 고객이 누군가를 소개해 주었을 때의 대응이다.

② 작성 포인트

▶ 앞으로의 흐름을 알 수 있는 큰 그림을 준비한다.

제안서를 봤을 때 우선 '지속적인 구입을 촉진하는 과정'이라는 차트가 눈에 띄도록 구성했다.

예상 고객에서 단골 고객으로 오른쪽으로 순서를 옮기면서 고객과의 관계성을 대응시킨다. 또 예상 고객은 아직 고객이 아니므로 불투명한 이미지가 있는 점선을 사용했다.

서두의 현상 부분에서는 고정고객이 8%밖에 없다는 사실을 그래프로 나타냈다. 중간 부분에 많은 공간을 할애했기 때문에 상하단의 글자 수가 적어졌다. 그러나 중요한 포인트는 그래프 등을 사용해 강조할 수 있다.

▶ 이 기획서는 고객 만족 경영의 '목차' 역할을 한다.

이 기획서는 3단으로 간결하게 작성해 제안 내용을 쉽게 파악할 수 있도록 구성되어 있다.

기본적인 전개는 포인트 카드의 도입에서 시작하여 점차적으로 고정 고객을 획득해 나간다는 흐름이지만 실제 고객 만족 경영은 다양해서 한 장으로 된 제안으로 모두 다룰 수 없다. 그래서 이 제안서는 '목차'로서 고객 만족도를 높이는 중요성을 인식시키는 데 만족해야 한다. 더욱 구체적인 전술 제안은 추후에 따로 상세히 다뤄야 할 것이다.

CASE 58

••• 현재 육아 중인 부모가 저출산 대책을 끌어내도록 하라

저출산 대책 캠페인 제안서

저출산화의 진행으로 나라의 장래가 염려되는 가운데 국가와 지방자치단체, NPO에서는 저출산 대책을 위한 대응이 시작되고 있다. 그래서 공공기업에게 저출산 대책 캠페인을 제안하고자 한다.

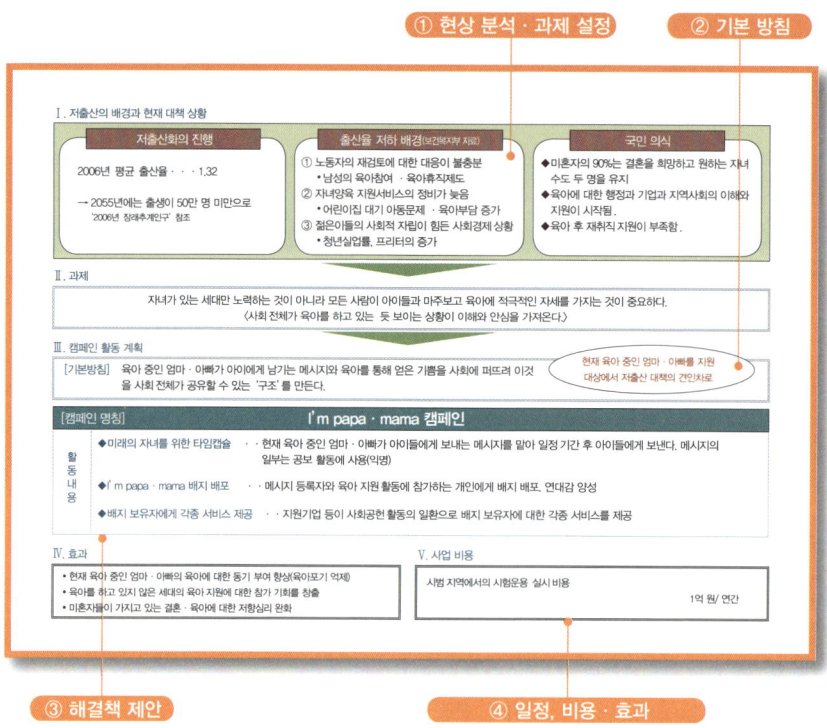

① 현상 분석·과제 설정
② 기본 방침
③ 해결책 제안
④ 일정, 비용·효과

파워포인트 테크닉 ★★ 조직도와 계층도 등 복잡한 그림을 손쉽게 만든다.

파워포인트 2007의 기능 중 스마트 아트 기능은 복잡한 조직도를 매우 쉽게 그릴 수 있다.

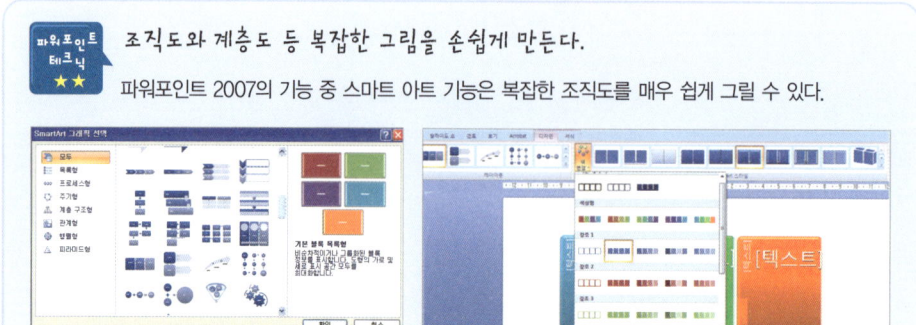

① 보고 리포트
② 제안 리포트
③ 전략 제안서
④ 전술 제안서
⑤ 토털 기획서

1. 기획 개요

▶ 저출산화는 중요한 사회 테마이다.

아이를 낳지 않는 사람이 늘고 있다. 장기적인 저출산 흐름은 더욱 가속화될 것으로 예상된다. 출산율 저하의 원인으로는 노동자의 생활이 불안정하거나 육아 지원 서비스가 불충분하거나 젊은이들의 자립이 어려운 사회경제 상황, 막대한 사교육비 등을 들 수 있다.

한편 미혼자의 다수는 결혼을 희망하고 있으며, 원하는 자녀 수도 2명을 유지하고 있는 등 미래에 대해 기대를 가지고 있음을 짐작할 수 있다.

기업, 정부, 지역사회는 육아 휴가와 출산 장려, 육아에 대해 어떤 지원을 할 수 있을까? 이 제안서는 사회 환경을 고려한 저출산화 대책을 제안하고 있다.

▶ 'I'm papa · mama 캠페인'을 제안한다.

이 캠페인에서는 현재 육아 중인 엄마와 아빠가 저출산 대책의 견인차가 되어 엄마와 아빠가 되는 기쁨을 강조하고자 한다. 엄마와 아빠가 아이에게 보내는 메시지와 육아를 통해 얻은 느낌을 사회로 전달해 사회 전체에서 공유할 수 있는 시스템을 만드는 것이 목적이다.

구체적인 계획 중 첫 번째는 '미래의 자녀에게 보내는 타임캡슐'로 현재 육아 중인 엄마·아빠가 미래의 아이들에게 보내는 메시지를 담아 일정기간이 지나면 자녀들에게 보내는 것이다.

두 번째는 'I'm papa · mama 배지 배포'로 메시지 등록자와 육아 지원 활동에 참가하는 개인에게 배지를 배포해 연대감을 느끼게 하는 것이다.

세 번째는 '배지 보유자에 대한 각종 서비스 제공'이다. 지원 기업 등이 각종 서비스를 제공해 사회 공헌 활동의 일환이 되게 한다. 이 활동들을 통해 현재 육아 중인 엄마·아빠의 육아에 대한 동기 부여를 향상시킨다.

② 작성 포인트

▶ 내용이 많은 제안서는 흐름을 정리해 읽기 쉽게 만든다.

세심한 분석 등을 포함한 제안서는 글이 많아지기 쉽다. 이것을 잘 정리해 읽기 쉽게 구성하는 것이 중요하다.

이 제안서에서는 현상 분석, 과제, 활동 계획, 효과, 사업 비용 순으로 전개하여 일반적인 순서대로 작성한 후 각 항목에 번호를 매겨 순서를 명확히 했다.

단순한 보고서로 보이지 않도록 하기 위해 타이틀인 'I'm papa · mama 캠페인'에는 공간을 할애하여 보다 강조할 필요가 있다.

▶ 사회성이 강한 제안은 제안 배경을 명확히 한다.

제안서의 테마는 저출산 대책이다. 따라서 왜 사회가 저출산 경향을 보이고 있는지, 어떻게 하면 개선할 수 있는지, 요구되는 지원은 무엇인지 등의 요소를 정확히 분석해 설명해야 한다. 상단에서는 이런 사회의 변화와 수요를 알기 쉽게 작성했다.

분석에서는 특히 숫자를 사용해 설득력을 높였다. 제안서에서는 평균 출산율, 미혼자의 결혼 희망률 등을 사용하는 것 외에 공적 기관의 자료도 인용해 자료에 근거한 분석임을 강조하고 있다.

CASE 59
••• 정년퇴직한 남성의 새로운 수요를 개척하라

은퇴자 대상 요리교실 기획서

요리를 배우고 싶은 사무직 여성에게 야간 요리교실이 인기를 얻고 있다. 그러나 주간 요리교실은 수강생 수가 감소 추세에 있다. 이 기획서에서는 고객을 유치하기 위해 은퇴한 중년 남성들을 대상으로 주간 요리교실에 수강생을 끌어들이는 새로운 콘셉트를 제안해 보았다.

요리교실 정년퇴직자 개척 기획서

-과제-
야간 요리교실은 새로운 사무직 여성 수강생이 증가하고 있지만 평일·주간 수강생은 감소 추세

① 현상 분석·과제 설정

■ 현상
- 현재 전국에 요리교실 100곳 운영
- 수강생은 20~40대 여성이 대부분을 차지하고 있다.
- 사무직 여성이 퇴근하는 저녁반은 수강생이 순조롭게 증가하고 있지만 주간 수강생은 감소 추세에 있다.

■ 주간 요리교실에 다닐 수 있는 타깃을 새로 모색

앞으로 대규모 정년퇴직이 시작되는 **세대는 요리교실의 새로운 타깃**이 될 가능성이 큼

■ 정년을 맞은 세대 중 어떤 사람이 타깃인가?
- 정년퇴직 후 취미도 없이 집에서 무료하게 시간을 보내고 있는 사람
- 세 끼 식사 준비를 우울해 하는 아내가 있는 사람
- 집안일도 별로 하지 않고 요리도 못하는 사람
- 기회가 있으면 무언가 시작해보고자 하는 마음이 있는 사람
- 새로운 사람과 만나고 싶어하는 사람

라이프스타일 제안도 포함해 이런 사람들에게 **'지금밖에 들을 수 없는 요리 기본강좌 개설'**

콘셉트 : '정년을 맞은 남성! 우리 부엌의 새내기로!'
타깃: 정년퇴직 후 취미가 없는 중년남성.
이제 정년퇴직 후 부인에게 방해가 되지 않는다!

② 기본 방침

③ 해결책 제안

(1) 강좌 내용
- '지금밖에 들을 수 없는 요리강좌'
- 중년남성들로만 이루어진 팀 구성
- 요리의 기본부터 전수
- 간단한 가정요리 메뉴
- 일반 강좌보다 긴 3시간짜리 강좌
- 평일 10:00~13:00
- 소수정예제

(2) 전개 방법
- 여러 지점부터 시작
- 내년까지 강좌 확대 예정
- 강좌레벨도 확대 예정
- 월 4회 → 3개월 코스
- 메뉴별로 선택 가능
- 요리교실 → 향후 시니어 커뮤니티 전개도 검토

(3) 고지·홍보 방법
◆ 고지·홍보매체
- 신문광고
- 전단지

→ 입회비 면제 캠페인
→ 체험강좌 실시

◎ 요리교실로서의 역할
정년을 맞은 중년남성 전용강좌로 화제가 될 수 있다.
요리를 배우는 즐거움과 교실에서 친구를 만날 수 있다.
새로운 라이프스타일 제안

◎ 매출 효과 기대치
- 주간 신규 수강생: 30% 이상 상승
- 총 매출의 10% 점유율 확보가 목표
- 요리교실의 새로운 타깃 확보

④ 일정, 비용·효과

1 기획 개요

▶ **집객(集客) 타깃을 상세히 분석·제시한다.**

전국에 10곳의 요리교실을 운영하는 기업이 있다. 퇴근한 사무직 여성을 대상으로 하는 저녁 수업의 수강생은 순조롭게 증가하고 있지만 주간 수강생은 감소하는 추세이다. 그래서 앞으로 정년퇴직이 예상되는 세대를 타깃으로 하는 제안서를 작성했다.

서서히 정년을 맞이하기 시작하는 세대 가운데에는 정년 후에 취미도 없이 집에서 시간을 보내는 사람도 적지 않을 것이다. 은퇴 세대에서 우리는 세 끼 식사 준비로 우울해하는 아내와 요리 등의 집안일을 조금도 하지 않는 남편이라는 구도를 자연스럽게 떠올릴 수 있다. 그러한 남편들에게 요리교실을 여는 것이다. 이렇게 상세하게 타깃을 분석·제시하면 기획의 현실감이 한층 증가한다.

▶ **'정년을 맞은 남성! 우리 부엌의 새내기로!' 라는 구호로 인상을 남긴다.**

정년퇴직 후 취미가 없는 중년남성들에 대해 '이제 정년퇴직 후에도 아내에게 방해가 되지 말자!' 라는 마음을 가지고 '지금밖에 들을 수 없는 요리 기본강좌'를 개설하는 제안이다.

'정년을 맞은 남성! 우리 부엌의 새내기로!' 처럼 느낌이 있는 구호를 사용하면 고객과 타깃 모두에게 기획의 주제를 확실히 전달할 수 있는 기획서가 된다. 또 목표 메뉴와 목적에 맞춰 선택할 수 있는 다양한 강좌를 편성하거나 입회비 면제 캠페인과 체험 강좌 등으로 가볍게 참가할 수 있도록 하면 집객 효과가 발생한다. 신문 광고, 전단지 등을 활용하는 것도 좋을 것이다.

> **기획제안 힌트 — 고령화 사회에 맞춘 라이프스타일을 제안한다.**
>
> 급속히 진행되는 고령화 사회에 대한 대응은 모든 기업에게 필요하다. 미래 생활 설계를 고민하는 고령자에게 생활 제안을 함으로써 사업 기회를 찾을 수 있다. 가령 정년 시에는 퇴직금의 효율적인 활용을 돕는 '자산운용 제안', 연금으로 생활할 수 없는 사람에게는 '고령자 일자리 제안', 노후를 어디서 보낼지에 대한 '고령자 거주 제안'도 있다. 또 '멋 부리기 제안', '건강한 생활 제안', '삶의 보람 만들기 제안', '손자와 친해지는 법 제안' 등 고령자의 생활을 분석하는 다양한 기획 제안을 할 수 있을 것이다.

❷ 작성 포인트

▶ **과제 제시 → 해결 제안을 자연스러운 흐름으로 보여준다.**

제안처가 안고 있는 문제점인 '평일·주간 수강생이 감소하고 있는' 현재 상황을 가장 먼저 보여주고, 중간 부분의 눈에 띄는 부분에 본 기획의 '콘셉트', '타깃'을 느낌이 있는 두껍고 큰 글자로 써넣었다. 이렇게 하면 과제 제시→해결 제안을 자연스럽게 보여줄 수 있다.

A4 한 장이라는 한정된 공간에서는 중요한 부분을 어떻게 보여주는지가 중요하다. 파워포인트에서는 지금까지 소개한 것처럼 다양한 장식 기능이 탑재되어 있으므로 목적에 맞춰 활용하자.

▶ **구체적인 수단·방법을 이론적으로 작성해 보여준다.**

구호로 기획 내용에 주목하는 데 성공했다면 다음은 본문, 구체적인 수단·방법을 제안한다. 이 제안 부분이 매력적인지 여부가 상대의 마음을 결정한다고 할 수 있다. 여기에서는 '강좌 내용', '전개 방법', '고지·홍보 방법' 등 세 가지로 나누어 항목별로 읽기 쉽게 하고, 핵심을 응축한 표현으로 알기 쉽게 작성했다.

이 부분을 어떻게 보여주는지도 중요하다. 한눈에 확실히 알 수 있도록 세 블록으로 나누기 위해 파워포인트의 '도형' → '기본 도형'에서 '메모'를 사용해 항목별로 작성한 부분을 강조했다. 이런 테크닉을 기억해 두면 기획서의 표현력이 한층 좋아질 것이다.

CASE 60 ••• 친환경적인 '애그리컬처 랠리'로 방문객을 늘려라
도시 농촌 교류 이벤트 제안서

도시 사람을 농어촌 등에 오래 머물게 해 현지 사람들과 교류하면서 그 지역의 자연과 문화에 익숙해지게 하는 '그린 투어리즘'이 뜨고 있다. 본 기획서에서는 낮은 비용으로 실시할 수 있고 친환경적인 그린 투어리즘의 실시를 제안해 보았다.

애그리컬처 랠리 실시 제안서

그린 투어리즘(도시농촌 교류)의 촉진을 위해 도시로부터 ○○마을로의 방문객 증가 대책에 대해 제안한다.

현상과 과제

① **현상 분석·과제 설정**

도시주민의 의식
대부분의 도시주민은 농촌체험에 관심·흥미를 가지고 있다.

농촌체험에 흥미가 있습니까?

집 텃밭을 이용하고 있다	3%
흥미 있음	78%
잘 모르겠다	12%
흥미 없음	7%

출처: 도시주민 500명 대상 앙케트

각지의 대응
- ◆ 농어촌 체험 민박 이용
- ◆ 계단식 논 소유주 제도 이용
- ◆ 체험형 수학여행 도입
- ◆ 워킹 홀리데이 도입

→ 행정·제도적 접근

○○마을(町) 상황
- 도시에서 온 방문객을 ① 방문객 ② 재방문객 ③ 서포터 ④ 이주 희망자로 분류하면 방문객이 대부분을 차지하고 있다.
- 교통이 불편하므로 승용차를 이용한 방문이 눈에 띄고 철도·버스 이용자는 많지 않다.

높게 참여한 ○○마을에서는 낮은 비용으로 대응 가능하다는 면에서 접근해 도시주민에게 **"가벼운 농촌체험"**을 제공하고 방문객 유치와 재방문객을 증대시키는 것을 과제로 삼고 있다.

제안 내용 — 사계절을 즐길 수 있는 애그리컬처 랠리 개최 ← ② **기본 방침**

※ 애그리컬처(농업)과 랠리(드라이브)를 함께 하게 함으로써 가볍고 놀이라는 느낌을 연출한다.

목적: '사계절을 즐기는' 행사에 정기적인 참여를 촉구해 재방문율 향상과 신규 방문객 확대를 꾀한다.
대상: 도시인, 특히 승용차를 가지고 있지 않아 지금까지 농촌 방문이 힘들었던 계층

실시 내용
- 명칭: 사계절을 즐기는 애그리컬처 랠리
- 내용: 계절별 농촌체험 프로그램(당일치기)를 이용. 모든 프로그램에 참여한 사람에게는 기념품 증정
- 특징: 희망자에게는 거주지에서 ○○마을을 오갈 때 편리한 친환경 렌터카 이용회수권 판매

③ **해결책 제안**

※ 대형 렌터카 회사와 공동상품화로 낮은 요금으로 제공
요금: 프로그램 1회 참가비 20,000원/명, 대여비용 200,000원/4회
집객: 신문·잡지에 기사 게재, 렌터카 회사 창구

체험 프로그램 사례
사계절을 즐길 수 있는 행사를 준비
- 봄: 등산·모내기
- 여름: 호수 낚시 체험, 여름 축제
- 가을: 시골요리·벼 베기
- 겨울: 된장 담그기·정월장식 만들기

비용
사무비용·사례 등
1,000만 원/연간

효과
1) 방문객(단순 방문객 층)의 증가(과거 어떤 지역에서도 타깃으로 삼지 않았던 계층 끌어들임)
2) 재방문율 향상, 랠리 형식을 통해 정기 방문하는 즐거움 제공
3) 지역특산물 구매기회 창출(구매해 가져가기도 쉬우므로 구입량 증가도 예상된다).
4) ○○마을(町)의 인지도 향상(기존에 없었던 기업과의 협력을 통해 화제가 되게 한다).

④ **일정, 비용·효과**

1 기획 개요

▶ 농촌 체험에 흥미를 가진 도시민을 농촌으로 불러들인다.

도시에 녹지가 줄어들면서 농촌 체험에 흥미를 가지는 도시민이 늘고 있다. 그런 사람들을 대상으로 지방자치단체는 체험 민박, 계단식 논 소유주 제도, 체험 수학여행, 워킹 홀리데이 등을 실시해 그린 투어리즘(도시 농촌 교류)에 주력한 제도적인 접근을 실시하고 있다.

이 기획서에서는 이런 배경을 보여주는 구체적인 자료와 각지의 대응 사례 등을 상세히 다루면서 새로운 그린 투어리즘 기획을 제안하고 있다. 제안하는 ○○마을은 교통이 불편해 승용차를 소유한 사람들의 방문이 증가하고 있으며, 저렴한 비용으로 대응 할 수 있어 도시 주민에게 '가벼운 농촌 체험'을 제공한다. 이로써 방문객 유치와 재방문객을 증대시키는 것을 과제로 삼고 있다.

▶ 내용을 잘 전달할 수 있고 친밀함이 묻어나는 이벤트명도 중요하다

이런 이벤트는 알기 쉽고 신선한 이름을 만드는 것도 중요한다. 도시 주민이 정기적으로 참여하도록 하여 재방문율과 신규 방문객을 늘리는 것이 목적인 이 이벤트를 '애그리컬처 랠리'로 이름지었다.

애그리컬처(농업)와 랠리(드라이브)를 합한 내용을 상기시키면서 가볍게 놀 수 있는 분위기를 연출하는 것이 이번 기획의 목표이다.

기획제안 힌트 — 환경을 보호하고 정보를 깨끗하게 공개하는 기업의 자세

한정된 자원을 효율적으로 사용하는 것은 지구에서 생활하는 인간에게 필수불가결한 것이다. 공해대책과 자연을 소중히 하는 것은 물론 동식물이 멸종되지 않게 하는 것도 중요하다. 자연을 소중히 여겨 동식물이 생존할 수 있는 사회를 유지하는 데 우리들은 주력해야 한다. 이것이 환경을 '깨끗하게' 하는 방법이다. 또 경영을 '깨끗하게' 하는 것도 중요하다. 폐쇄적인 국내 기업도 전 세계적으로 활약하기 위한 투명한 경영을 요구받고 있다. 지금까지의 경영은 '비밀주의, 무사안일주의'적인 경향이 있었지만 최근에는 보다 정확한 정보를 제공할 필요성이 높아지고 있다.

대상은 도시 주민과 승용차를 가지고 있지 않아 농촌 방문이 어려웠던 계층으로 설정했다. 자가용이 없어도 집에서 농촌까지 방문할 수 있는 친환경 렌터카의 회수권을 발매해 농촌생활을 쉽게 체험할 수 있게 하는 것이 이 기획의 핵심이라 할 수 있다. 계절별로 농촌 체험 프로그램을 준비하거나 전체 프로그램 참가자에게는 기념품을 증정하는 등 참가 의욕을 높이기 위한 아이디어도 추가했다.

2 작성 포인트

▶ 3단 구성으로 작성한다.

'현상과 과제', '제안 내용', '효과' 등 3단 구성으로 깔끔하게 작성했다. '현상과 과제'에서는 3가지 현상 분석에서 과제를 추출한 후 '사계절을 즐기는 애그리컬처 랠리' 개최를 제안하고 제안 내용에서는 실시 내용과 체험 프로그램 비용을 명시했다. 맨 아래쪽에는 그 '효과'를 4항목으로 적고 기승전결로 빈틈없이 작성했다.

▶ 항목별 표제어를 강조해 내용을 쉽게 파악할 수 있게 한다.

세 가지 항목의 표제어는 회색 바탕에 흰 글자를 사용해 전체 구성을 잘 파악할 수 있게 했다. 또 부제를 적은 칸은 옅은 연두색 바탕에 파란색 글자를 적어 회색 바탕을 사용한 주요 항목 표제어와 강약 조절을 하고 있다.

세 항목을 잇는 화살표도 회색으로 확실히 표시해 흐름을 쉽게 파악할 수 있게 했다. 글 중심으로 구성된 기획서이므로 배색에 신경을 써 기획서를 읽기 쉽게 만들었다. 기획서가 어느 정도 완성된 후, 다시 '읽기 쉽게' 작성되었는지를 확인하는 것이 중요하다.

기획력을 향상시키는 4가지 핵심 사항

▶ 1. 항상 문제의식을 가지고 있을 것!

　기획서를 작성하는 데에는 많은 정보가 필요하다. 시시각각 변화하는 사회 정세 속에서 항상 필요한 정보를 수집하지 않으면 시대가 요구하는 기획서를 쓸 수 없다. 그러기 위해서는 '항상 무엇이 문제일까'라는 문제의식을 계속 가지고 있는 것'이 중요하다. 제안처의 문제는 무엇인지, 해결책으로 새로운 방법은 무엇인지, 정치·경제·사회 동향에서 무언가 힌트는 없는지 등 '문제의식을 계속 가지고 있다'면 어디에서든 정보를 찾을 수 있을 것이다. 그리고 수집한 정보를 '데이터베이스'로 만들면 제안에 도움이 되는 '정보 인출'이 늘어 언제라도 필요한 때에 사용할 수 있게 된다. 데이터베이스 작업으로 정보 수집 시간을 단축할 수 있고 기획 업무를 효율적으로 할 수 있다.

▶ 2. 성공 사례를 배울 것!

　시대와 함께 소비자의 성향도 달라져 효과적인 접근 방법도 달라지고 있다.
　그래서 항상 성공적인 해결책에 대한 정보를 수집하고 왜 성공했는지를 분석해 자신의 것으로 만드는 것이 중요하다. 자신의 전문분야의 정보 수집은 당연하지만, 만일 전문분야가 아니더라도 소비자 사이에서 히트하고 있는 것은 자신의 전문분야에서의 활용 가능성이 있을 뿐 아니라 기획 발상에 큰 도움을 준다. 그래서 유행하고 있는 상품, 인기 있는 가게, 화제의 프로그램, 베스트셀러 책 등을 알고 있을 것을 염두에 두어야 한다. 성공 사례 연구는 새로운 방법 발상에 도움이 된다.

▶ 3. 정보력, 기획력, 작성 능력을 갖출 것!

　기획을 할 때는 3종류의 능력이 필요하다. '정보력', '기획력', '작성 능력'으로서 이 3가지를 잘 갖추고 있는 사람을 뛰어난 플래너라고 할 수 있다.
　정보 수집 등 첫 단계에서 필요한 것이 '정보력'이다. 냉정하게 시장을 주시해 자료를 분석하는 능력으로 '기획 과제'를 발견해 목적, 콘셉트, 대상 설정을 고려한다. '정보력'은 분석과도 연관이 있다.
　다음은 '기획력'이다. 설정한 대상에 어떻게 접근할지를 생각하는 것으로서 기획서 작성에서 '가장 즐거운 부분'이라 할 수 있는 상당히 창조적인 부분이다. '기획력'을 사용해 발상을 하고 지혜를 짜내어 해결 방법을 결정한다. 마지막은 '작성 능력'으로 기획서를 어떻게 작성할지를 실행하는 능력이다. 일관성, 설득력이 요구된다. 기승전결로 작성하기 위해서는 '시나리오 작가'와 같이 사고를 해야 한다. 이 세 가지 능력을 갖추는 것이 중요하다.

▶ 4. 해결 방법을 변경해 제안 내용을 계속 증가시킬 것!

　전문분야에 따라 조금씩 다르지만 해결 방법의 기본적인 사고방식은 크게 변화하지 않는다. IT화와 정보화가 진행되는 가운데 새로운 방법이 잇따라 등장하고 있다. 한편 소비자의 생활방식도 시시각각 변화한다. 그래서 기존의 해결 방법은 적용할 수 없는 상황에도 많이 부딪힐 수 있을 것이다. 가령 과거 일본에서는 대형 가게가 소비세를 받지 않는 서비스를 실시해 성공한 사례가 있지만, 지금은 같은 방법을 실시해도 별다른 효과가 나타나지 않는다. 이것은 환경이 크게 변화하고 있기 때문이다. 변화하는 사회 정세에 대한 방법 변경이 필수불가결하다고 할 수 있다.

01 설명하기 어려운 제안은 도형으로 효과적으로 전달한다
02 상대의 시선으로 작성해 설득력을 높인다
03 지루한 나열 대신 강약을 조절해 인상적으로 만들라
04 제안 내용의 흐름을 중시하고 정보량을 압축해 명쾌하게 하라

Chapter
3

실패하는 기획서,
　　성공하는 기획서

지금까지 전문가가 작성한 기획서를 살펴보았다. 지금 자신의 기획서를 어떻게 수정하면 좋을지 고민하는 사람도 있을지 모른다. 이번 장에서는 마지막 결정권자에게 필요한 기획서를 어떻게 조정하고 개선할 수 있는지에 대한 도움말을 소개하고자 한다. 설득력이 높아진 기획서는 당신의 기획을 채택시키고, 성공으로 이끌 수 있을 것이다.

기획서 작성의 **실패 사례**와 **개선 팁**

CASE 01

설명하기 어려운 제안은 도형으로 효과적으로 전달한다
– 새로운 발상의 매장 조성 프로그램, 시장 상황에 맞춘 사용법 제안

매장 조성에 중요한 역할을 하는 '탑보드'와 '라운드시트'를 양면에 작성하고 상품이 시장에 얼마나 침투했는지에 따라 구별해서 쓰는 제안이다. 그러나 사용법을 기획서에 잘 표현하지 못하면 알기 어렵고 설득력 없는 기획서가 되어버리기 때문에 프레젠테이션에 실패하게 된다. 매장 조성에 대한 기획서는 글만으로는 잘 설명할 수 없다. 매장 이미지에 보다 가까운 형태로 알기 쉽게 작성할 수 있으면 설득력 높은 기획서로 완성할 수 있다. 컬러 사용도 기획서의 설득력을 높여주는 방법이 될 수 있다.

실패한 기획서 단조로운 표현으로 제안 내용이 상대에게 잘 전달되지 않는다.

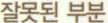

잘못된 부분
- 전달하기 어렵고 매장의 판촉 도구에 대해 잘 표현하지 못하고 있다
- 제안으로 얻을 수 있는 효과가 씌어 있지 않다.

수정 기획서 색의 효과적인 사용으로 설득력을 높였다.

▶ 색·도형으로 매장의 이미지를 떠오르게 해 직감적으로 이해하도록 한다.

양면으로 인쇄되어 있는 '탑보드'와 '라운드시트' 상품이 시장에 얼마나 침투했는지에 따라 구별해서 쓰는 글만으로는 전달하기 어려운 제안이다. 그래서 도형과 효과를 사용해 '탑보드'와 '라운드시트'를 보여주고 '시장 창조', '브랜드 홍보'의 테마 차이를 색으로 표현해 알기 쉽게 했다.

'시장 창조'를 주제로 한 것을 노란색으로 표현하고 '브랜드 홍보'를 주제로 한 것을 두 종류의 푸른색으로 나누어 사용해 차이를 한눈에 알 수 있도록 했다. 또 '탑보드'(상단)는 '색 채우기', '라운드시트'(하단)는 '패턴' 효과를 사용했다. 이렇게 매장의 이미지에 접근해 직감적으로 쉽게 이해할 수 있게 했다.

▶ 상품 보급률 그래프를 덧그려 어떻게 사용할지 설명한다.

이 제안은 시장의 상품 보급률 차이에 따라 도구를 상황에 맞춰 사용할 수 있다는 마케팅 이론에 근거한 새로운 제안이다. 그래서 도구의 사용 기준을 알 수 있도록 기획서에서 제안하는 상품의 보급률 그래프를 덧그렸다. 그 결과 '① 시장 창출'은 상품 보급률을 5% 정도까지 시각적으로 확대 연결시키는 효과가 있다.

실패한 기획서

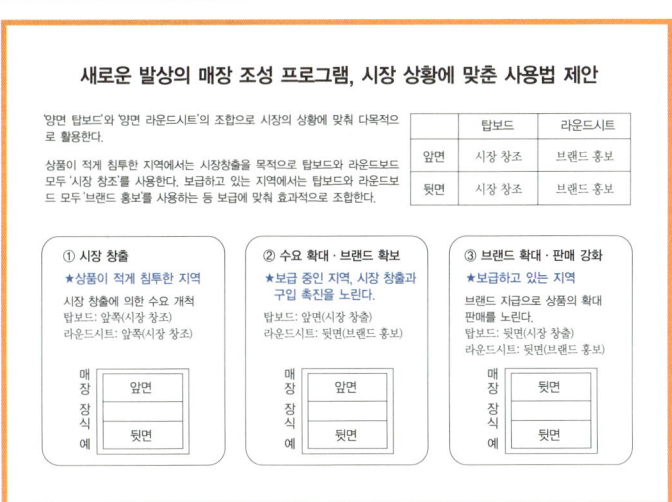

수정 기획서

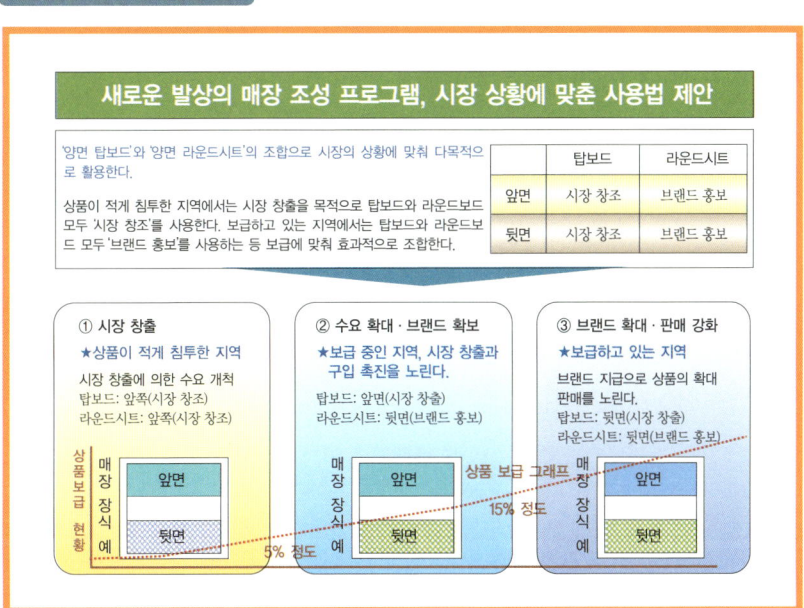

기획서 작성의 **실패 사례**와 **개선 팁**

CASE 02

상대의 시선으로 작성해 설득력을 높인다
- 협력을 통한 신규고객 개척 제안

영업활동이 정체 상태에 빠져 있는 기업이 많다. 그런 기업에게 협력을 통해 신규 고객 개척 방법을 제안하는 기획서이다. 협력 제안은 상대의 이점이 명확히 전달되지 않으면 잘 설득할 수 없다. 제안자 측이 제안하는 자주 제안서는 단골 거래처의 수요를 파악하는 것이 가장 큰 목적이다. 제안은 단골 거래처의 입장에서 작성하는 것이 중요하다. 이 경우에는 제안자 측의 시선으로 기획서를 나열했기 때문에 상대방의 이해를 얻기 어려웠고, 당연히 제안에 실패했다.

실패한 기획서 제안자 측의 시선으로 작성한 기획서는 이해받지 못한다.

잘못된 부분
- 제안자 측이 어필하고자 하는 부분만 강조하고 있다.
- 기획안을 나열한 것으로만 보여 상대방에게 장점이 전달되지 않는다.

수정 기획서 단골 거래처의 시선으로 작성해 설득력을 높인다.

▶ 상대방의 장점을 우선한 구성으로

제안자 측의 상품만을 강조한 제안서를 상대방의 입장에서 작성한 것이 되도록 표의 구성을 바꾸었다. 제안처가 겪고 있는 과제가 어떤 단계에 있는지를 명확히 하기 위해 예상 고객의 레벨을 3단계, 겉으로 드러난 고객을 구입하게 하는 2단계 등 총 5단계를 세로축으로 삼았다. 가로축은 기존 3단계의 포지셔닝맵 위에 제안 항목을 써넣었다. 상대의 입장에서 구성된 것이므로 단골 거래처가 지금 어떤 단계에서 곤란을 겪고 있는지를 구체적으로 보여줄 수 있어 제안을 원활하게 진행할 수 있게 되었다.

▶ 그러데이션 화살표를 사용해 효과적으로 보여준다.

포지셔닝맵의 세로축인 구입까지의 단계를 보다 명확하게 표현하기 위해 예상 고객의 양과 질을 하나의 화살표로 표시했다. 예상 잠재고객은 그 수는 많지만 기대치가 낮기 때문에 폭은 넓게 하고 옅은 색을 사용했다. 그리고 구입 의욕이 높아짐에 따라 폭을 좁고 색을 짙게 했다. 이렇게 역삼각형으로 만든 그러데이션 위에 고객의 구입 진척도가 양적, 질적으로 모두 이해될 수 있게 화살표를 만들었다. 그 외의 색을 사용할 때에도 구입 기대치가 높아질수록 짙어지게 설정하면 쉽게 이해할 수 있을 것이다.

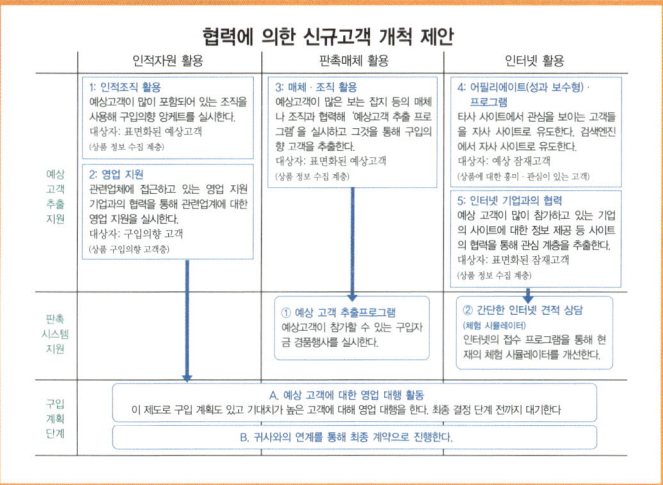

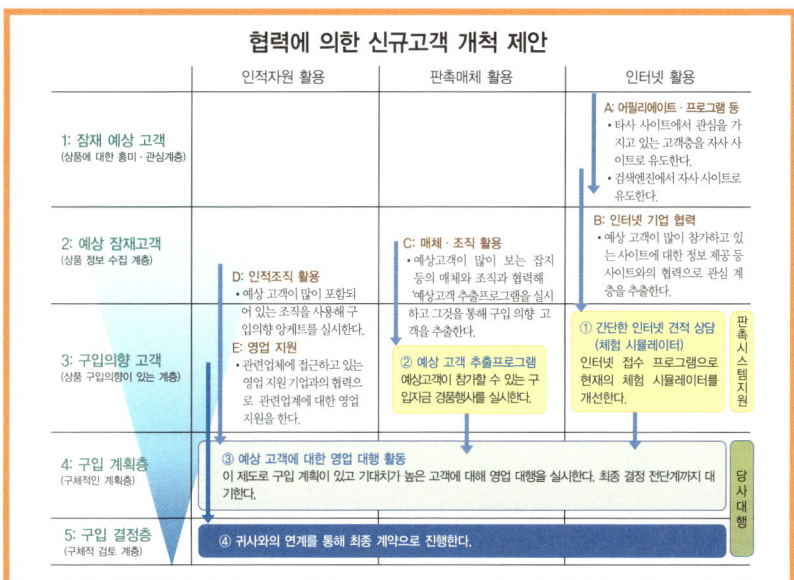

기획서 작성의 **실패 사례**와 **개선 팁**

지루한 나열 대신 강약을 조절해 인상적으로 만들라
- '제안 영업 플래너 자격 취득 강좌' 기획서

상품의 수요가 포화된 상태로 접어들면서 상품이 팔리지 않아 제안 영업력 강화가 필수불가결한 시대이다. 그런 수요를 파악해 작성한 것이 이 제안 영업력 향상 기획서이다. 제안 항목을 그대로 나열하거나 글자와 윤곽선의 강약만 조절한 단조로운 기획서로는 제안을 해도 설득력이 생기지 않는다. 애써 한 제안도 의도가 충분히 전달되지 않는다면 좋은 결과로 이어지지 않는다. 이것을 강약이 있는 기획서로 개선하도록 하자.

실패한 기획서 항목 나열로는 설득할 수 없다.

잘못된 부분
- 단조롭게 보여 주요 사항이 보이지 않는다.
- 글이 많고 정리되지 않은 인상을 주어 읽고 싶은 마음이 들지 않는다.

수정 기획서 강약이 있는 기획서로 만든다.

▶ 제안 항목을 만들어 기획의 흐름을 명확히 해서 읽기 쉽게 한다.

기획서를 간결하게 보이게 하는 구성은 관련 항목이 잘 작성된 것이다. 가령 '현상 분석'의 세 항목을 옆으로 나열하면 좁은 공간에 요령껏 작성할 수 있다. 마찬가지로 실시 방법과 실시 내용도 좌우로 나누어 쓸모없는 여백을 줄여 보기 쉽게 만들었다. 이렇게 해서 기획서가 깔끔하게 완성되면 제안하는 항목 사이에 자연스러운 흐름이 생겨 시선을 잘 유도할 수 있는 기획서가 된다.

▶ 일정표를 보여주는 방법으로 변화를 나타낸다.

글로만 구성된 기획서는 평범해지기 쉽다. 그래서 일정을 알기 쉽게 표로 작성해 기획서에 깊이를 주었다. 시간 경과를 가로축으로 한 도표를 만들어 시각적인 변화를 줄 수 있다. 또 기획서의 중요한 부분에 배경색을 넣어 보다 강한 인상을 주었다. 이 기획서에서는 제안명, 실시 방법, 실시 내용, 일정 부분의 배경에 색을 사용했다. 또 항목명을 파란 바탕에 흰 글씨를 사용하는 등 강약을 살릴 수 있는 아이디어를 더하면 더욱 입체적인 기획서가 될 것이다.

 실패한 기획서

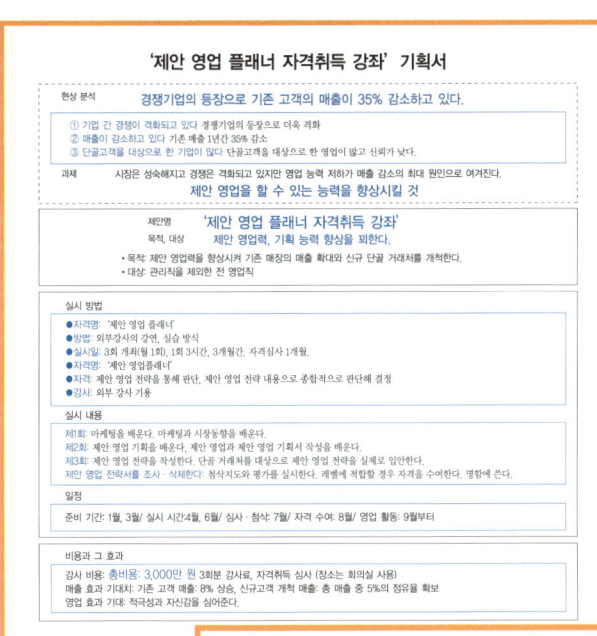

 수정 기획서

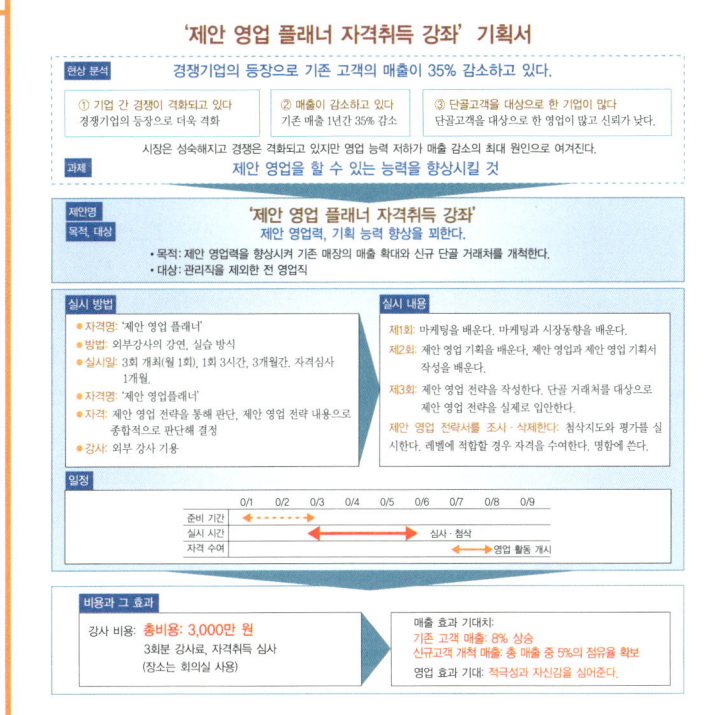

기획서 작성의 **실패 사례**와 **개선 팁**

CASE 04

제안 내용의 흐름을 중시하고 정보량을 압축해 명쾌하게 하라
– 은퇴자 대상 '대형 오토바이 면허 취득 합숙 플랜' 기획서

대규모 퇴직자가 발생하는 요즘 장년층을 대상으로 한 다양한 사업이 제안되고 있다. 여기에서는 취미와 자격 취득을 위한 대형 오토바이 면허 취득 강좌에 대한 제안을 채택해 보았다. A4 한 장이라는 한정된 공간이라도 사업 제안에 대해서는 어느 정도 정보량을 축적할 필요가 있다. 이때 정보의 취사 선택이 무엇보다 중요하다. 이 사례에서는 필요 이상의 정보가 실려 있어 논리성이 약해져 설득력이 결여되어 버렸다.

실패한 기획서 정보량이 너무 많아 제안 내용의 흐름에 설득력이 없다.

잘못된 부분
- A4 한 장의 좁은 공간 속에 정보를 과도하게 담았다.
- 내용은 많지만 대소·강약이 부족하고 긴장감이 없는 것 같은 인상을 준다.

수정 기획서 전체 흐름을 정리해 설득력을 높인다.

▶ 전체 흐름을 정리해 설득력을 높인다.

A4 한 장에 정보가 너무 많으면 기획서는 읽기 힘들어진다. 또 필요 이상의 정보가 많으면 기획서로서의 논리성이 결여되어 설득력이 없어져버리기 쉽다. 그래서 여기에서는 과도한 정보를 삭제하고 부족한 정보를 추가해 다시 정리하였으며 현상 분석에서는 근거자료를 삽입해 과제를 새로 설정했다. 구체적인 전개 부분은, 제안하고 싶은 것은 많지만 정보가 너무 많으면 핵심을 명확히 전달할 수 없을 가능성이 있으므로 과감하게 줄여 4개로 집약해 여유가 생기게 했다.

▶ 그래프와 사진으로 기획서의 설득력을 높인다.

사업 제안의 경우 글로만 된 기획서는 어떻게 해도 평범해져서 호소력이 감소된다. 이런 경우에는 제안의 근거가 되는 그래프와 사진을 추가해 변화를 주어 상대의 시선을 끌어야 한다. 그래프는 제안의 뒷받침 정보가 되어 기획서에 설득력을 부여한다. 또 이미지 사진을 넣으면 제안하는 기획의 이미지를 쉽게 전달할 수 있게 된다.

실패한 기획서

고령자 대상 '대형 오토바이 면허 취득 합숙 계획' 기획서

〈1. 현상 분석〉

1: 고령자 시장의 특징

A: 시장 규모
① 2007년 대량 퇴직하는 고령자 개인자산
- 추정~468조 원
  (2005년 도쿄 신문발표)
② 고령자의 앞으로의 인생에서 하고 싶어하는 일
- 1위-국내여행
- 3위-자연 속에서의 산책

B. 소비자특성
- 자유시간이 많다.
- 여행, 취미, 교양 등 레저에 시간을 보낸다.
- 본질지향, 애착
- 애착을 가지고 있다.
- 지금까지 할 수 없었던 것에 도전
- 아는 정도 호화스러운 생활 지향
- 한정된 수입을 효과적으로 사용

2. 고령자 대상의 성공 상품
- 동창회, 노인대학
- 고급회원제 리조트, 세레머니, 크루즈
- 자격취득
- 취미교실

기획성공을 위한 6가지 키워드
① 사업콘셉트 - 타깃에 대한 범위
② 배려적인 합숙 계획 · 숙박 내용
③ 개인맞춤형 대응, 안전성 확보
④ 만족을 위한 서비스 내용
⑤ 친구 만들기, 네트워크
⑥ 계속성과 연관성

〈2. 기본 전략〉

1: 합숙 계획 목적

목적: '부유한 고령자를 대상으로 대형 오토바이를 사용한 대형 오토바이 면허취득 합숙 계획 및 오토바이가 있는 생활 제안'
취미 후에도 인생의 대형 오토바이를 만끽

2: 상정타깃&특성

연장자인 부유한 고령자층
타깃특성
[건강한 고령자 × 자산보유 × 적극적인 인생]
- 취미적: 취미, 여행, 자연
- 시간적: 중기체류
- 심리적: 애착, 느긋함, 고급
- 경제적: 합리적
- 동행 형태: 남성그룹, 개별
- 참가: 취미, 친구 만들기, 학습

3: 기획 방침

테마
'제2의 시작은 대형 오토바이 면허취득 합숙부터'
1류 계획으로 면허취득을 위해 철저히 지원

4: 실시 방침

3가지 콘셉트
면허취득 × 새로운 취미 발견,
고급스러움 × 리조트 느낌

〈3. 구체적 내용〉

1: 실시 내용
① 강습용차로 인기 있는 대형 오토바이 사용
- 인기 있는 대형 오토바이를 강습 때부터 체험
② 적절한 강습 일정
- 1일 강습 시간을 일반적인 강습보다 짧게 설정
③ 강습 장소는 고급 리조트
- 국내 여행을 하는 것 같은 느낌(후보지)
④ 숙박지는 고급호텔
- 수업 종료 후에도 질리지 않는 메뉴 준비/뷔페스팀·온천·레스토랑 등
⑤ 호텔 주변
- 자연을 만끽할 수 있는 환경
⑥ 블로그
- SNS 작성 강화
- 블로그 작성법을 쉽게 지도
⑦ 친구와의 교류
- 대형 오토바이가 있는 라이프스타일 제안
⑧ 수강 후, 후속 지원
- 대형 오토바이 구입에 관한 조언
- 안전강좌 실시
- 동료들과의 모임

2: 일정
준비 기간: 1년간
실시: 1년간 2회 실시
효과를 검증하고 계속 실시한다.

3: 비용 · 일정 · 효과

수정 기획서

고령자 대상 '대형 오토바이 면허 취득 합숙 계획' 기획서

〈1. 현상 분석〉

1: 고령자 시장의 특징

A: 정년퇴직으로 고령자가 급속히 증가한다.
건강하고 부유한 고령자가 증가한다. 큰 사업기회가 도래한다.
① 자유시간이 많고 여행과 취미에 대한 수요가 많다.
★고령자의 향후 목표
  '올해 달성하고자 하는 목표'
  50대, 여행, 저금, 취미
  60대, 여행, 취미, 건강관련
  (u-can '생애학습 실태조사')
② 자금이 여유로운 사람이 많다.
호화로운 것을 좋아하고 물건에 애착을 가짐
③ 은퇴 후, 고독해진다.
지연, 같은 취미를 가진 사람, 가족을 통해 삶의 기름을 느낀다.

B: 중 · 대형 오토바이의
국내 판매 수 증가
2005년부터 2년 연속 증가

2: 신규 수요 확대 가능성이 있는 고령자의 수요 개척이 과제
- 취미 · 요리, 꽃꽂이, 다도, 서예, 춤, 악기 배우기, 자격증 취득에 대한 수요가 많다.
- 또 여유로운 여행, 대화의 장을 제공할 수 있으면 고령자 수요를 확보할 수 있다.

〈2. 기본 전략〉

1: 숙박계획 목적

목적: '부유한 고령자를 대상으로 대형 오토바이를 사용한 대형 오토바이 면허취득 고급 합숙 계획 및 대형 오토바이를 즐기는 삶을 제안'

2: 상정타깃&특성

연장자인 부유한 고령자층
타깃특성
[건강한 고령자 × 자산보유 × 적극적인 인생]
- 대형 오토바이에 흥미가 있는 사람, 애착, 도전, 고급, 친구 만들기, 고급여행 느낌

3: 기획 방침

테마
'제2의 시작은 대형 오토바이 면허취득 합숙부터'
1류 계획으로 면허취득을 위해 철저히 지원

3가지 콘셉트
① 면허취득: 새로운 취미 발견
② '고급스러움 · 여유로움': 리조트 느낌
③ '친구와 평생학습': 친구와의 학습 시간

4: 주요 실시 사항
① 노령자도 어렵지 않게 면허취득
② 고급 리조트에서의 여유로운 수업
③ 같은 취향을 가진 친구 만들기
④ 파트너십을 활용한 판매

〈3. 구체적 내용〉

1: 실시 내용

① 고령자도 어렵지 않게 면허취득
- 강습용차로 인기 있는 브랜드의 오토바이를 사용
- 인기 브랜드의 오토바이를 강습 수단으로 체험
- 적절한 강습 일정

② 고급리조트에서의 여유로운 수업
- 강습 장소는 고급리조트
- 국내 여행을 하는 것 같은 느낌
- 숙박지는 고급호텔

③ 같은 취향을 가진 친구 만들기
- 친구와의 교류의 장 제공
- 인기브랜드의 오토바이를 즐기는 라이프스타일 제안
- 수강 후에도 후속 지원

④ 파트너십을 활용한 판매
- 고령자와 오토바이 관련 매장을 활용해 모집
- 여행사
- 컴퓨터학원
- 대형 오토바이 판매회사
- 호텔 등

2: 비용 · 일정 · 효과 등
- 1인당 합숙 비용: 약 700~1,000만 원
- 일정: 20~30일간
- 실시: 1회, 15~20명 상정
- 사업의 조기 수익성을 목표로 함

Chapter 3 | 실패하는 기획서, 성공하는 기획서   235

맺음말

오랫동안 기획서 작성을 직업으로 삼다 보면 어떻게 기획서를 빨리 작성할 수 있을지가 기획자에게 가장 중요한 것 중 하나인 것을 알게 된다. 만일 다른 사람보다 2배나 빨리 기획서를 작성할 수 있다면 소요되는 시간을 절반으로 줄일 수 있다. 그렇게 되면 나머지 절반의 시간을 정보 수집과 기획 능력을 향상시키는 데 사용할 수 있고, 이를 통해 기획서 작성 속도를 더욱 높일 수 있다.

그래서 필자가 직접 기획서를 만들면서 익힌 '기획서를 빨리 작성하는 5가지 방법'을 소개하고자 한다.

1. 정보력, 기획력, 작성 능력을 갖출 것

기획서를 작성할 때에는 세 가지 능력(정보력, 기획력, 작성 능력)을 갖추어야 한다. 앞에서 언급한 것처럼 하나의 기획서를 작성할 경우는 물론 여러 개의 기획을 병행할 경우에도 정보력, 기획력, 작성 능력이 중요하다.

2. 기획서 작성 순서를 고려한다.

기획을 할 때 우선 기획서 작성 순서를 정하면 효율적으로 기획서를 작성할 수 있다. 기획서의 작성 순서를 정한다는 것은 기획 일정을 잡는 것으로서 무엇을 몇 시까지 실시할지 목표를 세우는 것이다.

전체 일정을 3등분해 목표를 세움으로써 원활하게 기획을 진행할 수 있다.

3. 가설을 세워 기획 스토리를 만든다.

기획을 빨리 할 수 있을지 여부는 제안에 대한 가설을 언제까지 세울 수 있는지에 달려 있다. 빠르면 빠를수록 효율적이고 빨리 기획 제안을 할 수 있다. 어느 정도의 정보 수집을 한 단계에서 제안의 가설을 세우고 기획 스토리를 만들면 기획 속도를 상당히 높일 수 있다.

4. 마지막에 기획서를 작성한다.

기획서를 작성하기 시작하는 시기도 작성 속도와 관계가 있다. 관련 자료가 모였다고 해서 제안 내용이 정해지지 않은 상태에서 기획서를 작성하기 시작하면 쓸데없이 시간을 낭비할 수도 있다. 따라서 기획서는 적어도 제안 내용이 정해진 후 작성하도록 한다. 그렇게 하면 논리적이고 일관되게 기획서를 작성할 수 있다.

5. 데이터베이스를 만든다.

'현상 분석 데이터'와 '제안 내용'이 데이터베이스로 만들어져 있으면 기획서를 빨리 작성할 수 있다. 데이터베이스는 하루아침에 완성할 수 없지만 매일 정보를 수집해 축적한다면 제대로 만들 수 있을 것이다.

기획서를 제대로 작성하기 위한 조건은 사람에 따라 다르므로 그 중에서 자신에게 맞는 것을 선택해 자신만의 방식으로 작성 속도를 향상시켜 나가기 바란다.

필자는 이 외에 컨디션에 신경을 쓰고 있다. 컨디션이 좋지 않으면 책상 앞에 앉아도 생각할 기운이 나지 않는다. 과음, 늦은 잠자리, 변비 등으로 컨디션이 망가지지 않도록 주의하고 있다.

마지막으로 집필에 도움을 주신 다테 나오타 씨, 이시모토 히로시 씨, 아다치 키리코 씨, 이시이 요코 씨, 다카노 히로마사 씨, 고바야시 마이미 씨, 마키구치 코우지 씨 및 타카라지마 사의 사토 미즈에 씨에게 지면을 통해 감사드립니다.

토미타 신지(富田眞司)

A4 한 장으로 완성하는
기획서 작성법

초판　1쇄 발행　2010년 1월 25일
초판 10쇄 발행　2019년 1월 10일

지 은 이 | 토미타 신지
옮 긴 이 | 양영철
그　　림 | 김영진

발 행 인 | 신재석
발 행 처 | (주)삼양미디어
등록번호 | 제10-2285호
주　　소 | 서울시 마포구 양화로 6길 9-28
전　　화 | 02 335 3030
팩　　스 | 02 335 2070
홈페이지 | www.samyangM.com

ISBN | 978-89-5897-183-2(03300)

* 이 책은 저작권법에 따라 보호받는 저작물이므로 무단전재와 복제를 금합니다.
* 이 책의 전부 또는 일부를 이용하려면 반드시 (주)삼양미디어의 동의를 받아야 합니다.
* 잘못된 책은 구입하신 서점에서 바꾸어 드립니다.